保健体育

イラストで見る

全単元・全時間
の授業のすべて

中学校**2**年

石川泰成・高橋修一・森 良一 編著

東洋館
出版社

はじめに

　人工知能、ビッグデータ、IoT 等の技術の急速な進展、高度化とともに、あらゆる産業や社会生活の在り方そのものが劇的に変わる「Society5.0」時代の到来が予測されています。また、急激な少子高齢化が進み、成熟社会を迎えた我が国には、一人一人が持続可能な社会の担い手として、質的な豊かさを伴った個人と社会の成長につながる新たな価値を生み出す力が期待されています。こうした社会背景等のもとに、学校教育では社会の変化に主体的に関わり、感性を豊かに働かせながら、他者と協働して新たな価値の創造に挑む生徒の育成が求められています。

　平成29年改訂の学習指導要領では、これまでも育成を目指してきた「生きる力」が、教育課程全体を通して育成する資質・能力として「知識及び技能」「思考力、判断力、表現力等」「学びに向かう力、人間性等」の３つの柱で再整理されました。学習指導においては「何のために学ぶのか」を加え、具体化した３つの資質・能力の目標・内容を相互に関連付けた授業展開が求められることでしょう。

　また、生涯にわたり能動的に学び続けるための資質・能力を身に付けるためには、「どのように学ぶのか」にあたる、学びの質を高めるための授業改善の取り組み、いわゆる「主体的・対話的で深い学び」に向けた授業改善の推進が求められています。学習指導要領解説には６点にわたり留意事項が示されていますが、ここではその一部を抜粋して以下に示すことにします（下線は筆者）。

● **１回１回の授業で全ての学びが実現されるものではなく、<u>単元や題材など内容や時間のまとまりの中で</u>、学習を見通し振り返る場面をどこに設定するか、グループなどで対話する場面をどこに設定するか、児童生徒が考える場面と教師が教える場面をどのように組み立てるかを考え、実現を図っていくものであること**

　生徒の資質・能力の育成に向けて、授業実践を行う先生方には、今後一層、カリキュラム・マネジマントや単元を設計、デザインする力の向上が期待されるといえそうです。

　さて、本書では、学習指導要領改訂の背景や趣旨等を踏まえ、まず、中学校保健体育科、3年間の指導計画モデルを提示することといたしました。また、それに基づく全学年、全分野、領域における「単元の指導と評価の計画」を示します。さらに、具体的な学習活動、学習カード等を示し、教員の指導や生徒の学習活動がイメージしやすいようにしたことを特徴としています。どれも、確かな専門的知見や豊かな実践経験をもとにご執筆いただいた事例です。どのページからでもご覧いただき、皆様の実践がより質の高いものとなり、「生涯にわたって心身の健康を保持増進し豊かなスポーツライフの実現」に向けた実践の一助となれば幸いです。

　最後になりましたが本書発行に当たり、ご自身の研究成果や実践をまとめてくださった執筆者の皆様、本書刊行の機会を与えていただきました東洋館出版社に心よりお礼申し上げます。

令和４年３月吉日　　石川　泰成

本書活用のポイント

各単元のはじめに新学習指導要領に基づく指導・学習の見通しを示し、それ以降のページは、各時間の授業の展開、学習活動の進め方、指導上の留意点がひと目で分かるように構成している。

単元・領域・運動種目等・配当時数

年間指導計画をベースに、領域・運動種目等・配当時数を示している。

単元の目標

単元の目標は「知識及び技能」「思考力、判断力、表現力等」「学びに向かう力、人間性等」ごとに示している。体育分野では、学習指導要領「2 内容」を踏まえ、第1学年及び第2学年の目標を全て記述した上で、他の単元で指導し評価する部分については、（　）で示している。

単元の評価規準

単元を通して何を評価するのか、「知識・技能」「思考・判断・表現」「主体的に学習に取り組む態度」の三観点ごとに、評価規準を記載している。各項目の丸数字は、単元計画（指導と評価の計画）の「評価計画」欄の丸数字に対応している。

単元計画（指導と評価の計画）

単元の指導時数及び展開の流れを表で示している。それぞれの展開ごとに、具体的な学習内容や活動の概要を示している。また、評価計画も示し、それぞれの展開で三観点の何を評価するかが理解できるようになっている。

本時案

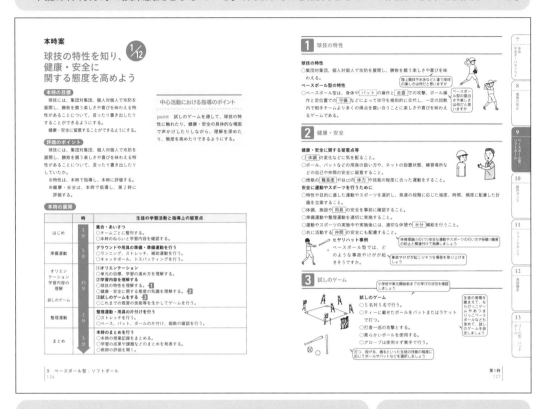

本時の目標・評価のポイント

本時の目標は、単元の目標・内容からこの時間に全ての生徒が達成を目指す目標を精選して示している。また、評価のポイントは、その授業で「本時の目標」を達成するための評価の視点を示している。

中心活動における指導のポイント（体育分野）

本時の中心となる活動を指導する際、「技能面でどのようなことがポイントとなるか」「グループなど環境をどう構成していくか」「タブレット端末等をどのように活用するか」など、指導上の留意点や配慮事項を示している。

本時の展開

授業の流れに沿って、本時の展開が、時系列に示されているので、本書を活用するとき具体的な授業の流れをイメージできる。

これを参考に生徒の学びを深めるための授業を展開してほしい。

展開に関わるイラスト・学習カード等の解説

イラストは、コピーして生徒に提供が可能である。資料によっては拡大して添付したり、情報ツール（タブレット端末等）と併用したりすることで、対話的な学びに役立てることができる。アイコン表示のある学習カード等はダウンロードすることができる（ダウンロードの方法はP.204参照）。

イラストで見る全単元・全時間の授業のすべて

保健体育 　中学校2年

もくじ

はじめに ……………………………………………………………… 001
本書活用のポイント ………………………………………………… 002
中学校保健体育　新学習指導要領のポイント ………………… 008
第1学年及び第2学年における指導内容 ………………………… 012
第2学年〔体育分野〕における指導のポイント ……………… 014
第2学年〔保健分野〕における指導のポイント ……………… 016
保健体育科「年間指導計画例」（全学年） ……………………… 018

1 運動やスポーツの意義や効果と学び方や安全な行い方 … 022

体育理論　3時間

第1時　運動やスポーツの体と心への効果 …………………… 024
第2時　運動やスポーツの学び方 ……………………………… 026
第3時　運動やスポーツの安全な行い方 ……………………… 028

2 体ほぐしの運動、体の動きを高める運動 …………… 030

体つくり運動　8時間

第1時　体つくり運動の行い方を知ろう …………………… 032
第2・3時　体の動きを高める運動を行い自分の課題をつかもう … 034
第4時　体の柔らかさを高めるための効率のよい組合せに取り組もう … 036
第5時　力強い動きを高めるための効率のよい組合せに取り組もう … 038
第6時　巧みな動きを高めるための効率のよい組合せに取り組もう … 040
第7時　動きを持続する能力を高めるための効率のよい組合せに取り組もう … 042
第8時　体つくり運動のまとめをしよう ………………………… 044

3 走り高跳び ………………………………………………… 046

陸上競技　8時間

第1時　学習の進め方と自分の状態を知ろう ………………… 048
第2〜4時　走り高跳びの動きのポイントを知ろう …………… 050
第5〜7時　練習の仕方を工夫して課題を解決しよう ………… 052
第8時　記録会で自己の記録に挑戦しよう …………………… 054

4 生活習慣病などの予防 ………………………………… 056

保健　4時間

第1時　生活習慣病ってどんな病気かな？ …………………… 058
第2時　生活習慣病って具体的にはどんな病気でどう予防するのかな？ … 060
第3時　がんってどんな病気かな？ …………………………… 062
第4時　生活習慣病とがんの予防の共通点は何だろう？ …… 064

5 ネット型：バドミントン ……………………………… 066

球技　12時間

第1時　オリエンテーション① ………………………………… 068

第2時	基本的な技能を習得しよう①	070
第3時	基本的な技能を習得しよう②	072
第4時	基本的な技能を習得しよう③	074
第5時	オリエンテーション②	076
第6〜9時	ねらい実現のための活動①	078
第10時	ゲームの行い方・目標達成状況確認	080
第11・12時	ねらい実現のための活動②・まとめ	082

6 喫煙、飲酒、薬物乱用と健康 ……… 084

保健 4時間

第1時	喫煙は身体へどのような影響があるだろうか	086
第2時	飲酒は身体へどのような影響があるだろうか	088
第3時	薬物乱用は心身や社会へどのような悪影響があるだろうか	090
第4時	どのような断り方があるだろうか	092

7 水泳（平泳ぎ、バタフライ） ……… 094

水泳 10時間

第1時	学習の見通しをもち、水泳の成り立ちを知ろう	096
第2・3時	泳ぎ方のポイントを知ろう①	098
第4・5時	泳ぎ方のポイントを知ろう②	100
第6〜8時	仲間とともに課題を解決しよう	102
第9・10時	自分の挑戦の仕方で記録会を楽しもう	104

8 傷害の防止 ……… 106

保健 8時間

第1時	傷害を防ぐためにはどうすればよいだろうか	108
第2時	交通事故による傷害を防ぐためにはどうすればよいだろうか	110
第3時	交通事故や犯罪が原因となる傷害にはどのような課題があるだろうか	112
第4時	自然災害による傷害を防ぐためにはどうすればよいだろうか	114
第5時	自然災害による傷害を防ぐためには、どのような備えが必要だろうか	116
第6時	傷害の悪化を防ぐためにはどうすればよいだろうか	118
第7時	心肺停止に陥った人に遭遇したときにはどうすればよいだろうか	120
第8時	状況に応じた応急手当やそれを回避するための方法にはどのようなものがあるだろうか	122

9 ベースボール型：ソフトボール ……… 124

球技 12時間

第1時	球技の特性を知り、健康・安全に関する態度を高めよう	126
第2時	技術の名称や行い方を知り、構えの技能を高めよう	128
第3時	スイングの技能を高めよう	130
第4時	走塁の技能を高めよう	132
第5時	協力に関する態度を高めよう	134
第6時	捕球の技能を高めよう	136
第7時	送球の技能を高めよう	138
第8時	ポジションに応じた動きを高めよう	140

第9時　自己やチームの課題を伝えよう ……………………………………………… 142

第10時　練習方法を選び、公正に関する態度を高めよう …………………………… 144

第11時　よい取組を見付け、伝えよう ……………………………………………… 146

第12時　学習の成果を生かしてゲームしよう ……………………………………… 148

10 創作ダンス ……………………………………………………………………… 150

ダンス　9時間

第1時　学習の進め方と創作ダンスを学ぶ ………………………………………… 152

第2時　思いついた動きを即興的に踊り動きに変化をつけてひと流れの動きで表現する① … 154

第3時　思いついた動きを即興的に踊り動きに変化をつけてひと流れの動きで表現する② … 156

第4時　思いついた動きを即興的に踊り動きに変化をつけてひと流れの動きで表現する③ … 158

第5時　思いついた動きを即興的に踊り動きに変化をつけてひと流れの動きで表現する④ … 160

第6時　思いついた動きを即興的に踊り動きに変化をつけてひと流れの動きで表現する⑤ … 162

第7時　思いついた動きを即興的に踊り動きに変化をつけてひと流れの動きで表現する⑥ … 164

第8・9時　仲間とともに「はじめ−なか−おわり」の構成で表現し、発表する ……… 166

11 フォークダンス ………………………………………………………………… 168

ダンス　9時間

第1時　ダンスの特性や楽しみ方について知ろう ………………………………… 170

第2〜4時　「花笠音頭」「キンニャモニャ」の民踊の特徴を捉えて楽しく踊ろう ……… 172

第5〜7時　「げんげんばらばら」や「鹿児島おはら節」の躍動的な踊りの特徴を捉えて
　　　　　楽しく踊ろう ………………………………………………………………… 174

第8・9時　互いのよさを発見し、考えたことを伝え合い、一人一人の違いに応じた表現の
　　　　　仕方を認め合おう …………………………………………………………… 176

12 長距離走 …………………………………………………………………………… 178

陸上競技　6時間

第1時　長距離走についての知識を広げ、学習の見通しをもとう ………………… 180

第2・3時　自己のスピードを維持するフォームで走ろう ………………………… 182

第4・5時　自己に合ったペースを守って走ろう …………………………………… 184

第6時　トリオのチームで駅伝を楽しみ、学習のまとめをしよう ………………… 186

13 ゴール型：ハンドボール ……………………………………………………… 188

球技　12時間

第1時　学習の進め方を知ろう ……………………………………………………… 190

第2・3時　守備者をかわしてパスをもらおう …………………………………… 192

第4・5時　パスを受けるためにゴール前の空いている場所に動こう …………… 194

第6・7時　得点しやすい空間にいる味方にパスを出そう ……………………… 196

第8〜11時　チームの課題に応じた練習方法を選ぼう …………………………… 198

第12時　学習した内容を生かして大会を行おう ………………………………… 200

編著者・執筆者紹介 ………………………………………………………………… 202

1

第2学年における
指導のポイント

豊かなスポーツライフの実現と生涯にわたる心身の健康の保持増進を目指して！

1 中学校　保健体育科の改訂の概要

　今回の中学校保健体育科の改訂においては、心と体を一体として捉え、生涯にわたる心身の健康の保持増進や豊かなスポーツライフの実現を重視して目標や内容の改善が図られました。具体的には、生涯にわたって運動やスポーツに親しみ、スポーツとの多様な関わり方を場面に応じて選択し、実践することができるよう、「知識及び技能」「思考力、判断力、表現力等」「学びに向かう力、人間性等」の育成を重視するとともに、個人生活における健康・安全についての「知識及び技能」「思考力、判断力、表現力等」「学びに向かう力、人間性等」の育成を重視して改善が図られています。

　保健体育科の目標については、「知識及び技能」「思考力、判断力、表現力等」「学びに向かう力、人間性等」を育成することが明示されました。これは、「幼稚園、小学校、中学校、高等学校及び特別支援学校の学習指導要領等の改善及び必要な方策等について（答申）」（中央教育審議会　平成28年12月21日）において、学校教育法第30条2項の規定を一層明確化するため、全ての教科等において資質・能力の3つの柱を踏まえ、各教科等に共通した目標の示し方としたためです。

　体育分野の内容構成については、育成を目指す資質・能力を明確にするとともに、豊かなスポーツライフを実現する資質・能力を育成する観点から、運動に関する「知識及び技能」、運動課題の発見・解決等のための「思考力、判断力、表現力等」、主体的に学習に取り組む態度等の「学びに向かう力、人間性等」に対応した内容が示されています。

　また、児童生徒の発達の段階を踏まえて、学習したことを実生活や実社会に生かすとともに運動の習慣化につなげ、豊かなスポーツライフを継続することができるよう、小学校、中学校、高等学校を通じた系統性を踏まえて、指導内容の体系化が図られています。なお、領域については、従前通り「体つくり運動」「器械運動」「陸上競技」「水泳」「球技」「武道」「ダンス」及び「体育理論」の計8つで構成されています。

　保健分野の内容構成については、「保健の見方・考え方」を働かせて、保健に関する資質・能力を育成する観点から、健康に関する「知識及び技能」、健康に関する課題の発見・解決等のための「思考力、判断力、表現力等」に対応した内容が示されています。また、従前の内容を踏まえて「健康な生活と疾病の予防」「心身の機能の発達と心の健康」「傷害の防止」及び「健康と環境」の4つの内容で構成されています。

2 体育分野における改訂のポイント

⑴　体育分野で育成を目指す資質・能力

　今回の改訂では、『中学校学習指導要領（平成29年告示）解説　保健体育編』には、体育分野の改訂のポイントとして、次の4点が示されています。

　・体育分野においては、育成を目指す資質・能力を明確にし、生涯にわたって豊かなスポーツラ

イフを実現する資質・能力を育成することができるよう、「知識及び技能」、「思考力、判断力、表現力等」、「学びに向かう力、人間性等」の育成を重視し、目標及び内容の構造の見直しを図ること。
・「カリキュラム・マネジメント」の実現及び「主体的・対話的で深い学び」の実現に向けた授業改善を推進する観点から、発達の段階のまとまりを考慮し、各領域で身に付けさせたい具体的な内容の系統性を踏まえた指導内容の一層の充実を図るとともに、保健分野との一層の関連を図った指導の充実を図ること。
・運動やスポーツとの多様な関わり方を重視する観点から、体力や技能の程度、性別や障害の有無等にかかわらず、運動やスポーツの多様な楽しみ方を共有することができるよう指導内容の充実を図ること。その際、共生の視点を重視して改善を図ること。
・生涯にわたって豊かなスポーツライフを実現する基礎を培うことを重視し、資質・能力の三つの柱ごとの指導内容の一層の明確化を図ること。

　体育分野の内容については、前述の通り「知識及び技能」「思考力、判断力、表現力等」「学びに向かう力、人間性等」で示されています。特に、「学びに向かう力、人間性等」については、生涯にわたる豊かなスポーツライフの実現に向けた体育学習に関わる態度に対応した、公正、協力、責任、参画、共生及び健康・安全の具体的な指導内容を示していることから、これらを確実に指導して評価することが必要となるのです。
　指導内容については、小学校段階との接続及び高等学校への見通しを重視し、系統性を踏まえた指導内容の見直しが図られていることや、豊かなスポーツライフの実現を重視し、スポーツとの多様な関わり方を楽しむことができるようにする観点から、体力や技能の程度、性別や障害の有無等にかかわらず、運動やスポーツの多様な楽しみ方を共有することができるよう、共生の視点を踏まえて指導内容が示されています。学習指導要領解説を踏まえ、指導内容を再度確認してください。
　また、指導と評価の一体化を一層推進する観点から、全ての指導内容で「例示」が示され、指導内容が明確化されています。明確になった指導内容を確実に身に付けさせるために、指導と評価の機会や方法を十分検討することが重要となります。
　なお、生涯にわたって健康を保持増進し、豊かなスポーツライフを実現する資質・能力の育成を重視する観点から、健康な生活と運動やスポーツとの関わりを深く理解したり、心と体が密接につながっていることを実感したりできるようにすることの重要性が改めて示されるとともに、体育分野と保健分野の関連を図る工夫の例が新たに示されています。

⑵　体育分野における学習評価の考え方
　観点別学習状況の評価は目標に準拠した評価であることから、学習指導要領の内容に則って設定することが重要です。また、観点別学習状況の評価を円滑に進めるためには、①内容の取扱いを踏まえ３年間を見通した年間指導計画を作成すること、②学習指導要領を踏まえ「内容のまとまり」ごとに指導事項をバランスよく配置すること、③明確化された指導内容の「例示」から「全ての単元の評価規準」を作成すること、④当該単元の「単元の評価規準」を作成すること、⑤指導と評価の計画を作成することなどの手順を踏むことが重要となります。
　体育分野の「知識・技能」の「知識」の評価においては、主に学習ノート等に記述された内容から評価を行うことから、指導から期間を置かずに指導した時間に評価材料を収集することや、生徒の発言等の観察評価によって得られた評価情報を加味して評価の妥当性、信頼性を高める工夫が考えられます。また、「技能」の評価においては、学習指導要領に示された「技能」の内容について指導し評価することが大切です。なお、技能の獲得には一定の学習機会が必要となることから、指導後に一定の学習期間を置いて評価期間を設けるなどの工夫が必要となります。

「思考・判断・表現」の評価については、知識及び技能を活用して課題を解決する等のために必要な思考力、判断力、表現力等を身に付けているかどうかを評価するものであることから、習得した知識や技能をもとに思考・判断・表現しているかを記載できる学習カード等を工夫することや、思考・判断・表現することができる場面を設定することが大切です。また、主に学習ノート等に記述された内容から評価を行うことから、指導から期間を置かずに指導した時間に評価材料を収集することが必要となります。

「主体的に学習に取り組む態度」の評価については、学習指導要領に示された「学びに向かう力、人間性等」の内容について確実に指導すること、指導した内容を実践しようとしているかを評価できる活動を工夫することが大切です。また、態度の育成には一定の学習機会が必要となることから、指導後に一定の学習期間を置いて評価期間を設けるなどの工夫が必要となります。

なお、1単位時間の評価規準の数については、教師が無理なく生徒の学習状況を的確に評価できるように評価規準を設定し評価方法を選択すること、「技能」と「主体的に学習に取り組む態度」は観察評価が中心であり、同時に評価を行うことが困難であるため同一時間には設定しないことなどにも留意しましょう。

3 保健分野における改訂のポイント

(1) 保健分野で育成を目指す資質・能力

今回の改訂では、『中学校学習指導要領（平成29年告示）解説 保健体育編』には、保健分野の改訂のポイントとして、次の3点が示されています。全ての教科等で「知識及び技能」「思考力、判断力、表現力等」「学びに向かう力、人間性等」の3つの資質・能力の育成を目指すこととなりましたが、保健分野においても、1つ目に「知識及び技能」「思考力、判断力、表現力等」「学びに向かう力、人間性等」の3つの資質・能力に対応した目標や内容に改善されたことが明確にされました。

> **『中学校学習指導要領（平成29年告示）解説 保健体育編』**
> ・保健分野においては、生涯にわたって健康を保持増進する資質・能力を育成することができるよう、「知識及び技能」、「思考力、判断力、表現力等」、「学びに向かう力、人間性等」に対応した目標、内容に改善すること。
> ・心の健康や疾病の予防に関する健康課題の解決に関わる内容、ストレス対処や心肺蘇生法等の技能に関する内容等を充実すること。
> ・個人生活における健康課題を解決することを重視する観点から、健康な生活と疾病の予防の内容を学年ごとに配当するとともに、体育分野との一層の関連を図った内容等について改善すること。

このことを踏まえて、保健分野においても、次のように目標が示されています。

> **中学校学習指導要領保健体育 保健分野 1目標**
> (1)個人生活における健康・安全について理解するとともに、基本的な技能を身に付けるようにする。
> (2)健康についての自他の課題を発見し、よりよい解決に向けて思考し判断するとともに、他者に伝える力を養う。
> (3)生涯を通じて心身の健康の保持増進を目指し、明るく豊かな生活を営む態度を養う。

保健分野の内容に関しては、これまで知識を中心とした内容構成になっていたものに、新たに思考力、判断力、表現力等の内容が示されました。現在及び将来の生活における健康に関する課題に直面した場合などに、的確な思考・判断・表現等を行うことができるよう、健康を適切に管理し改善していく思考力、判断力、表現力等の資質・能力を育成することが求められていることから、全ての内容のまとまりにおいて、思考力、判断力、表現力等の内容が位置付いたわけです。

　また、今回、「知識及び技能」というくくりで技能の内容も示されました。しかし、全ての内容のまとまりに示されているのではなく、保健体育という教科の特性を踏まえて、「心身の機能の発達と心の健康」と「傷害の防止」の内容のまとまりだけに示されています。

　なお、保健分野においては、「学びに向かう力、人間性等」については、目標に示されていますが、内容としては示されていません。これは、他教科も同様です。

　解説の改訂のポイントの最後に関連して、「健康な生活と疾病の予防」については、これまで第3学年で指導されることとなっていましたが、個人生活における健康に関する課題を解決することを重視する観点から、この内容を学年ごとに配当することとされました。つまり、保健分野の中核となる内容として、全ての学年で学習することとなったのです。そのことを踏まえて、本書を参考に単元構成をしてください。

⑵　保健分野における学習評価の考え方

　今回の学習評価は、学習指導要領の目標が、新しく「知識及び技能」「思考力、判断力、表現力等」「学びに向かう力、人間性等」の3つの柱で示されたので、評価の観点も連動して「知識・技能」「思考・判断・表現」「主体的に学習に取り組む態度」に変更されました。

　保健分野の「知識・技能」の評価については、新しく示された「技能」を具体的にどのように評価するのかが、ポイントとなります。学習指導要領に示された保健の技能の内容は、「ストレス対処」「応急手当」の2つです。これらの内容は知識と一体として示されており、評価においても、それらの内容を理解し技能を身に付けている状況を評価することになります。例えば、ストレス対処は「リラクセーション等の方法が心身の負担を軽くすることを理解するとともに、それらの方法ができる」と「技能」のみを評価するのではないことに留意します。

　保健分野の「思考・判断・表現」については、健康課題の解決能力の育成を目指す上で、最も注目すべき観点となります。個人生活における健康・安全に関する内容について科学的に思考し、判断するとともに、それらについて筋道を立てて他者に表現できているか、生徒の実現状況を評価することになります。今回の学習指導要領解説では、「思考力、判断力、表現力等」の内容について、課題発見、課題解決、表現に分けて例示がされてあるので、単元の流れに沿って評価にも活用することができます。

　「主体的に学習に取り組む態度」は、内容に位置付いていないため、目標を踏まえて評価することになります。具体的には、「知識及び技能」「思考力、判断力、表現力等」の獲得に粘り強く取り組んだり、自らの学習を調整しようとしたりする側面を評価します。そのため、従来の「関心・意欲・態度」のように単元のはじめのほうに位置付くのではなく、粘り強さや調整の状況が把握できる後半に位置付くことになります。生徒が保健の学習に自主的に取り組んでいる状況に、課題解決に向けての粘り強さや、解決方法の修正等の姿を見取っていくことに留意しましょう。

運動やスポーツの多様な関わり方を楽しむこと、個人生活に関する内容の習得を目指して！

1 〔体育分野〕

　体育分野の内容は、運動に関する領域と知識に関する領域で構成されています。運動に関する領域は、「A体つくり運動」「B器械運動」「C陸上競技」「D水泳」「E球技」「F武道」「Gダンス」で、知識に関する領域は、「H体育理論」です。

　運動に関する領域では、⑴知識及び技能（「体つくり運動」は知識及び運動）、⑵思考力、判断力、表現力等、⑶学びに向かう力、人間性等を内容として示しています。

　知識に関する領域では、「ア 知識」として、(ｱ)、(ｲ)、(ｳ) に具体的な指導内容を示し、「イ 思考力、判断力、表現力等」、「ウ 学びに向かう力、人間性等」を内容として示しています。なお、体育分野の領域及び領域の内容については、解説P.43の表に、より分かりやすく整理されているので参照ください。

⑴　知識及び技能（「体つくり運動」は知識及び運動）

　○知識

　知識については、体の動かし方などの具体的な知識と、生涯スポーツにつながる概念などの汎用的な知識で示されています。具体的な知識と汎用的な知識との関連を図ることで、各領域の特性や魅力を理解したり、運動やスポーツの価値等を理解したりすることにつなげることが大切です。具体的な指導内容としては、各領域における「運動の特性や成り立ち」「技術（技）の名称や行い方」「その運動に関連して高まる体力」「伝統的な考え方」「表現の仕方」などが示されています。

　○技能

　技能については、運動を通して各領域の特性や魅力に応じた楽しさや喜びを味わうことが示されているとともに、各領域における技能や攻防の様相、動きの様相などが示されています。第1学年及び第2学年においては、小学校第5学年及び第6学年までのルールや場を工夫した学習経験を踏まえ、主に、各領域の基本的な技能や動きを身に付け、記録や技に挑戦したり、簡易な試合や発表をできるようにしたりすることが示されています。

⑵　思考力、判断力、表現力等

　「思考力、判断力、表現力等」については、各領域に共通して、自己の課題を発見し、合理的な解決に向けて運動の取り組み方を工夫するとともに、自己（や仲間）の考えたことを他者に伝えることが示されています。

　具体的には、第1学年及び第2学年においては、各領域の特性に応じて、改善すべきポイントを発見すること、課題に応じて適切な練習方法を選ぶことなどの「体の動かし方や運動の行い方」に関する指導内容、「体力や健康・安全」に関する指導内容、「運動実践につながる態度」に関する指導内容が、各領域で取り上げることが効果的な指導事項の具体例として重点化して示されています。思考力、判断力、表現力等は、各領域における学習課題に応じて、学習した内容を別の学習場面に適用したり、応用したりして、他者に伝えることですが、第1学年及び第2学年では、基本的な知識や技能を活用して、学習課題への取り組み方を工夫できるようにして、自己の課題の発見や解決に向けて

考えたことを他者に分かりやすく伝えられるようにすることが求められます。

⑶　学びに向かう力、人間性等

　「学びに向かう力、人間性等」については、公正に取り組む、互いに協力する、自己の役割を果たす、一人一人の違いを認めようとするなどの意欲を育てることが示されています。また、健康・安全に関する事項については、意欲をもつことにとどまらず、実践することが求められています。第1学年及び第2学年においては、各領域に積極的に取り組むことが示されています。なお、「学びに向かう力、人間性等」を学習する際は、なぜその活動や行動が必要なのかなどについて、学習指導要領解説に示された意義などの汎用的な知識を関連させて指導することが大切です。

　授業づくりに当たっては、上記の内容を確認し、これらの指導内容を個別に取り扱うのではなく、それぞれの内容を関連させた指導と評価の計画を作成するとともに、体育理論との関連についても考慮することが重要です。

2 〔保健分野〕

　保健分野の指導内容に関する改訂の主なポイントは、次の3点です。

①「知識及び技能」の内容として、心の健康や疾病の予防に関する健康課題の解決に関わる内容が充実されるとともに、ストレス対処や心肺蘇生法等の技能に関する内容等が明確に示された。
②保健分野においては、個人生活における健康課題を解決する能力を育成することができるよう、「思考力、判断力、表現力等」の内容が全ての内容のまとまりに示された。
③「健康な生活と疾病の予防」については、これまで第3学年で指導されることとなっていたが、個人生活における健康に関する課題を解決することを重視する観点から、この内容を各学年に配当することとされた。

　これらを踏まえて、4つの内容のまとまりを9つの単元として設定し、各学年ともにおおよそ16時間ずつ、合計48時間程度の授業をすることとなります。具体的な単元と指導すべき学年等を表1に示しました。なお、各学年の内容の詳細については、学年ごとの〔保健分野〕における指導のポイントで説明します。

表1　保健分野の単元の設定例

内容のまとまり	単元設定例	学年	時数
⑴健康な生活と疾病の予防	健康の成り立ちと疾病の発生要因・生活習慣と健康	1	4
	生活習慣病などの予防	2	4
	喫煙、飲酒、薬物乱用と健康	2	4
	感染症の予防	3	4
	健康を守る社会の取組	3	4
⑵心身の機能の発達と心の健康	心身の機能の発達	1	5
	心の健康	1	7
⑶傷害の防止	傷害の防止	2	8
⑷健康と環境	健康と環境	3	8

（国立教育政策研究所『「指導と評価の一体化」のための学習評価に関する参考資料　中学校保健体育』東洋館出版社　2020年を一部改変）

個別最適な学びと協働的な学びに向けた授業改善へ！

1　主体的・対話的で深い学びに向けた授業改善

⑴　「主体的・対話的で深い学び」とは何か

　中央教育審議会答申（2016）では「『主体的・対話的で深い学び』の実現とは、特定の指導方法のことでも、学校教育における教員の意図性を否定することでもない」と示しています。ここからは、教員の創意工夫による授業づくりの意図とは別に、特定の授業方法や指導法等が存在し、それを身に付けることではないことが分かります。さらに、答申では「『主体的・対話的で深い学び』の実現とは、以下の視点に立った授業改善を行うことで、学校教育における質の高い学びを実現し、学習内容を深く理解し、資質・能力を身に付け、生涯にわたって能動的（アクティブ）に学び続けるようにすることである。」と示しています。つまり、生涯にわたり能動的に学び続けることを目的に、ある視点に立ち、質の高い学びの実現に向けた授業改善を行う、教員の営みと捉えることができるでしょう。では、保健体育科の授業においては、どのような視点を用いて授業改善を進めることになるのでしょうか。

⑵　保健体育科の「主体的・対話的で深い学び」に向けた授業改善の視点と留意点

　保健体育科の授業改善の視点は、学習指導要領解説に示されています（下線は筆者）。

・運動の楽しさや健康の意義等を発見し、運動や健康についての興味や関心を高め、課題の解決に向けて粘り強く自ら取り組み、学習を振り返るとともにそれを考察し、課題を修正したり新たな課題を設定したりするなどの主体的な学びを促すこと。
・運動や健康についての課題の解決に向けて、生徒が他者（書物等を含む）との対話を通して、自己の思考を広げ深め、課題の解決を目指して学習に取り組むなどの対話的な学びを促すこと。
・習得・活用・探究という学びの過程を通して、自他の運動や健康についての課題を発見し、解決に向けて試行錯誤を重ねながら、思考を深め、よりよく解決するなどの深い学びを促すこと。

　生徒に3つの資質・能力を偏りなく育成することを目的に、保健体育科の特質に応じた効果的な学習指導の実現に向けて、地道な授業改善に取り組むことが求められています。また、解説では、授業改善を進めるに当たっての留意点を以下の通り示しています。

ア　児童生徒に求められる資質・能力を育成することを目指した授業改善の取組は、既に小・中学校を中心に多くの実践が積み重ねられており、特に義務教育段階はこれまで地道に取り組まれ蓄積されてきた実践を否定し、全く異なる指導方法を導入しなければならないと捉える必要はないこと。
イ　授業の方法や技術の改善のみを意図するものではなく、児童生徒に目指す資質・能力を育むために「主体的な学び」、「対話的な学び」、「深い学び」の視点で、授業改善を進めるものであること。
ウ　各教科等において通常行われている学習活動（言語活動、観察・実験、問題解決的な学習など）の質を向上させることを主眼とするものであること。
エ　1回1回の授業で全ての学びが実現されるものではなく、単元や題材など内容や時間のまとまりの中で、学習を見通し振り返る場面をどこに設定するか、グループなどで対話する場面をどこに設定す

るか、児童生徒が考える場面と教員が教える場面をどのように組み立てるかを考え、実現を図っていくものであること。

オ　深い学びの鍵として「見方・考え方」を働かせることが重要になること。各教科等の「見方・考え方」は、「どのような視点で物事を捉え、どのような考え方で思考していくのか」というその教科等ならではの物事を捉える視点や考え方である。各教科等を学ぶ本質的な意義の中核をなすものであり、教科等の学習と社会をつなぐものであることから、<u>児童生徒が学習や人生において「見方・考え方」を自在に働かせることができるようにすること</u>にこそ、教師の専門性が発揮されることが求められること。

カ　基礎的・基本的な知識及び技能の習得に課題がある場合には、その確実な習得を図ることを重視すること。

2 〔体育分野〕における ICT 端末活用のポイント

⑴　ICT 端末の導入に向けて

「Society5.0」時代の到来が予測される中、生徒が情報や情報技術を受け身で捉えるのではなく、主体的に選択し活用していく力が求められています。学習指導要領では、情報活用能力を言語能力、問題発見・解決能力と並ぶ「学習の基盤となる資質・能力」の１つと位置付け、教科等横断的に育成することを求めています。そのため、各教科等における指導に当たっては、各教科等の特質に応じた適切な学習場面の設定や学習活動の工夫・充実を検討する必要があります。また、情報活用能力を発揮させる学習指導の工夫が、各教科等における主体的・対話的で深い学びへ向けた授業改善を加速するものとして期待されています。

⑵　体育分野での活用のポイントと留意点

体育分野では、豊かなスポーツライフを実現するための資質・能力の育成を目指しています。そのため、ICT の活用に関しても、３つの資質・能力の何を育成するものなのか、そのねらいや利活用の目的、効果等を十分検討した上で導入することが重要となります。

具体的には、学習に必要な情報の収集やデータの管理・分析、課題の発見や解決方法の選択などにおける ICT 活用が考えられます。また、生徒や学校の実態に応じ、個別学習やグループ別学習、繰り返し学習、学習内容の習熟の程度に応じた学習、生徒の興味・関心等に応じた課題学習、補充的な学習や発展的な学習などの学習活動を取り入れたりするなど、個に応じた指導の充実や、生徒の基盤的な学力の定着に向けた学習指導への効果が期待されています。さらに、１人１台の ICT 端末の活用により、体育分野の授業を授業時間や運動場や体育館という場を超えて、いつでも、どこでも学習者のペースで活用できる可能性をも秘めています。

また、「教育の情報化に関する手引（追補版）」（令和２年６月　文部科学省）では、中学校保健体育科の授業において、①生徒の学習に対する興味・関心を高める場面、②生徒一人一人が課題を明確に把握する場面等における ICT の効果的な活用が示されていますので、参考にしてください。　なお、運動実践での活用に際しては、運動学習への従事時間が損なわれないよう留意しましょう。そのため、補助的な手段として活用するとともに、効果的なソフトやプログラムの活用等を検討する必要があります。運動場や体育館等で手軽に用いることができること、操作等に時間を要しないこと、短時間で繰り返し活用できるようにする準備等も重要となります。また、ICT を活用する場面と活用しない場面を判断し、効果的な組み合わせを検討することが重要です。中央教育審議会答申（2021）では、「令和の日本型学校教育」を構築し、全ての子供たちの可能性を引き出すための個別最適な学び（個に応じた指導と学習の個別化）と協働的な学びを実現するためには ICT は不可欠であるとし、学校教育での ICT の一層の活用について、期待を示しています。

保健の見方・考え方を働かせた学習を目指して！

1 主体的・対話的で深い学びの視点からの授業改善と単元の指導のポイント

　保健分野では、「知識及び技能」「思考力、判断力、表現力等」「学びに向かう力、人間性等」の3つの資質・能力を育成するため、単元などの内容や時間のまとまりを見通しながら、次の3つの視点で「主体的・対話的で深い学びの視点からの授業改善」を進めることが大切です。

> ・健康の意義等を発見し、健康についての興味や関心を高め、課題の解決に向けて粘り強く自ら取り組み、学習を振り返るとともにそれを考察し、課題を修正したり新たな課題を設定したりするなどの主体的な学びを促すこと。
> ・健康についての課題の解決に向けて、生徒が他者（書物等を含む）との対話を通して、自己の思考を広げ深め、課題の解決を目指して学習に取り組むなどの対話的な学びを促すこと。
> ・習得・活用・探究という学びの過程を通して、自他の健康についての課題を発見し、解決に向けて試行錯誤を重ねながら、思考を深め、よりよく解決するなどの深い学びを促すこと。

　これらの視点からの授業改善は、全ての単元で推進する必要がありますが、それぞれの単元の内容に即した指導のポイントと関連させることでより具体的、効果的になります。それでは、第2学年の各単元の指導のポイントについて確認しましょう。

(1)「生活習慣病などの予防」の指導のポイント

　本単元では、これまで教材として取り上げてきた心臓病、脳血管疾患に加えて、歯周病やがんについて指導します。また、学習指導要領解説では、この内容を「生活習慣病の予防」と「がんの予防」に分けて示されています。特にがんは学習指導要領の内容の取扱いに明示され、その予防としては、生活習慣病の予防と同様に、一次予防として、適切な生活習慣を身に付けることなどが有効であることを理解できるようにします。そして、二次予防として、健康診断やがん検診などで早期に異常を発見できることなどを取り上げ、三次予防と関連させ、疾病の回復についても触れるように配慮します。このように、がんを通して一次、二次、三次予防の考え方を理解することができるように指導することがポイントとなります。

(2)「喫煙、飲酒、薬物乱用と健康」の指導のポイント

　喫煙、飲酒については、これまで同様、小学校で指導する健康への急性影響に加えて、慢性影響を指導します。また、喫煙、飲酒、薬物乱用などの行為は、好奇心、なげやりな気持ち、過度のストレスなどの心理状態、断りにくい人間関係、宣伝・広告や入手し易さなどの社会環境によって助長されること、それらに適切に対処する必要があることを理解できるようにします。さらに、体育分野との関連を図る観点から、フェアなプレイに反するドーピングの健康への影響についても触れます。このように、喫煙、飲酒、薬物乱用と健康影響を押さえつつ、社会環境との関わりについて考え、意思決定・行動選択することができるように指導することがポイントとなります。

　「傷害の防止」については、従前の内容に加えて、心肺蘇生法などの応急手当の技能の内容が明確に示されました。このことは3で後述します。また、傷害の防止についての思考力、判断力、表現力等を育成する視点から、新たに、傷害の防止について、危険の予測やその回避の方法を考え、それらを表現することが示されました。深い学びにつなげるためには、身に付けた知識及び技能を活用して、危険予測、危険回避できる能力を育成することができるように指導することがポイントとなります。

2　〔保健分野〕における学習カード活用のポイント

　保健分野は、個人生活における健康課題を解決することを重視しています。そのための中心となる資質・能力は「思考力・判断力・表現力等」です。その育成のためには、健康課題を発見し、よりよい解決に向けて思考したり、様々な解決方法の中から適切な方法を選択するなどの判断をしたりするとともに、それらを他者に表現する活動を設定することが大切です。

　また、「思考・判断・表現」の評価に当たっては、生徒が思考・判断したことをできるだけ可視化し評価したいので、学習カードやノートなどの記述が中心となります。学習カードを作成する際には、評価する観点に応じた項目を設定し、思考の過程が分かるような項目を工夫すると効果的です。

　さらに、他のグループの発表を聞き、自分のグループで考えた課題解決方法と比較することで、新たな課題を発見したり思考が深まったりすることが考えられます。このように、生徒が考えたことを段階的に記入させるなど、学習カードの内容項目を工夫することがポイントとなります。

　例えば、「生活習慣病などの予防」の「生活習慣病の予防」の内容では、まず、生活習慣病を予防するための方法について、自分の考えを書く欄を設けます。次に、自分の生活等を振り返って、生活習慣病に関わる課題を考える欄を設けます。さらに、グループでの話合いで、友達から出された方法で参考になったり、自分の考えが深まったりしたことを書く欄を設けます。最後に、3つの欄に記述したことを踏まえて、生活習慣病の予防について考えたことを書く欄を設けるのです。なお、解決方法を選択する欄を設ける場合には、「生活習慣病のリスクを軽減すること」と関連して考えることができる欄を設けるとよいでしょう。

3　〔保健分野〕における「知識及び技能」の指導のポイント

　「傷害の防止」の単元では、「知識」の内容として、傷害が発生した際に、その場に居合わせた人が行う応急手当としては、傷害を受けた人の反応の確認等状況の把握と同時に、周囲の人への連絡、傷害の状態に応じた手当が基本であり、迅速かつ適切な手当は傷害の悪化を防止できること、その際、応急手当の方法として、止血や患部の保護や固定、心肺停止に陥った人に遭遇したときの応急手当として、気道確保、人工呼吸、胸骨圧迫、AED（自動体外式除細動器）使用の心肺蘇生法を取り上げ、理解できるように指導します。

　また、「技能」の内容として、胸骨圧迫、AED（自動体外式除細動器）使用などの心肺蘇生法、包帯法や止血法としての直接圧迫法などを取り上げ、実習を通して応急手当ができるように指導します。したがって、実習は必須の学習活動となります。気を付けていただきたいのは、「知識」の内容全てを「技能」として指導するわけではありません。知識と技能を一体として指導することがポイントとなります。つまり、「知識及び技能」の資質・能力を育成するために、「知識」の中でより具体的に身に付けさせたい内容を「技能」として指導するイメージです。さらに、傷害に応じた適切な応急手当について、習得した知識や技能を傷害の状態に合わせて活用して、傷害の悪化を防止する方法を見いだすことにつなげることが大切です。

保健体育科「年間指導計画例」（全学年）

　下記の表は、本シリーズにおける全学年の保健体育科の年間指導計画例です。「体育理論」「体つくり運動」については、本書ではまとめて記載していますが、この表にある通り、実施時期がそれぞれ異なる点に注意してください。また、第3学年では、領域の選択があるので、学校や生徒の実態に合わせて、指導を行ってください。

学年	週＼月	4			5				6				7		9		
		1	2	3	4	5	6	7	8	9	10	11	12	13	14	15	16
第1学年		オリエンテーション	体育理論（1）	陸上競技（12） 短距離・リレー〔6〕 ハードル走〔6〕				球技・ゴール型（10） （バスケットボール・サッカー選択） バスケットボール					水泳（10） （クロール・平泳ぎのいずれかを含む2泳法以上選択） クロール・背泳ぎ				
		体つくり運動（4）						保健(1)(ア)健康の成り立ちと疾病の発生要因／(イ)生活習慣と健康（4）				体育理論理論（1）	保健 (2)(ア)(イ)心身の機能の発達（5）				
第2学年	体つくり運動（3）	陸上競技（8） （跳躍種目選択 走り幅跳び・走り高跳び） 走り高跳び				球技・ネット型（12） （バレーボール・バドミントン選択） バドミントン							水泳（10） （クロール・平泳ぎのいずれかを含む2泳法以上選択） 平泳ぎ・バタフライ				
		体育理論（1）	保健　(1)(ウ) 生活習慣病などの予防（4）			保健　(1)(エ)喫煙、飲酒、薬物乱用と健康（4）			体育理論（2）			保健					
第3学年	体つくり運動（3）	陸上競技・器械運動選択（18） （器械運動選択者は、1種目から4種目選択） マット運動・平均台運動・跳び箱運動 （陸上競技は、競走種目と跳躍種目より選択） 短距離走・リレー／走り幅跳び								水泳・ダンス選択（18） 水泳：4泳法・複数の泳ぎ・リレー （水泳の選択者で実技ができない期間は、練習計画等の作成等） ダンス：現代的なリズムのダンス・創作ダンス						
		体育理論（1）	保健　(1)(オ)感染症の予防（4）			保健(1)(カ)健康を守る社会の取組（4）											

※選択単元については、下線種目を本書において採用している。

9		10				11			12			1			2		3	
17	18	19	20	21	22	23	24	25	26	27	28	29	30	31	32	33	34	35

武道〔9〕（柔道・剣道のいずれかを選択）　柔道　／　**器械運動〔16〕**（跳び箱、鉄棒、平均台より1選択）　マット運動〔9〕・跳び箱運動〔7〕　／　**球技・ネット型〔10〕**（バレーボール・テニス選択）　バレーボール

保健 ⑵(ウ)(エ)心の健康〔7〕　／　体育理論〔1〕　／　**陸上競技〔6〕** 長距離走　／　**体つくり運動〔4〕**

球技・ベースボール型〔12〕 ソフトボール　／　**ダンス〔18〕** 創作ダンス⑼ フォークダンス⑼　／　**球技・ゴール型〔12〕**（ハンドボール・サッカー選択）　ハンドボール

⑶傷害の防止〔8〕　／　体つくり運動〔2〕　／　**陸上競技〔6〕** 長距離走　／　**体つくり運動〔3〕**

球技・武道選択①〔18〕（球技選択者は選択②で再度選択。もしくは武道を選択する）　球技：ゴール型　サッカー　球技：ネット型　バレーボール　武道　柔道　／　体つくり運動〔4〕　／　**球技・武道選択②〔18〕**（選択①で武道選択者は、球技の選択も可）　球技：ネット型　テニス　球技：ベースボール型　ソフトボール　武道　剣道

保健 ⑷健康と環境〔8〕　／　**陸上競技〔6〕** 長距離走　／　**体育理論〔3〕**

2

イラストで見る
全単元・全時間の授業のすべて
保健体育　中学校2年

1 運動やスポーツの意義や効果と学び方や安全な行い方

3 時間

単元の目標

(1)運動やスポーツの意義や効果と学び方や安全な行い方について理解することができるようにする。

単元計画（指導と評価の計画）

1 時
運動やスポーツを行うことで心身を発達させたり、社会性が高まることを理解する。

1 体への効果にはどのようなものが考えられるか？
[主な学習活動]
○自分の経験や友達の経験から、身体やその機能の発達が促されることを確認する。
○健康に生活するための体力と運動やスポーツをするための体力を高める必要性を理解する。

2 心への効果にはどのようなものが考えられるか？
[主な学習活動]
○自分の経験や友達の経験から達成感や自信を得られる場面を挙げる。
○心身の相関に触れ、ストレス軽減やリラックス効果について確認する。

3 社会性が高まる
[主な学習活動]
○保健体育の授業の 1 つの種目を例に挙げ、正式な規格やルールとの比較をする。
○場の設定やルールの工夫などから、合意しながら運動していることに気付く。
○支え合ったり教え合ったりして活動している側面を再認識し、社会性の高まりについて学ぶ。

[評価計画] 知・技① 態①

単元の評価規準

知識・技能	
①運動やスポーツは、身体の発達やその機能の維持、体力の向上などの効果や自信の獲得、ストレスの解消などの心理的効果及びルールやマナーについて合意したり、適切な人間関係を築いたりするなどの社会性を高める効果が期待できることについて理解したことを、言ったり書き出したりしている。	②運動やスポーツには、特有の技術があり、その学び方には、運動の課題を合理的に解決するための一定の方法があることについて理解したことを、言ったり書き出したりしている。 ③運動やスポーツを行う際は、その特性や目的、発達の段階や体調などを踏まえて運動を選ぶなど、健康・安全に留意する必要があることについて理解したことを、言ったり書き出したりしている。

知識及び技能

1 運動やスポーツの意義や効果と学び方や安全な行い方

2 体ほぐし運動、体の動きを高める運動

3 陸上競技 走り高跳び

4 生活習慣病などの予防

5 ネット型：：バドミントン

6 喫煙、飲酒、薬物乱用と健康

(2)運動やスポーツの意義や効果と学び方や安全な行い方について、自己の課題を発見し、よりよい解決に向けて思考し判断するとともに、他者に伝えることができるようにする。　**思考力、判断力、表現力等**

(3)運動やスポーツの意義や効果と学び方や安全な行い方についての学習に積極的に取り組むことができるようにする。　**学びに向かう力、人間性等**

2 時	3 時
運動やスポーツで用いられる技術や戦術について理解し、各種の運動の技能を効果的に獲得するための学び方について理解する。	運動やスポーツの実施前後には、計画の立案から安全確認、準備運動、適切な休憩や仲間への配慮、整理運動などが大切であることを理解する。
1　いくつかの写真（スライド）の「動き」を見て、それぞれの「動き」をグループ分けしてみよう [主な学習活動] ○「技術」「戦術」「作戦」のヒントを与え、数人のグループで写真を分けてみる。 ○スポーツには、種目特有の技術や戦術、作戦があることを理解する。 ※個人で記入→情報共有→再度個人で活動 **2　技術や戦術を身に付けるためには学習をどのように進めていったらいいのだろうか？** [主な学習活動] ○保健体育の授業の1つの種目を例に挙げ、学び方について考える。 ○動き方のポイントを学習し、実際に行ってみて、課題を明確にして、課題解決のための練習計画を立て、練習の効果を確認するという流れを確認したり、整理したりする。 ○プロスポーツチームの1週間のスケジュールや練習風景を動画で視聴する。	**1　運動やスポーツを安全に行うために何が必要だろうか？** [主な学習活動] ○強度、時間、頻度について確認する。 **2　運動前に気を付けなければならないことは何だろう？** [主な学習活動] ○準備運動の重要性について理解する。 ○グループに分かれ、「施設・用具」「体」「心」の3つに関する資料（写真や動画）を示し、3つに分類する。 ○運動前の準備の重要性についてまとめる。 **3　運動中や運動後に気を付けなければならないことは何だろう？** [主な学習活動] ○水分補給、仲間への配慮、自然環境への注意、クールダウンなどについて整理する。 第1時から第3時までの総まとめをする。
[評価計画]　知・技②　思②	[評価計画]　知・技③　思①

思考・判断・表現	主体的に学習に取り組む態度
①運動やスポーツの意義や効果、行い方について、習得した知識を活用し、具体的な社会の事例や自分の周りの環境に照らし合わせて課題を発見している。 ②よりよい解決に向けて、思考し判断するとともに、自己の意見を言語や記述を通して、他者に伝えている。	①運動やスポーツの意義や効果と学び方や安全な行い方について、意見交換や学習ノートの記述などの活動に対して積極的に取り組もうとしている。

単元計画

運動やスポーツの体と心への効果

本時の目標

運動やスポーツを行うことで心身両面への効果が期待できることや仲間との関わりを通して社会性が発達することを理解する。

評価のポイント

運動やスポーツが心身および社会性に及ぼす効果についてワークシートに整理して記述できたか。

本時の板書のポイント

- -

point 心身および社会性に及ぼす効果について、具体例を挙げて整理する。ワークシートには具体的なイラストなどを掲載しておく。

スライド例（指示例）**1 2**

スライド 1
運動やスポーツを行った後の変化について記入しよう
①**体の変化**について
②**心の変化**について

スライド 2 3
『社会性』とは…
<u>社会集団の一員であるのにふさわしい性質</u>
具体的にはどのようなことが挙げられるだろうか
隣の人と紹介し合ってみよう！

スライド 3
スポーツを行うと『社会性』は高まる。

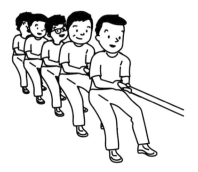

なぜだろう？経験したことや想像など、自分の考えを記入しよう。

本時の展開 ▷▷▷

1 体に及ぼす効果について考える

いくつかのスライドを例示し、「運動やスポーツを行って、体にとってプラスになることを挙げてみよう」と発問する。まずは個人で考え、次に周りの人と意見を交換する。その様子や内容を把握しながら、全体への共有のため意見を発表させて板書する。

2 心に及ぼす効果について考える

いくつかのスライドを例示し、「運動やスポーツを行って、心にとってプラスになることを挙げてみよう」と発問する。まずは個人で考え、次に周りの人と意見を交換する。その様子や内容を把握しながら、全体への共有のため意見を発表させて板書する。

ワークシート例（板書例）

第1時 運動やスポーツの 体と心への効果

1 運動やスポーツを行った後の変化

体	心
意見を板書	

①体の変化
　体力や技能が高まる（筋肉、骨、
　心肺機能）
　健康の増進、肥満防止

②心の変化
　達成感、自信、ストレス発散
　リラックス効果

★適切な運動やスポーツには心身への効果
　が期待できる

2 なぜ社会性は高まるのか

自分の意見	友達の意見

様々な場面で…
協調性、コミュニケーション、ルールや
マナー
→人間関係の構築
自分の運動やスポーツの経験で社会性が
高まった事例を友達に紹介しよう。
★スポーツへの参加は社会性を高める

3 発展
自分が選んだ課題について考えたこと

④の①②から選択

---

3 社会性が高まる理由を考える

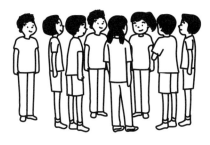

　「社会性」についてのキーワード（協調性、
責任感、ルールやマナー）を例示し自分の身近
な例として、その高まりを感じた場面を考える。
　運動やスポーツの場面を抽出し、意識付けす
るとともに、1つの運動・スポーツ例を出し
ながら説明する。また、整理して板書する。

4 発展的な内容について、友達と意見を共有する

　2つの例を出し、本時で学んだ学習内容を
活用して意見交換する。
①試合前に緊張で何もできずに立っている友達
　に何かアドバイスできることはあるだろうか。
②「フェアプレイ」になる行動を挙げられるだ
　け挙げて友達と共有しよう。

1 運動やスポーツの意義や効果と学び方や安全な行い方

2 体ほぐし運動、体の動きを高める運動

3 陸上競技　走り高跳び

4 生活習慣病などの予防

5 ネット型：バドミントン

6 喫煙、飲酒、薬物乱用と健康

運動やスポーツの学び方

本時の目標

運動やスポーツには固有の技術や戦術があり、それらを効果的に身に付ける学び方があることを理解する。

評価のポイント

身近な例を挙げて、自分の意見を言ったり書き出しながら、思考し、意見交換の場面で表現できたか。

本時の板書のポイント

- -

point 「作戦」「戦術」「技術」の成り立ちについてピラミッドで示し、視覚的にまとめる。また、経験した単元を思い出す場面では、実際に行った種目を例示し、具体例を挙げやすくする。

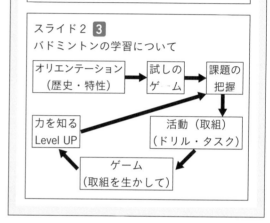

スライド例（指示例）

スライド1 **1 2**
①配られた資料を読み解こう！
　「この資料は何について示されていますか」
②自分の興味のあるスポーツを例にして、資料が示している内容について、具体例を出してみよう。
③友達にこの資料について説明できるようにしよう。

スライド2 **3**
バドミントンの学習について

```
オリエンテーション → 試しの  → 課題の
（歴史・特性）       ゲーム     把握
                              ↓
力を知る                    活動（取組）
Level UP                 （ドリル・タスク）
        ↑                  ↓
        ゲーム
       （取組を生かして）
```

本時の展開 ▷▷▷

1 様々なスポーツ場面を答える

スライドを活用し、「これは何をしている写真ですか」と十数枚の例示写真を見せる。
「シュート」「パス」「スパイク」「スクラム」「ダブルプレイ」「スクリーンプレイ」「タイムアウト」…。生徒は自由に発言し、正解や不正解、正式な名称にこだわらないように促す。

2 3つのグループに分けて、資料を読みとり、情報を共有する

3グループに分かれ「技術」「戦術」「作戦」の視点で分けられている資料（板書参照）について、個人で説明できるように学習する。
その後、違ったグループの生徒と3人組になり、自分が学習した内容を説明する。具体例を挙げながら説明できるように促す。

1 運動やスポーツの意義や効果と学び方や安全な行い方

2 体ほぐし運動、体の動きを高める運動

3 陸上競技 走り高跳び

4 生活習慣病などの予防

5 ネット型：バドミントン

6 喫煙、飲酒、薬物乱用と健康

ワークシート例（板書例）

第2時　運動やスポーツの学び方

1　特有の技術や戦術

作戦　試合を行う際の方針
ルーズボールを必ず奪取、第2セットでメンバーチェンジ、ロングボールをDFの後ろへ

戦術　対戦相手との競争において、技術を選択する際の方針
Aクイック、マンツーマン、パス＆ゴー、ダブルプレイ、ボール回し　など

技術　運動やスポーツの課題を解決するための合理的な体の動かし方
スパイク、シュート、パス、ドリブル、ステップ、バッティング　など

体力　全ての行動を支える土台
筋力、持久力、柔軟性、巧緻性…

★運動やスポーツに応じて固有の技術や戦術がある

2　効果的な学び方
経験した単元を思い出し、学び方を整理してみよう

○知識や特性を知る（ポイントの理解）
○現在の自分の力を知る、課題を挙げる
☑課題解決に向けて計画を立てる（Plan）
☑実施する（Do）
☑改めて自分の力を知る（Check）
☑新たな課題に取り組む（Action）
★効果的な学習はある一定のサイクルがある

3　発展
自分が選んだ課題について考えたこと

4 の①②から選択

3　上達するための学び方を考える

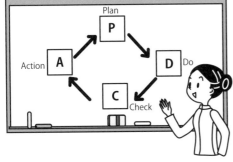

　既習した単元を例に、授業展開を確認する。知識や特性を知る→現在の自分の力を知る→課題を挙げる→課題解決に向けて取組を選択する→実施する→改めて自分の力を知る、新たな課題に取り組むという一連の学習過程を整理し板書する。

※ PDCA サイクルに触れて説明する。

4　発展的な内容について、友達と意見を共有する

　2つの例を出し、本時で学んだ学習内容を活用して意見交換する。
①自分の好きなスポーツを挙げて、技術、戦術、作戦について具体例を挙げよう。
②体力テストの結果を基に次年度に向けた簡単な練習計画を立ててみよう。

運動やスポーツの安全な行い方

本時の目標

運動やスポーツを安全に行うためには、運動前、運動中、運動後に注意しなければならないことに留意し、改善点や対処法を理解する。

評価のポイント

運動やスポーツの安全な行い方について習得した知識を活用し、課題を発見して取り組んでいたか、授業観察で捉える。

本時の板書のポイント

- -

point 具体的な運動場面のスライドや写真を掲示し、運動の前、実施中、後の3場面に分けて、それぞれで留意する内容を整理する。また、生徒から出された意見は板書に残しておく。

本時の展開 ▷▷▷

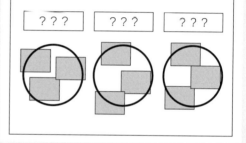

スライド例（指示例）

スライド1 **1**
ランニング計画例『私の健康維持！！』
●汗をじんわりとかくくらい
●1回の運動で20分
●週に3回

スライド2 **2**
スライドを3つに分類してみよう
①グループごとに配付
②分類する
③どのような視点で分類したのかを記入する

| ??? | ??? | ??? |

---

1 強度、時間（回数）、頻度を意識した運動メニュー

「強度」「時間（回数）」「頻度」について例示し整理する。また、これらは、何のために設定するのかを考えさせ、「安全に留意し、合理的に効果を得るため」という意識を促す。学習課題として、運動前、運動中、運動後の場面について、安全に留意すべきことを整理する。

2 運動前に準備することにはどのようなことがあるか考える

〈施設や用具〉

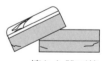

気象のコンディション　　　壊れた跳び箱

〈体への留意〉

ストレッチ

グループに分かれて、「施設や用具」「体への留意」「心への留意」の3観点に関わるスライドを分類する。グループで意見を共有する。

（スライドの例）グラウンド整備、用具の破損、悪天候、けがが多い部分、水分補給、プロ選手のルーティーン、メンタルコーチなど。

1 運動やスポーツの意義や効果と学び方や安全な行い方

2 体ほぐし運動、体の動きを高める運動

3 陸上競技 走り高跳び

4 生活習慣病などの予防

5 ネット型：バドミントン

6 喫煙、飲酒、薬物乱用と健康

ワークシート例（板書例）

第3時　運動やスポーツの安全な行い方

1　ランニング計画から考えよう

目的（　　　　　　　　　　　　　　　　）

☑心拍数140程度（強度）
☑20分間（時間、回数）
☑週に2回（頻度）
★計画する際の指標がある

2　運動前に準備すること

考えられること

グループワーク

施設や用具	体への留意	心への留意
・破損の有無 ・危険な状態の確認	・体調の確認 ・体温や心拍数 ・準備運動	・緊張や不安 ・やる気 ・ルーティーンワーク

3　運動中、運動後に気を付けること

運動中の留意点	運動後の留意点
休憩と水分補給 周囲への安全 自然環境への注意	クールダウン けがの手当 用具などの片付け

★<u>運動前の準備、運動中・運動後には安全に行うための視点がある</u>

4　発展内容

①適切な水分補給の仕方
②自然の脅威
③たくさんあるクールダウン

---

3 運動中、運動後に気を付けなければならないことを考える

　「運動中」と「運動後」の場面について、**2**の内容を鑑みて考えさせる。生徒の意見を場面ごとに具体的に整理して板書する。その際、スライドや写真を例示する。水分補給や自然環境、けがの応急処置については簡単に触れる程度で、実生活と結び付かせる。

4 発展的な内容について学ぶ単元のまとめをする

　①水分補給の仕方、②自然環境への注意（熱中症、雷、アウトドアスポーツ）、③クールダウンの方法を紹介し、クールダウンの一例として、簡単なストレッチや呼吸法をその場で一緒に行ってみる。まとめとして効果や学び方、安全な行い方について総括する。

2 体ほぐしの運動、体の動きを高める運動

8 時間

単元の目標

(1)次の運動を通して、体を動かす楽しさや心地よさを味わい、体つくり運動の意義と行い方、体の動き
　を高める方法などを理解し、目的に適した運動を身に付け、組み合わせることができるようにする。
　　ア　体ほぐしの運動では、手軽な運動を行い、心と体との関係や心身の状態に気付き、仲間と積極
　　　的に関わり合うこと。

単元計画（指導と評価の計画）

1時（導入）	2〜3時（展開①）
第1学年の体つくり運動の学習について振り返るとともに、単元の見通しをもち、体ほぐしの運動に取り組む。	4つのねらいの体の動きを高める運動にそれぞれ取り組み、自己の課題について把握する。
1　学習の進め方と自分の心や体の状態を知ろう POINT：既習の学習を振り返り、体つくり運動のねらいや学習の仕方について確認し、体ほぐしの運動を行う。	**2〜3　自分の課題を見付けよう** POINT：「体の柔らかさを高めるための運動」「巧みな動きを高めるための運動」「力強い動きを高めるための運動」「動きを持続する能力を高めるための運動」を行い自己の課題を把握する。
[主な学習活動] ○集合・あいさつ ○単元の目標や学習の道筋の確認 ○準備運動 ○体ほぐしの運動 ○整理運動 ○学習の振り返り	**[主な学習活動]** ○集合・あいさつ ○本時の学習の流れの確認 ○準備運動 ○体ほぐしの運動 ○体の動きを高める運動 ○整理運動 ○学習の振り返り
[評価計画] 知①	**[評価計画]** 知②③　思①

単元の評価規準

知識・技能	
①「体ほぐしの運動」には、「心と体の関係や心身の状態に気付く」「仲間と積極的に関わり合う」というねらいに応じた行い方があることについて、言ったり書いたりしている。 ②体の動きを高めるには、安全で合理的に高める行い方があることについて、言ったり書き出したりしている。 ③体の動きを高めるための、適切な強度、時間、回数、頻度などを考慮して組み合わせる方法について、具体例を挙げている。 ④運動の組合せ方には、効率のよい組合せとバランスのよい組合せがあることについて、言ったり書いたりしている。	※　「体つくり運動」においては、体ほぐしの運動は、技能の習得・向上をねらいとするものでないこと、体の動きを高める運動は、ねらいに応じて運動を行うとともにそれらを組み合わせることが主な目的となることから、「技能」の評価規準は設定していない。ただし「体つくり運動」の「運動」については、主に「思考・判断・表現」に整理している。

イ　体の動きを高める運動では、ねらいに応じて、体の柔らかさ、巧みな動き、力強い動き、動き
　　を持続する能力を高めるための運動を行うとともに、それらを組み合わせること。**知識及び運動**

(2)自己の課題を発見し、合理的な解決に向けて運動の取り組み方を工夫するとともに、自己や仲間の
　　考えたことを他者に伝えることができるようにする。　　　　　**思考力、判断力、表現力等**

(3)体つくり運動に積極的に取り組むとともに、仲間の学習を援助しようとすること、一人一人の違い
　　に応じた動きなどを認めようとすること、話合いに参加しようとすることなどや、健康・安全に気
　　を配ることができるようにする。　　　　　　　　　　**学びに向かう力、人間性等**

4〜7時（展開②）	8時（まとめ）
効率のよい運動の組合せ方を学び、自己の課題に合った運動の組合せを工夫する。	自己の課題に合ったねらいを一つに決め、組み合わせた運動を行い、自己や仲間の考えたことや気付きを伝え合う。
4〜7　効率のよい運動の組合せに取り組もう POINT：高めたい体の動きのねらいを1つに決め、それを高めるための運動を組み合わせた「効率のよい組合せ」を行う。 [主な学習活動] ○集合・あいさつ ○本時の学習の流れの確認 ○準備運動 ○体ほぐしの運動 ○体の動きを高めるための運動 　・効率のよい組合せ ○整理運動 ○学習の振り返り	**8　組み合わせた運動を互いに経験しながら気付きを伝え合おう** POINT：自分で工夫した運動の組合せを、3人1組で行いながら、気付きを伝え合い、修正する。 [主な学習活動] ○集合・あいさつ ○本時の学習の流れの確認 ○準備運動 ○体の動きを高める運動 　・効率のよい組合せ ○整理運動 ○学習の振り返り
[評価計画] 知④ 思②③ 態②③	[評価計画] 態① 総括的な評価

思考・判断・表現	主体的に学習に取り組む態度
①体の動きを高めるために、自己の課題に応じた運動を選んでいる。 ②学習した安全上の留意点を、他の学習場面に当てはめ、仲間に伝えている。 ③体力の程度や性別等の違いを踏まえて、仲間とともに楽しむための運動を見付け、仲間に伝えている。	①体つくり運動の学習に積極的に取り組もうとしている。 ②一人一人の違いに応じた動きなどを認めようとしている。 ③ねらいに応じた行い方などについての話合いに参加しようとしている。

1　運動やスポーツの意義や効果と学び方や安全な行い方

2　体ほぐしの運動、体の動きを高める運動

3　陸上競技　走り高跳び

4　生活習慣病などの予防

5　ネット型：バドミントン

6　喫煙、飲酒、薬物乱用と健康

本時案

体つくり運動の行い方を知ろう

1/8

中心活動における指導のポイント

point 第1学年での既習事項を想起させる。中心の活動としては、体ほぐしの運動を取り扱い、運動する前後での心や体の状態の変化や、仲間と関わり合うことで運動に親しみやすくなることについて気付きを促す。「運動することで気持ちが変わったことはあるかな？」「仲間と一緒に運動すると心に何か変化はあるかな？」といった発問を、活動中にも投げかけながら、生徒の気付きを引き出し、伝え合い、広める。

本時の目標

第1学年の学習内容を確認し、第2学年の学習の流れについて見通しをもつとともに、体ほぐしの運動の行い方について理解する。

評価のポイント

体ほぐしの運動の行い方について、言ったり書いたりできたか。「心と体の関係や心身の状態に気付く」「仲間と積極的に関わり合う」ことを踏まえてねらいに応じた運動を選ぶことができたか。

本時の展開

	時	生徒の学習活動と指導上の留意点
はじめ	3分	**集合・あいさつ** ○単元の学習内容を知る。
既習事項の振り返り	5分	**第1学年で行った体つくり運動について振り返る** 1 ○体の動きを高める運動（バランスのよい組合せ） ○体ほぐしの運動（気付き・関わり合い）
準備運動	2分	**けがを防ぐための運動をする** ○足や足首、手や手首、肩のストレッチ運動をする。
体ほぐしの運動	33分	**体ほぐしの運動に取り組む** 2 **(1)やや活動的な運動を行う** ○1対1鬼ごっこ　　　　　○つま先フェンシング **(2)やや静的な運動を行う** ○ペアストレッチ　　　　　○リラクゼーション **(3)集団で協力して課題を達成する運動を行う** ○人間知恵の輪 ○シンクロジャンプ（縦一列：グループ、円：クラス） **知識をおさえる** ・体ほぐしの運動には、「心と体の関係や心身の状態に気付く」「仲間と積極的に関わり合う」というねらいに応じた行い方があること。
整理運動	2分	**運動で使った部位をゆったりとほぐす** ○よく使った部位を中心にほぐす。
まとめ	5分	**クラス全体で本時の学習について振り返る** ○体ほぐしの運動を行った後の心や体の変化や気付きについて学習カードに記入する。 ○互いに気付きについて伝え合う。 ○次時の学習内容を知る。

1 既習事項の振り返り

○体ほぐしの運動の「気付き」「関わり合い」という2つのねらいを確認する。

○体の動きを高める運動の4つのねらいについて確認する。

○運動の組合せ方には、第1学年で行った複数のねらいの運動を組み合せる「バランスのよい組合せ」と第2学年で扱う一つのねらいの運動を組み合せる「効率のよい組合せ」があることを確認する。

【体ほぐしの運動の2つのねらい】

【第1学年で行ったバランスのよい組合せ】

2 体ほぐしの運動を行う

(1)やや活動的な運動を行う

①1対1鬼ごっこ

ペアで、一定時間内に鬼は追いかけてタッチする。逃げる方は、タッチされないように逃げ続ける。鬼はタッチしたら立ち止まり、10秒数えてからまた追いかける。一定の時間で鬼役と逃げ役の役割を交代する。

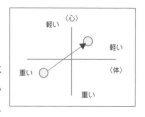

【学習カードの記入例】

②つま先フェンシング

ペアで手をつなぎ、自分の足を踏まれないように相手の足に足先でタッチする。2人→4人→6人と人数を増やして行う。

(2)やや静的な運動を行う

①ペアストレッチ

息を止めずに行う。

②リラクゼーション

力を抜いてリラックスして行う。

(3)集団で協力して課題を達成する運動を行う

①人間知恵の輪

②シンクロジャンプ

③シンクロジャンプ（クラス全員）

1 運動やスポーツの意義や効果と学び方や安全な行い方

2 体ほぐしの運動、体の動きを高める運動

3 陸上競技 走り高跳び

4 生活習慣病などの予防

5 ネット型：バドミントン

6 喫煙、飲酒、薬物乱用と健康

本時案

体の動きを高める運動を行い自分の課題をつかもう 2-3/8

本時の目標

体の動きを高める運動を 4 つのねらいに沿って行い自分の課題を把握する。

評価のポイント

体の動きを高めるには、安全で合理的に高める行い方があることや、適切な強度、時間、回数、頻度などを考慮して組み合わせる方法があることについて、言ったり書いたりできたか。体の動きを高めるために、自己の課題に応じた運動を選べたか。

中心活動における指導のポイント

point 「体の柔らかさを高めるための運動」「巧みな動きを高めるための運動」「力強い動きを高めるための運動」「動きを持続する能力を高めるための運動」を取り扱い、動きを高めるためのコツやポイントを伝え合い共有する。発問しながら、「姿勢」「方向」「タイミング」等の視点で運動の行い方を変えると、動きのコツやポイントも変わってくることに気付かせる。動きの合理的な高め方や、適切な強度や回数等があることも知識としておさえる。4 つのねらいについて、自分の課題を見付け、単元の後半で運動の組合せを行うことを意識させる。

本時の展開

	時	生徒の学習活動と指導上の留意点
はじめ	3分	**集合・あいさつ** ○単元の学習内容を知る。
準備運動	2分	**けがを防ぐための運動をする** ○足や足首、手や手首、肩のストレッチ運動をする。
体ほぐしの運動	7分	**のびのびとした動作で用具などを用いた運動** ○ボールを使った運動 **1**
体の動きを高める運動	30分	**体の動きを高める運動に取り組む 2** ○体の柔らかさを高めるための運動 ○巧みな動きを高めるための運動 ○力強い動きを高めるための運動 ○動きを持続する能力を高めるための運動 　→第 1 学年で取り上げた運動を行う。 　→新たに取り上げる運動を紹介する。 　→「人数」「用具」「姿勢」「方向」「距離」「タイミング」といった一つの運動を広げて行う視点から、運動を工夫する。 **知識をおさえる** ・体の動きを高めるには、安全で合理的に高める行い方があること。 ・体の動きを高めるには、適切な強度、時間、回数、頻度などを考慮して組み合わせる方法があること。
整理運動	3分	**運動で使った部位をゆったりとほぐす** ○よく使った部位を中心にほぐす。
まとめ	5分	**今日の学習を振り返り、学習カードに記入する** ○学習全体の振り返りを行う。

1 運動やスポーツの意義や効果と学び方や安全な行い方

2 体ほぐしの運動、体の動きを高める運動

3 陸上競技 走り高跳び

4 生活習慣病などの予防

5 ネット型 ：バドミントン

6 喫煙、飲酒、薬物乱用と健康

1 体ほぐしの運動を行う

○のびのびとした動作で用具などを用いた運動

【ボールを使った運動】

・2人組でボールを1つ持つ。
・音楽に合わせていろいろなパスをする。
・ボールを2個にし、両手で挟んで落とさないようにいろいろな方向へ動かす。
・ボールを挟んだまま、落とさないようにして場所を移動する。
・一度ボールを離して2人ともターンして同時にボールを挟む。
・ボールを離した後に、いろいろな動きを工夫して行い、2人で同時にボールを挟む。

2 体の動きを高める運動を行う

【体の柔らかさを高めるための運動】

動的ストレッチ

静的ストレッチ

ボールを使って

【巧みな動きを高めるための運動】

開閉とび

馬とびくぐり

フープを跳びこえる

バランス（立つ・座る）

【力強い動きを高めるための運動】

腕立てタッチ

腹筋タッチ

ロープ運び

人運び

片足スクワット

【動きを持続する能力を高めるための運動】

エアロビクス

短縄時間とび

長縄8の字とび

本時案

体の柔らかさを高めるための 4/8
効率のよい組合せに取り組もう

本時の目標

体の柔らかさを高めるための効率のよい運動
の組合せ方を知り、自分の課題に応じた運動を
選んで組合せを工夫する。

評価のポイント

ねらいに応じた行い方などについての話合い
に参加しようとすることができたか。運動の組
合せには、効率のよい組合せとバランスのよい
組合せがあることについて言ったり書いたりで
きたか。

中心活動における指導のポイント

point 体の柔らかさを高めるための効率の
よい組合せ方について、組合せの例を提示
し取り組んでみる。体の柔らかさを高める
ためには、静的な運動だけでなく、動的な
運動もあり、可動域を広げることについて
指導する。また、体の柔らかさは体のある
部位のみの柔らかさを高めるのではなく、
バランスよく全身の柔らかさを高めることが
重要であることに触れる。組み合わせて行
う際には、可動域を徐々に広げたり、負荷
の少ない動的な運動から始めたりして行う
ことが大切であることをおさえる。

本時の展開

	時	生徒の学習活動と指導上の留意点
はじめ	3分	**集合・あいさつ** ○単元の学習内容を知る。
準備運動	2分	**けがを防ぐための運動をする** ○足や足首、手や手首、肩のストレッチ運動をする。
体ほぐしの運動	7分	**仲間と動きを合わせたり、対応したりする運動をする** ○シグナルランニング **1**
体の動きを高める運動	30分	**体の動きを高める運動に取り組む 2** ○体の柔らかさを高めるための運動を行う。 　→動的なストレッチから始まり、静的なストレッチへと移行していく内容 　　で組み合わせた運動を行う。 　→いくつかの運動を、自分の体力課題に合わせて変えたり、曲げる深さや 　　角度を変えたりして、工夫する。 　→工夫した運動に取り組む。 **知識をおさえる** ・運動の組合せ方には、効率のよい組合せとバランスのよい組合せがあること。
整理運動	3分	**運動で使った部位をゆったりとほぐす** ○よく使った部位を中心にほぐす。
まとめ	5分	**今日の学習を振り返り、学習カードに記入する** ○学習全体の振り返りを行う。

1 運動やスポーツの意義や効果と学び方や安全な行い方

2 体ほぐしの運動、体の動きを高める運動

3 陸上競技 走り高跳び

4 生活習慣病などの予防

5 ネット型：バドミントン

6 喫煙、飲酒、薬物乱用と健康

1 体ほぐしの運動を行う

○仲間と動きを合わせたり、対応したりする運動

【シグナルランニング】

- ・4人でひし形の隊型をつくる。
- ・一人がリーダーとなり、隊型をくずさずにいろいろな方向に歩いたり走ったりする。
- ・リーダーが左手を上げて合図をしたら方向を変え、リーダーも変わる。
- ・リーダーが両手を上げたら反対方向に全員が向きを変え、先頭の人がリーダーになる。

2 体の柔らかさを高めるための運動を効率よく組み合わせて行う

効率のよい組合せの例
①その場でウォーキング
②股関節回し
③足のけり上げ
④大股歩き
⑤かかとタッチ
⑥手くぐり回旋
⑦肩を入れる
⑧肩を入れて回転させる
⑨横に組んで外へ引く
⑩背中に乗せる
⑪胸を伸ばす
⑫体をひねる
⑬股関節、大腿部を伸ばす
⑭股関節を伸ばす
⑮背筋を伸ばす

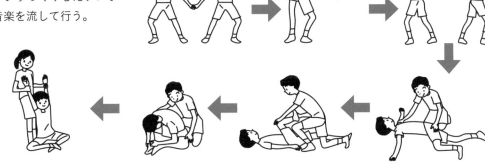

- ・これらの運動の組合せは、最初は教師側から提示し、16呼間で1つの運動に取り組めるようリズムの取りやすいゆっくりしたテンポの音楽を流して行う。

- ・これらの組合せの中で、自分の課題に応じて、取り扱う運動を選んで変えたり、曲げたり伸ばしたりする部位を変えたりするなどして行い、組合せ方を工夫する。

本時案

力強い動きを高めるための 効率のよい組合せに取り組もう

5/8

本時の目標

　力強い動きを高めるための効率のよい運動の組合せ方を知り、自分の課題に応じた運動を選んで組合せを工夫する。

評価のポイント

　体力の程度や性別等の違いを踏まえて、仲間とともに楽しむための運動を見付け、仲間に伝えることができたか。体つくり運動の学習に積極的に取り組もうとしたか。

中心活動における指導のポイント

point　力強い動きを高めるための効率のよい組合せ方について、組合せの例を示し取り組んでみる。自己の体重、人や物などの抵抗を負荷として、それらを動かしたり、移動したりすることによって、力強い動きを高める。繰り返すことのできる最大の回数などを手掛かりにして、無理のない運動の強度と回数を選んで行うように指導する。また、組み合わせる際には、徐々に負荷が強くなるようにすることや、全身の様々な部位の力強さを高めるように、負荷のかかる部位をバランスよく考えて行うよう伝える。

本時の展開

	時	生徒の学習活動と指導上の留意点
はじめ	3分	**集合・あいさつ** ○単元の学習内容を知る。
準備運動	2分	**けがを防ぐための運動をする** ○足や足首、手や手首、肩のストレッチ運動をする。
体ほぐしの運動	5分	**仲間と協力して課題を達成するなど、集団で挑戦するような運動** ○風船バレー　→　風船バレー運び　**1**
体の動きを高める運動	33分	**体の動きを高める運動に取り組む** **2** ○前時で工夫した効率のよい組合せの、体の柔らかさを高めるための運動を行う。 ○力強い動きを高めるための運動を行う。 　→脚、腕、背中、腹、全身と、体全体がバランスよく使えるように組み合わせた運動を行う。 　→いくつかの運動を、自分の体力課題に合わせて変えたり、曲げる深さや角度を変えたりして工夫する。 　→工夫した運動に取り組む。
整理運動	2分	**運動で使った部位をゆったりとほぐす** ○よく使った部位を中心にほぐす。
まとめ	5分	**今日の学習を振り返り、学習カードに記入する** ○学習全体の振り返りを行う。

1 体ほぐしの運動を行う

○仲間と協力して課題を達成するなど、集団で挑戦するような運動

【風船バレー　→　風船バレー運び】

・バレーボールのように、風船を床に落とさないようつなげて打ち続ける。

・名前を呼んで呼ばれた人が打つ、手は胸に抱えて頭や肩だけで打つなど条件を変えて行う。

・手をつないで、手を離さないように打ち続ける。（その場で→移動しながら）

2 力強い動きを高めるための運動を効率よく組み合わせて行う

効率のよい組合せの例
①スクワット系の運動
　　片足ずつ持って 上下
②腕立て伏せ系の運動
　　腕立て 片手タッチ
③腹筋系の運動
　　腹筋 両手タッチ
④背筋系の運動
　　抵抗する（転がらないように）
⑤全身
　　バーピー 両手タッチ
⑥腕・全身
　　転がす → 転がる

・これらの運動の組合せは、最初は教師側から提示し、16呼間で1つの運動に取り組めるようリズムの取りやすい音楽を流して行う。

・力強い動きなので、ゆっくりとしたテンポの音楽を選ぶとよい。

・これらの組合せの中で、自分の課題に応じて、取り扱う運動を選んで変えたり、膝や体を曲げる角度を変えたりするなどして行い、組合せ方を工夫する。

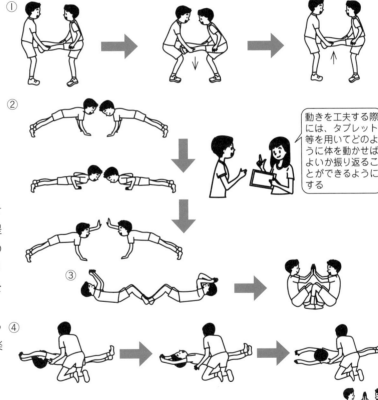

動きを工夫する際には、タブレット等を用いてどのように体を動かせばよいか振り返ることができるようにする

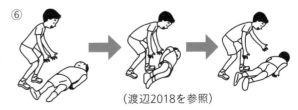

（渡辺2018を参照）

第5時
039

1 運動やスポーツの意義や効果と学び方や安全な行い方

2 体ほぐしの運動、体の動きを高める運動

3 陸上競技 走り高跳び

4 生活習慣病などの予防

5 ネット型：バドミントン

6 喫煙、飲酒、薬物乱用と健康

本時案

巧みな動きを高めるための効率のよい組合せに取り組もう

6/8

本時の目標

巧みな動きを高めるための効率のよい組合せ方を知り、自分の課題に応じた運動を選んで組合せを工夫する。

評価のポイント

学習した安全上の留意点を、他の学習場面に当てはめ、仲間に伝えることができたか。一人一人の違いに応じた動きなどを認めようとすることができたか。

中心活動における指導のポイント

point 巧みな動きを高めるための効率のよい組合せ方について、組合せの例を示し取り組んでみる。ゆっくりした動きから素早い動き、小さい動きから大きい動き、弱い動きから強い動き、易しい動きから難しい動きへと運動を発展させるようにすることが大切であることを伝える。組合せの工夫では、一つの運動を速さや大きさ、強さ、複雑さなど、動きを少しずつ発展させながら自分に合った動き方を見付けるよう伝える。巧みな動きを組み合わせて続けることで、動きを持続する能力を高めることにつながることにも気付かせ、次時と関連付ける。

本時の展開

	時	生徒の学習活動と指導上の留意点
はじめ	3分	**集合・あいさつ** ○単元の学習内容を知る。
準備運動	2分	**けがを防ぐための運動をする** ○足や足首、手や手首、肩のストレッチ運動をする。
体ほぐしの運動	5分	**リズムに乗って心が弾むような運動** ○リズムに乗ってペアやリーダーの動きを真似て動く。**1**
体の動きを高める運動	33分	**体の動きを高める運動に取り組む 2** ○前時で工夫した効率のよい組合せの、力強い動きを高めるための運動を行う。 ○巧みな動きを高めるための運動を行う。 　→ペアをつくり、互いの動きに合わせたり、力の入れ具合を調整したりしながら行う運動の組合せに取り組む。 　→いくつかの運動を、自分の体力課題に合わせて変えたり、動きの速さや大きさを変えたりして工夫する。 　→工夫した運動に取り組む。
整理運動	2分	**運動で使った部位をゆったりとほぐす** ○よく使った部位を中心にほぐす。
まとめ	5分	**今日の学習を振り返り、学習カードに記入する** ○学習全体の振り返りを行う。

1 体ほぐしの運動を行う

○リズムに乗って心が弾むような運動

【リズムに乗ってペアやリーダーの動きをまねて動く】

・音楽を流しながら、ペアの動きをもう一人の人がまねて動く。

・グループで、リーダーの動きを他の人がまねて動く。

・合図でリーダーを交代する。

・その場から、体育館中を広く動き回って行うようにする。

2 巧みな動きを高めるための運動を効率よく組み合わせて行う

効率のよい組合せの例
①横並びで前→横→前→横
　・隣の人の動きに合わせて
　　ぶつからないように行う。
②横並びでグーパー
③向かい合って手をつないで
　グーパー
④手をつなぎ左右に反動をつ
　けながら回旋
⑤離れたところから手を合わ
　せて、右回り、左回り
⑥背中合わせでバランス
⑦向き合ってバランス
　立つ→座る→立つ

・これらの運動の組合せは、最初は教師側から提示し、16呼間や32呼間で1つの運動に取り組めるよう、ややリズムの速い音楽を流して行う。

・同じ音楽でも運動を行うテンポをゆっくりしたり、速くしたりすることで動きを変える。

・これらの組合せの中で、自分の課題に応じて、取り扱う運動を選んで変えたり、動きの速さや大きさを変えたりするなどして行い、組合せ方を工夫する。

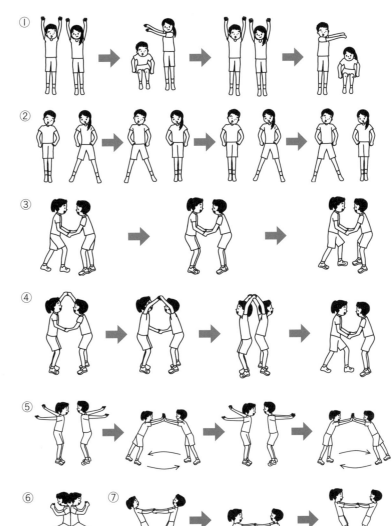

（大塚2019を参照）

1 運動やスポーツの意義や効果と学び方や安全な行い方

2 体ほぐしの運動、体の動きを高める運動

3 陸上競技　走り高跳び

4 生活習慣病などの予防

5 ネット型：バドミントン

6 喫煙、飲酒、薬物乱用と健康

本時案

動きを持続する能力を
高めるための効率のよい組合せに
取り組もう

7/8

本時の目標

動きを持続する能力を高めるための運動の効率のよい組合せ方を知り、自分の課題に応じた運動を選んで組合せを工夫する。

評価のポイント

仲間と話し合う場面で、提示された参加の仕方に当てはめ、仲間との関わり方を見付けることができたか。健康・安全に留意することができたか。

中心活動における指導のポイント

point 動きを持続する能力を高めるための効率のよい組合せ方について、組合せの例を提示し、取り組んでみる。一つの運動または複数の運動を組み合わせて一定の時間に連続して行ったり、一定の回数を反復して行ったりすることによって、動きを持続する能力を高めることができることを伝える。巧みな動きを高めるための運動を続けることで、持続する能力も高められることに気付かせる。

運動の前に心拍数を測り、平静時の脈拍からどの程度上がる運動強度であったかを考える目安とする。また、主観的運動強度を用いることも考えられる。無理のない運動の強度と時間を選んで行うようにすることが大切であることを指導する。

本時の展開

	時	生徒の学習活動と指導上の留意点
はじめ	3分	**集合・あいさつ** ○単元の学習内容を知る。
準備運動	2分	**けがを防ぐための運動をする** ○足や足首、手や手首、肩のストレッチ運動をする。
体ほぐしの運動	5分	**のびのびとした動作で用具などを用いた運動** ○棒キャッチ **1**
体の動きを高める運動	33分	**体の動きを高める運動をする 2** ○前時で工夫した効率のよい組合せの、巧みな動きを高めるための運動を行う。 ○動きを持続する能力を高めるための運動を行う。 　→運動する前の脈を測る。 　→グループで10分程度の動きを止めずに持続する運動の組合せに取り組む。 　→いくつかの運動を、自分の体力課題に合わせて変えたり、動く速さや走る速さを変えたりして工夫する。 　→工夫した運動に取り組む。
整理運動	2分	**運動で使った部位をゆったりとほぐす** ○よく使った部位を中心にほぐす。
まとめ	5分	**今日の学習を振り返り、学習カードに記入する** ○学習全体の振り返りを行う。

1 運動やスポーツの意義や効果と学び方や安全な行い方

2 体ほぐしの運動、体の動きを高める運動

3 陸上競技 走り高跳び

4 生活習慣病などの予防

5 ネット型：バドミントン

6 喫煙、飲酒、薬物乱用と健康

1 体ほぐしの運動を行う

○のびのびとした動作で用具などを用いた

【棒キャッチ】

・2人組になって棒を立てて間を空け、合図をして移動し、相手の棒をキャッチする。
・距離を徐々に離していく。
・2人→4人→6人と人数を増やしていく。
・円だけでなく、縦列でもやってみる。

2 動きを持続する能力を高めるための運動を効率よく組み合わせて行う

効率のよい組合せの例
①エアロビクス（3分）
・ウオーキング
・ツイスト
・肘と膝を付ける
・足に手で触れる
　（前・前・後・後）
・ジャンプしながら
　閉→開→閉→頭上で手を合わせる
・ツーステップをしながらけり出す
・サイドステップ
　左右に123で手をたたく

②リズム縄跳び（4分）
・両足跳び
・かけ足跳び
・もも上げ跳び
・振り足跳び
・前後開脚跳び
・あや跳び
　※それぞれ16呼間

③仲間と走る運動（3分）
・まねっこジョグ
・三角ジョグ

・これらの運動の組合せは、最初は教師側から提示し、16呼間を1つの基本として取り組めるようアップテンポの軽快な音楽を流して行う。
・同じ音楽でもリズムや速さを変えることで自分に合った動きに変える。
・これらの組合せの中で、自分の課題に応じて、取り扱う運動を選んで変えたり、走ったり動いたりするテンポやリズムを変えたりするなどして行い、組み合わせ方を工夫する。これまでの運動を撮りためた動画やインターネットの動画を参考にするなど、ICT機器を活用する。

本時案

体つくり運動の まとめをしよう

本時の目標

効率のよい組合せの運動を実践し、仲間と気付きやよさを伝え合いながら、自分の課題に合った運動に修正する。

評価のポイント

体つくり運動の学習に積極的に取り組もうとすることができたか。

中心活動における指導のポイント

point これまでの、効率のよい組合せについての学習を基に、自分の課題に合ったねらいを1つ決め、10分程度の運動の組合せを考える。ICT機器（タブレット等）のこれまでの動画や、仲間のアドバイス、インターネットの情報などを手掛かりに考えるよう伝える。これまでの組合せの運動や、自分たちで工夫した運動をさらにアレンジするなどして作成できるよう助言する。単元を振り返り、実生活に生かすこともできることをおさえ、第3学年の学習へとつなげる。

本時の展開

	時	生徒の学習活動と指導上の留意点
はじめ	3分	**集合・あいさつ** ○単元の学習内容を知る。
準備運動	2分	**けがを防ぐための運動をする** ○足や足首、手や手首、肩のストレッチ運動をする。
体の動きを高める運動	38分	**体の動きを高める運動をする** 1 ○前時で工夫した効率のよい組合せの、動きを持続する能力を高めるための運動を行う。 ○自分の体力課題に応じてねらいを1つ決める。 ○3人組になり、それぞれの組み合わせた運動を行う。 →1人が考案した組合せの運動を2人が行い、もう1人が拍子をとる、数や時間を計測する、タブレットで撮影するといったように観察役となる。 →一つの効率のよい組合せの運動を一緒に行った生徒と、観察役の生徒から、アドバイスをそれぞれ伝える。 →2人目、3人目が考案した組合せの運動についても同様に行う。 →アドバイスを基に、改善点について考える。 →改善した組合せの運動を行ってみる。
整理運動	2分	**運動で使った部位をゆったりとほぐす** ○よく使った部位を中心にほぐす。
まとめ	5分	**今日の学習を振り返り、学習カードに記入する** ○学習全体の振り返りを行う。

1 10分程度の効率のよい組合せの運動を実践する

学習カード⬇

・3人組で役割分担して行う。
・2人が行い、1人はタブレットを使用して撮影する。
・役割を交代してローテーション。

> この動きはゆっくりすぎるのでもっと速くして数多くやった方がいいんじゃないかな

> このねらいだったら、こちらの運動に変えた方が合うんじゃないかな

> アドバイスありがとう。こんなふうに変えようと思うけどどうかな

2 ICT・タブレット等の活用

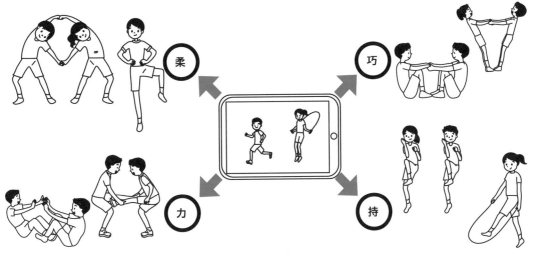

・ICT機器（タブレット等）には、体の柔らかさ、巧みさ、力強さ、動きを持続する能力の4つのフォルダを作成し、1学年の学習も含めて、自分たちが行った運動の動画を整理しておき、組み合わせる際にいつでも運動例を取り出せるようにしておく。
・運動例を運動強度別に整理しておくことも考えられる。

1 運動やスポーツの意義や効果と学び方や安全な行い方

2 体ほぐしの運動、体の動きを高める運動

3 陸上競技 走り高跳び

4 生活習慣病などの予防

5 ネット型：バドミントン

6 喫煙、飲酒、薬物乱用と健康

3 走り高跳び

8 時間

単元の目標

⑴走り高跳びの運動について、記録の向上や競争の楽しさや喜びを味わい、（陸上競技の特性や成り立ち）、技術の名称や行い方、その運動に関連して高まる体力などを理解するとともに、基本的な動きや効率のよい動きを身に付けることができるようにする。

単元計画（指導と評価の計画）

1時（導入）	2〜4時（展開①）
単元の目標や学習する内容を知り、学習の進め方を理解する。	リズミカルな助走から力強く踏み切って、大きな動作で走り高跳びの動きを身に付ける。
1　走り高跳びの特性や学び方を知ろう POINT：走り高跳びの学習を進めていく上で大切なことを確認する。	**2〜4　走り高跳びの動きを身に付けよう** POINT：走り高跳びの動きのポイントを知り、その動きを身に付ける。
[主な学習活動] ○集合・あいさつ ○単元の目標や学習の道筋の確認 ○準備や安全な活動の仕方 ○準備運動や感覚つくりの運動 ○試しの跳躍 （タブレットで試技を撮影） ○整理運動 ○学習の振り返り	**[主な学習活動]** ○集合・あいさつ ○本時の目標等の確認 ○準備運動や感覚つくりの運動 ○活動①：動きのポイント理解 （助走のリズム、踏み切りの感覚、空間動作） ○活動②：跳躍練習 ○整理運動 ○学習の振り返り
[評価計画] 知① 態①	**[評価計画]** 知②③ 技①②

単元の評価規準

知識・技能	
○知識 ①陸上競技は、自己の記録に挑戦したり、競争したりする楽しさや喜びを味わうことができることについて、言ったり書き出したりしている。 ②陸上競技の走り高跳びにおいて用いられる技術の名称があり、それぞれの技術で動きのポイントがあることについて、学習した具体例を挙げている。 ③陸上競技は、それぞれの種目で主として高まる体力要素が異なることについて、言ったり書き出したりしている。	○技能 ①リズミカルな助走から力強い踏み切りに移ることができる。 ②跳躍の頂点とバーの位置が合うように、自己に合った踏切位置で踏み切ることができる。 ③脚と腕のタイミングを合わせて踏み切り、大きなはさみ動作で跳ぶことができる。

イ　走り高跳びでは、リズミカルな助走から力強く踏み切って大きな動作で跳ぶことができるようにする。　　　　　　　　　　　　　　　　　　　　　　　　　　　　　　**知識及び技能**

(2)動きなどの自己の課題を発見し、合理的な解決に向けて運動の取り組み方を工夫するともに、自己の考えたことを他者に伝えることができるようにする。　　　　**思考力、判断力、表現力等**

(3)陸上競技に積極的に取り組むとともに、(勝敗などを認め、ルールやマナーを守ろうとすること)、分担した役割を果たそうとすること、(一人一人の違いに応じた課題や挑戦を認めようとすることなどや)、(健康・安全に気を配ること)ができるようにする。　　　**学びに向かう力、人間性等**

5～7時（展開②）	8時（まとめ）
自己の課題を発見し、自己の課題にあった方法で練習して、課題を解決する。	記録会で自己の記録に挑戦するとともに、単元を振り返る。
5～7　自己の課題を見付けて、練習しよう POINT：自己の課題を見付け、動きのポイントを踏まえながら、課題別に分かれて練習する。 [主な学習活動] ○集合・あいさつ ○本時の目標等の確認 ○準備運動や感覚つくりの運動 ○活動①：課題別練習 （課題別の場で練習） ○活動②：跳躍練習、試しの試技 ○整理運動 ○学習の振り返り	**8　大会で自己の記録に挑戦しよう** POINT：自己の記録に挑戦する。単元を振り返り、自己や他者の成長を確認する。 [主な学習活動] ○集合・あいさつ ○本時の目標等の確認 ○記録会 　（タブレットで試技を撮影） ○整理運動 ○動画視聴（動きの変容） ○単元の振り返り
[評価計画]　思①②　技③	[評価計画]　思③　態②　総括的な評価

思考・判断・表現	主体的に学習に取り組む態度
①提示された動きのポイントやつまずきの事例を参考に、仲間の課題や出来映えを伝えている。 ②提供された練習方法から、自己の課題に応じて、動きの習得に適した練習方法を選んでいる。 ③練習や競争する場面で、最善を尽くす、勝敗を受け入れるなどのよい取組を見付け、理由を添えて他者に伝えている。	①陸上競技の学習に積極的に取り組もうとしている。 ②一人一人の違いに応じた課題や挑戦を認めようとしている。

1　運動やスポーツの意義や効果と学び方や安全な行い方

2　体ほぐし運動、体の動きを高める運動

3　陸上競技　走り高跳び

4　生活習慣病などの予防

5　ネット型：バドミントン

6　喫煙、飲酒、薬物乱用と健康

本時案

学習の進め方と
自分の状態を知ろう

①/⑧

本時の目標

　単元の学習内容を知り、単元の見通しをもつとともに、自己の今の状態を確認する。

評価のポイント

　学習の進め方や自分の状態を理解し、自分の課題を決めることができたか。

中心活動における指導のポイント

point　子供一人一人の伸びを確認したり、評価したりするうえで、最初の姿を記録に残しておくことは、その単元で身に付けた内容や学習成果の基準になるものである。学習はじめの段階の生徒の状況を記録に残し、生徒の変化や伸びを見取り、どの生徒にも達成感や成就感を味わわせてあげる準備をしておく。

本時の展開

	時	生徒の学習活動と指導上の留意点
はじめ	5分	**集合・あいさつ** ○単元の目標や学習の道筋を知る。 ○走り高跳びの特性について理解する。　**1** ○学習に取り組む態度について確認する。　**2**
場の設定 安全確認	3分	**場の設定の仕方を理解する** ○場の設定の仕方を理解する。 ○安全な活動の仕方を知る。
準備運動	5分	**準備運動、感覚づくりの運動をする** ○足首、膝などを動かしたり、ストレッチする。 ○スキップや片足跳躍（ケンケン）など、弾む運動をする。
跳躍練習	30分	**走り高跳びの試しの跳躍をする** (1)**走り高跳びの場を設定する**　**3** ○準備の仕方を確認する。 ○協力して準備する。 (2)**試しの跳躍をする** ○試しの試技をする。 ○安全に着地することを確認する。 ○タブレットで動きを記録する。 ○今の自分の状態を確認する。 (3)**用具を片付ける** ○場を協力して片付ける。
整理運動	2分	**手、足など使ったところをゆったりとほぐす**
まとめ	5分	**クラス全体で本時の学習について振り返る** ①本時の学習を振り返り、学習カードに記入する。 ②グループごとに、今日の「振り返り」を発表する。 ③次時の学習予定を知る。

1 走り高跳びの特性について

○走り高跳びは、助走の勢いを生かして、力強く踏み切って高く跳ぶことで、自己の記録を高めたり、競争することに楽しさがある。助走（走る）と跳躍（跳ぶ）の異なる運動を組み合わせることに大きな課題がある。助走の勢いをどのように跳躍につなげてバーを越えることができるようにするかが重要なポイントになる。

2 運動へのかかわり方

○集団で協力して学習し、相互のかかわり合いが高まれば、「みんなが楽しい（個別最適な学び）」、「みんなで楽しい（協働的な学び）」授業になる。
○協力・公正などの態度や安全に関する態度、自己や集団で最善を尽くして運動する態度を養うことも大切にしている。
○体育理論で学習する運動やスポーツの多様なかかわり方や楽しみ方と関連させ、する・みる・支えるなどのかかわり方を意識させる。

する　…走り高跳びをすること、自己の体の動かし方をつかむ。
みる　…仲間の動きを観察する、よりよい動きや課題を発見する、応援する。
支える…協力して準備　安全な場の確保する。

3 場の設定と安全な行い方について

○学習経験の保障：練習や競争する機会を保障するために場の設定を工夫する。
○安全な行い方：マットやスタンドの設置の仕方など、安全に留意して練習や競争を行う。
○役割分担：用具等の準備や後片付け、記録や撮影などの役割を分担する。

1 運動やスポーツの意義や効果と学び方や安全な行い方

2 体ほぐし運動、体の動きを高める運動

3 陸上競技　走り高跳び

4 生活習慣病などの予防

5 ネット型：バドミントン

6 喫煙、飲酒、薬物乱用と健康

本時案

走り高跳びの動きのポイントを知ろう

2-4/8

本時の目標

走り高跳びの動きのポイントを知り、楽しく走り高跳びをすることができるようにする。

評価のポイント

動きのポイントを理解して、動きを身に付けることができたか。

本時の展開

	時	生徒の学習活動と指導上の留意点
はじめ	3分	**集合・あいさつ** ○本時の目標や学習の流れを知る。**1**
準備運動	5分	**準備運動、感覚づくりの運動をする** ○足首、膝をほぐしたり、アキレス腱を伸ばす。 ○スキップや片足跳躍（ケンケン）など、弾む運動をする。
活動①	30分	**走り高跳びの練習をする** **(1)走り高跳びの場を設定する**　**2** ○安全な場を確保する。 **(2)動きのポイント理解する**　**3** ○リズミカルな助走（2時間目） ○力強い踏み切り　（3時間目） ○大きな空間動作　（4時間目）
共有		**(3)動きのポイントを確認する** ○全体でポイントを確認する
活動②	2分	**(4)ポイントを意識して練習する** ○課題を持って練習に取り組む。 ○グループ内で相互に教え合う。 **(5)走り高跳びの場を片付ける** ○協力して場を片付ける。
整理運動	5分	**運動で使った部位をほぐす**
まとめ	5分	**本時の学習について振り返る** ①本時の学習を振り返り、学習カードに記入する。 ②グループごとに、今日の「気付きや発見」を発表する。 ③次時の学習予定を知る。

1 運動やスポーツの意義や効果と学び方や安全な行い方

2 体ほぐし運動、体の動きを高める運動

3 陸上競技　走り高跳び

4 生活習慣病などの予防

5 ネット型・バドミントン

6 喫煙、飲酒、薬物乱用と健康

1 走り高跳びの目標設定

○個に応じた目標を設定する

　走り高跳びへの意欲を高めるには、**個に応じた目標設定**が重要である。一人ひとりの挑戦意欲を高め、実現可能な目標を持たせるようにする。学習したことが記録や勝敗の結果につながるような運動の楽しみ方や行い方を工夫する。

　目標設定の例

　・身長（体の部位）を基準に目標を設定する。

　　例）おへその高さ（重心近く）から何センチ高く跳べたか。

　・身長と50m走のタイムの関係から目標を設定する。

　　例）「身長×0.5—50m走の記録×10＋120*」（120は生徒の実態に応じて調整）

2 教具の工夫

○教具を工夫して、練習の場を増やすことで、学習経験の頻度を高める。

○心理面のカバー

〈簡易の支柱〉

　・バーの代わりにゴム紐を使用する。

　・ゴム紐の両端を洗濯ばさみで支柱に取り付けるようにする。

　・ゴム紐に引っかかっても簡単に支柱から外れるようにする。

　・高さを容易に変えやすくする。

学習カード ⊡

学習カード

２年　　組　　番　名前（　　　　　　　）

【走り幅跳びの目標記録】

　　　　　　　　身長　　　　　　　50mのタイム
　0.5×（　　　　）− 10×（　　　　）＋ 120

①ぼく、私の目標記録は…

　　　　　　　　　　　cm

②得点表

得点	目標差	挑戦高さ	得点	目標差	挑戦高さ
10	+10以上		5	±0 ※目標値	
9	+8		4	−2	
8	+6		3	−4	
7	+4		2	−6	
6	+2		1	失敗	

○2m 高く記録を伸ばすことに 1 点もらえます。
○10cm 以上伸ばすことができれば 10 点ゲット！さあ、対決だ !!

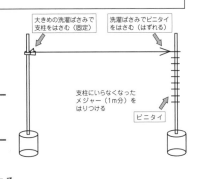

大きめの洗濯ばさみで支柱をはさむ（固定）

洗濯ばさみでビニタイをはさむ（はずれる）

支柱にいらなくなったメジャー（1m分）をはりつける

ビニタイ

3 動きのポイント

○リズミカルな助走とは？

　スピードよりもリズムを重視して踏み切りに移りやすく助走する。

　例）最後の３歩をリズムアップしてみよう。

○力強く踏み切ってとは？

　助走スピードを効率よく高く跳ぶ力に変えるために、足裏全体で強く地面を押すように踏み切ること。

　例）「パン」と短い時間で瞬間的に力を入れて踏み切ってみよう。

○大きな空間動作とは？

　はさみ跳びでバーを越える際の両脚の大きなはさみ動作のこと。

　例）膝が胸につくようなイメージで脚を高く振り上げよう。

第2-4時

本時案

練習の仕方を工夫して課題を解決しよう

本時の目標

走り高跳びの練習の場を選んで、自己の課題を解決できるようにする。

評価のポイント

自己の課題の解決にあった練習の場を選んで課題解決の仕方を工夫できていたか。

中心活動における指導のポイント

point　走り高跳びの動きの改善について、既習のポイントをもとに、課題を見付けたり、仲間と関わり合いながら課題を伝え合うようにすることをアドバイスする。
自己の課題の解決にあった練習の場を選んで、課題に適した練習方法を工夫するようにアドバイスをする。
タブレット等を活用して、自己や仲間の動きを映像で確認して、互いの課題や出来映えを伝えるようにアドバイスする。

本時の展開

	時	生徒の学習活動と指導上の留意点
はじめ	3分	**集合・あいさつ** ○本時の目標や学習の流れを知る。
準備運動	5分	**準備運動、感覚づくりの運動をする** ○足首、膝をほぐしたり、アキレス腱を伸ばす。 ○スキップや片足跳躍（ケンケン）など、弾む運動をする。
活動①	35分	**課題別練習をする** **(1)課題別練習の場を設定する** ○安全な場を確保する。 **(2)自己の課題と練習の場を選択する** 1 ○自己の課題にあった場を選ぶ。 ○課題別グループでペアをつくる。 **(3)ポイントを意識して練習する** ○課題を意識して練習する。 2 ○ペアで相互に動きを確認する。 ○タブレット等で動きを確認する。 3
共有		**(4)動きのポイントを確認する** ○全体でポイントを確認する。
活動②	2分	**(5)本時の記録に挑戦する** ○課題を持って記録に挑戦する。 **(6)走り高跳びの場を片付ける** ○協力して場を片付ける。
整理運動	5分	**運動で使った部位をほぐす**
まとめ		**本時の学習について振り返る** ①本時の学習を振り返り、学習カードに記入する。 ②ペアごとに、今日の「気づきや発見」を発表する。 ③次時の学習予定を知る。

1 運動やスポーツの意義や効果と学び方や安全な行い方

2 体ほぐし運動、体の動きを高める運動

3 陸上競技 走り高跳び

4 生活習慣病などの予防

5 ネット型：バドミントン

6 喫煙、飲酒、薬物乱用と健康

1 課題別練習の場

○助走のリズム
・ケンステップや踏切板を使っての助走
○力強い踏み切り
・踏み切り板、ロイター板
○大きな空間動作
・高い位置からの跳び越し
・バー2本による跳び越し

A ななめゴム跳び

B 幅高跳び（空間体験）2か所

C 3、5、7、歩アクセント

ロイター板やセイフティーマット使用

D 空間~着地（2か所）
飛び箱を用いて、高い所から着地の練習をする。

2 つまづきと課題解決のヒント

○運動が苦手な生徒への配慮の例

つまづき	その対処
高く跳ぶことやしっかりジャンプをすることが苦手	高さを変えたり、跳ぶ時のリズムを決めたりする。
踏み切り足が定まらず、強く上方へ跳ぶことが苦手	短い助走による高跳びをしたり、「トン・トン・ト・ト・トン」など、一定のリズムの助走からの高跳びを行ったりする場を設定する。
リズミカルな助走から踏み切ることが苦手	5～7歩程度の助走での走り高跳びや跳び箱などの踏み切り板から踏み切るなどで、力強く踏み切って体が浮くことを経験できるようにする「ワン・ツー・ワン・ツー・ワン・ツ・スリー」など、一定のリズムを声に出しながら踏み切る場を設定する。

3 ICT機器の活用

○ ICT機器（タブレットなど）を活用して、自己や仲間動きを確認できるようにする。

活用例

・課題解決につながる情報の活用
　Web上の情報や示範映像などを準備し、生徒によいイメージを持たせたり、つまづきの例を紹介する。

・自己の変容を認識するための活用
　タブレット端末の動画撮影機能を活用し、自己や仲間の動きを記録し、課題を身に付けたり、仲間同士でアドバイスし合ったりする。

・学習評価のための活用
　単元前後や毎時間の動きを動画に記録することで、生徒の動きの変容を自己評価させたり、技能の上達を実感できるようにさせたりする。

本時案

記録会で自己の
記録に挑戦しよう

本時の目標

　記録会で自己の記録に挑戦し、自己の動きの変容を確認できるようにする。

評価のポイント

　動きのポイントを意識して、記録に挑戦することができたか。
　記録会でのよい取組を見付け、理由を添えて発表できたか。

point　記録会を行い、自己の記録に挑戦させる。単元を通して、どのような知識が身についたか、どのような動きができるようになったかを振り返る。単に記録が向上したというのではなく、単元前後の自己の動きを比較し、「○○の動きがよくなって、記録が向上した」「○○を意識することで、記録が高まった」と、動きの質の高まりを実感させることが大切であることをアドバイスする。

本時の展開

	時	生徒の学習活動と指導上の留意点
はじめ	3分	**集合・あいさつ** ○本時の目標や学習の流れを知る。
準備運動	10分	**準備運動、感覚づくりの運動をする** ○足首、膝をほぐしたり、アキレス腱を伸ばす。 ○スキップや片足跳躍（ケンケン）など、弾む運動をする。
記録会	30分	**記録会（動きの撮影）を行う** **(1)走り高跳びの場を設定する** ○安全の確保を確認する。 **(2)記録会の行い方を確認する** ◀1 ○審判や撮影の役割を理解する。 **(3)記録会を行う** 2 ○試技する。 ○タブレットで仲間の動きを撮影する。 ○審判、記録など役割を果たす。 **(4)走り高跳びの場を片付ける** ○協力して、場を片付ける。
振り返り	2分	**単元の振り返りを行う** ◀3 ○記録会の結果を共有する。 ○映像をみて、自己や仲間の動きの変容を確認する。 ○グループ内で相互に動きの変容を伝えあう。
まとめ	5分	**単元の学習について振り返る** ①単元の学習を振り返り、学習カードに記入する。 ②グループごとに、単元の振り返りを発表する。 ③次時の学習予定を知る。

1 記録会について

○記録会のルールの例
 ・場の設定（踏切板を使う、ゴム紐で行う）
 ・バーの上げ方（3 cm、5 cm ずつ）
 ・回数（1つの高さを3回まで挑戦、パス）
○競技運営の役割（責任）
 ・チームの名前を自分たちで決める。

走り高跳びの記録会の行い方
 ・これまでの練習の成果を発揮して、自己の記録に挑戦する。
 ・記録会の行い方やルールを工夫して、みんなが楽しく競争できるようにする。
○記録会のルールの例
 ・場の設定を工夫する（踏切板を使う、バーをゴム紐で行う）。
 ・バーの上げ方を工夫する（3 cm、5 cm）。
 ・跳ぶ回数を工夫する（1つの高さ2回まで、全部で4回）。
○競技運営の役割の例（各自が責任をもって運営する）
 ・主審、バーあげ、記録、撮影、アナウンサー、応援など。

2 共生に関する態度

○記録会では、体力や技能の程度に応じて、自分で決めた記録に挑戦し、その挑戦を互いに認めたり、称賛する雰囲気を作り出すことが大切である。
○記録が表面化することで、苦手な生徒が劣等感を感じないように、運動の楽しみ方や行い方を工夫する。また、タブレットで動きを撮影するなどして、その子なりの成長や変容を確認して、互いに認め合うようなかかわりを心掛ける。

3 単元の振り返り

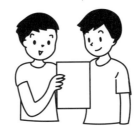

○単元を通して、どのような知識が身についたか、どのような動きができるようになったかを振り返る。単に記録が向上したというのではなく、単元前後の自己の動きを比較し、「○○の動きがよくなって、記録が向上した」「○○を意識することで、記録が高まった」と、動きの質の高まりを実感させることが大切である。

1 運動やスポーツの意義や効果と学び方や安全な行い方

2 体ほぐし運動、体の動きを高める運動

3 陸上競技 走り高跳び

4 生活習慣病などの予防

5 ネット型：バドミントン

6 喫煙、飲酒、薬物乱用と健康

4 生活習慣病などの予防

（4 時間）

単元の目標

(1)生活習慣病などの予防について、理解できるようにする。

知識及び技能

単元計画（指導と評価の計画）

1時（導入）	2時（展開①）
生活習慣病の原因と健康に及ぼす影響について理解する。	生活習慣病の具体的な事例について理解するとともに、その予防方法について考える。
1　生活習慣病ってどんな病気かな？ [主な学習活動] ○普段の生活習慣について振り返る。 ○生活習慣病がどんな病気か考える。 ○生活習慣病の原因とその進行について考える。 ○生活習慣病について、本時に学習したことをまとめる。	**2　生活習慣病って具体的にはどんな病気でどう予防するのかな？** [主な学習活動] ○循環器の病気について考える。 ○歯周病について考える。 ○生活習慣病のリスクを軽減するための方法を考える。 ○生活習慣病の予防について本時に学習したことをまとめる。
[評価計画] 知・技①	[評価計画] 知・技② 思①②

単元の評価規準

知識・技能	
①運動不足、食事の量や質の偏り、休養や睡眠の不足、喫煙、過度の飲酒などの不適切な生活行動を若い年代から続けることによって、やせや肥満、心臓や脳で動脈硬化が起こること、歯肉炎等が起こること、歯を支える組織が損傷することなど、様々な生活習慣病のリスクが高まることについて、理解したことを言ったり書いたりしている。 ②生活習慣病は、日常の生活習慣が要因となって起こる疾病であり、適切な対策を講ずることにより、心臓病、脳血管疾患、歯周病などを予防できることについて理解したことや、生活習慣病を予防するには、適度な運動を定期的に行うこと、毎日の食事における量や頻度、栄養素のバランスを整えること、喫煙や過度の飲酒をしないこと、口腔の衛生を保つことなどの生活習慣を身に付けることが有効であることについて、理解したことを言ったり書いたりしている。	③がんは、異常な細胞であるがん細胞が増殖する疾病であり、その要因には不適切な生活習慣をはじめ様々なものがあることについて、理解したことを言ったり書いたりしている。 ④がんの予防には、生活習慣病の予防と同様に、適切な生活習慣を身に付けることが有効であることについて、理解したことを言ったり書いたりしている。

(2)生活習慣病などの予防に関わる事象や情報から自他の課題を発見し、生活習慣病などのリスクを軽減したり、生活の質を高めたりする視点から解決方法を考え、適切な方法を選択するとともに、それらを伝え合うことができるようにする。 **思考力、判断力、表現力等**

(3)生活習慣病などの予防について、自他の健康の保持増進や回復についての学習に自主的に取り組もうとすることができるようにする。 **学びに向かう力、人間性等**

3時（展開②）	4時（まとめ）
がんの原因と健康に及ぼす影響について理解するとともに、その予防方法等について考える。	生活習慣病とがんの予防の共通点を考えるとともに、適切な生活習慣について理解する。
3　がんってどんな病気かな？ [主な学習活動] ○がんに対するイメージと疑問について考える。 ○がんはどんな病気か考える。 ○がんの予防と治療について考える。 ○がんについて本時に学習したことをまとめる。	**4　生活習慣病とがんの予防の共通点は何だろう？** [主な学習活動] ○生活習慣病とがんの予防の共通点を考える。 ○個人でできる健康の保持増進について考える。 ○個人の取組を支援する社会的環境について考える。 ○生活習慣病やがんの予防について、本単元で学習したことをまとめる。
[評価計画]　知・技③　技③　思①②	[評価計画]　知・技④　態①

思考・判断・表現	主体的に学習に取り組む態度
①生活習慣病の予防における事柄や情報などについて、原則や概念を基に整理したり、個人生活と関連付けたりして、自他の課題を発見するとともに、習得した知識を活用し、生活習慣病を予防するための方法を選択している。 ②生活習慣病などの予防について、疾病等にかかるリスクを軽減し健康を保持増進する方法を考え、選択した理由などを、他者と話し合ったり、ノートなどに記述したりして、筋道を立てて伝え合っている。	①生活習慣病などの予防について、課題解決に向けての学習に自主的に取り組もうとしている。

1 運動やスポーツの意義や効果と学び方や安全な行い方

2 体ほぐし運動、体の動きを高める運動

3 陸上競技　走り高跳び

4 生活習慣病などの予防

5 ネット型：バドミントン

6 喫煙、飲酒、薬物乱用と健康

生活習慣病ってどんな病気かな？

本時の目標

生活習慣病の原因と健康に及ぼす影響について理解することができるようにする。

評価のポイント

生活習慣病はどのような病気で、何が原因で健康にどのような影響があるか理解できたか、ワークシートやノートに具体例を示しながら書けているか。

本時の板書のポイント

┈┈┈┈┈┈┈┈┈┈┈┈┈┈┈┈┈┈

点線内 は生徒からの意見や考え方、回答などを板書できるように空欄で示す。また、本時の「POINT」として、「子どもの頃にその基本がつくられる」ことに着目させる。

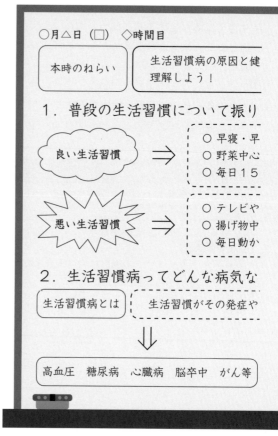

○月△日（□）　◇時間目

本時のねらい｜生活習慣病の原因と健理解しよう！

１. 普段の生活習慣について振り

良い生活習慣 ⇒
○ 早寝・早
○ 野菜中心
○ 毎日１５

悪い生活習慣 ⇒
○ テレビや
○ 揚げ物中
○ 毎日動か

２. 生活習慣病ってどんな病気な

生活習慣病とは｜生活習慣がその発症や

⇓

高血圧　糖尿病　心臓病　脳卒中　がん等

本時の展開 ▷▷▷

1 普段の生活習慣と健康について振り返る

生活習慣を振り返りましょう！

「皆さんのこれまでの生活習慣を振り返ってみましょう」と発問し、各グループで「良いと思われる生活習慣」と「悪いと思われる生活習慣」とに分けて整理し、様々な生活習慣があることに気付かせ、生活習慣と病気との関連性に触れるとともに、「生活習慣病ってどんな病気かな？」と学習課題を設定する。

2 生活習慣が健康に及ぼす影響について考える

高血圧
生活習慣病とは？
心臓病
糖尿病
生活習慣病ってどんな病気かな？

「生活習慣病ってどんな病気かな？」と発問し、教科書に示されている定義や具体的な病名も答えさせ板書する。また、ポイントとして「長年にわたって不適切な生活を続けた結果、生活習慣病が発症する」ことのリスクを理解させる。

1 運動やスポーツの意義や効果と学び方や安全な行い方

2 体ほぐし運動、体の動きを高める運動

3 陸上競技 走り高跳び

4 生活習慣病などの予防

5 ネット型：：バドミントン

6 喫煙、飲酒、薬物乱用と健康

康に及ぼす影響について

返ろう！

起き・朝ごはん
の食事、腹八分目
～３０分運動

ゲームによる夜更かし
心の食事、腹一杯
ず、ゴロゴロ寝てる

のかを考えよう！

進行に関係する病気

リスクを
高める

長年にわたって
続けてきた結果
発症する

3．生活習慣病の原因とその進行について考えよう！

原因

<POINT>
子どもの頃にその
基本がつくられる

1 （食）生活の乱れ
2 （運動）や休養の不足
3 （喫煙）や過度の飲酒
4 （口腔）内の不衛生
5 （ストレス）の多い生活 等々

進 行 ①

生活習慣病　動脈硬化（高血圧症 糖尿病 等）肥満症　無 症 状

進 行 ②

心臓病　脳卒中　糖尿病合併症　がん等　重い症状

4．生活習慣病についてまとめてみよう！

1 生活習慣病とは？
2 原因とそのポイントは？
3 症状の進行は？

3 生活習慣病の原因とその進行について考える

甘いお菓子
ついつい食べ
すぎちゃうけ
ど大丈夫か
な？

生活習慣病の原因
と進行するとどう
なるのかな？

糖尿病になると
私の体はどうな
るのかな？

最近、運動
してないな
あ…

　「生活習慣病のリスクを高める生活行動って具体的にはどんな行動があるのかな？」と発問し、その原因となる行動を考え、ポイントとして「子どもの頃にその基本がつくられる」ことを理解させる。また、病気の進行については、無症状から長年にわたり命に関わる重い症状になることもあわせて理解させる。

4 生活習慣病について、本時の内容をまとめる

生活習慣病につい
て本時の内容をま
とめましょう！

　これまでの自分の生活習慣を振り返りながら、生活習慣病とはどんな病気で、何が原因で、どうように進行するのかなど、学習カードやノートに記入する。

生活習慣病って具体的にはどんな病気でどう予防するのかな？

本時の目標

生活習慣病の具体的な事例について理解するとともにその予防方法について考えることができるようにする。

評価のポイント

生活習慣病の具体事例をワークシートやノートに書けているか。習得した知識を活用して、予防方法を選択していたか。

本時の板書のポイント

点線内 は生徒からの意見や考え方、回答などを板書できるように空欄で示す。また、本時の「POINT」として、「自覚症状がないまま症状が進行する」ことに着目させる。

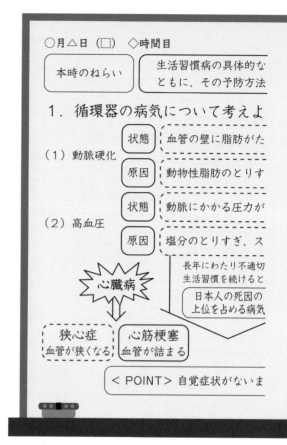

○月△日（□）　◇時間目

| 本時のねらい | 生活習慣病の具体的な　ともに、その予防方法 |

1. 循環器の病気について考えよ

（1）動脈硬化
　状態　血管の壁に脂肪がた
　原因　動物性脂肪のとりす

（2）高血圧
　状態　動脈にかかる圧力が
　原因　塩分のとりすぎ、ス

心臓病

長年にわたり不適切
生活習慣を続けると
日本人の死因の
上位を占める病気

狭心症
血管が狭くなる

心筋梗塞
血管が詰まる

＜POINT＞ 自覚症状がないま

本時の展開 ▷▷▷

1 循環器の病気について考える

「生活習慣って具体的にはどんな病気があるのかな？」と発問し、循環器の病気について、教科書を参考に「状態」と「原因」に分けて学習カードやノートに整理し、ポイントとして「自覚症状がないまま症状が進行する」ことに着目させるとともに、進行すると命に関わる重い症状になることを理解させる。

2 歯周病について考える

次に歯周病について、教科書を参考に「状態」と「原因」に分けて学習カードやノートに整理させ、歯周病になると歯を支える骨が溶けて歯を失うことがあることを理解させる。

事例について理解すると
について考えよう！

う！

まり血管が硬くもろくなる

ぎ、運動不足　等

異常に高くなる

トレス　等

な…

脳卒中

| 脳梗塞 血管が詰まる | 脳出血 血管が破れる |

ま病状が進行する

２．歯周病について考えよう！

状態	口腔細菌により歯垢が形成され歯肉が炎症する
原因	不適切な歯磨き、砂糖のとりすぎ、喫煙　等
重い症状	進行すると歯を支える骨が溶けて最後には歯を失うことにつながる

３．生活習慣病とがんのリスクを軽減する方法を考えよう！

・様々な方法がある
・一つの方法では防げない
・効果のある方法を組み合わせる

４．生活習慣病の予防について考えよう！

１　これからも続けた方がよい生活環境は？
２　今後、改善した方がよい生活習慣は？
３　健康を保持増進するために必要なことは？

1 運動やスポーツの意義や効果と学び方や安全な行い方

2 体ほぐし運動、体の動きを高める運動

3 陸上競技　走り高跳び

4 生活習慣病などの予防

5 ネット型：バドミントン

6 喫煙、飲酒、薬物乱用と健康

3 生活習慣とがんのリスクを考える

　生活習慣病とがんになるリスクは、次のような方法で軽減できることを理解させる。

　１．たばこは吸わない　２．他人のたばこの煙を避ける　３．お酒はほどほどに　４．バランスのとれた食生活を　５．塩辛い食品は控えめに　６．野菜や果物は不足にならないように　７．適度に運動　８．適切な体重維持　９．ウイルスや細菌の感染予防と治療　10．定期的ながん検診を　11．身体の異常に気がついたら、すぐに受診　12．正しいがん情報でがんを知ることから

【出展：国立がん研究センターがん予防・検診研究センター「がんを防ぐための新12か条」】

4 生活習慣病について、本時の内容をまとめる

生活習慣病について本時の内容をまとめましょう！

　既習の知識を活用し、これまでの自分の生活習慣を振り返りながら、生活習慣病の予防方法についてグループ内で話し合うとともに、学習カードやノートに適切な予防方法を選択して記入する。また、各グループで話し合われた内容を発表するとともに様々な情報を共有する。

がんってどんな病気かな？

がんの原因と健康に及ぼす影響について理解するとともに、その予防方法について考えることができるようにする。

評価のポイント

がんの原因や影響について学習カードやノートに書き出していたか。習得した知識を活用して、予防方法を選択していたか。

本時の板書のポイント

点線内は生徒からの意見や考え方、回答などを板書できるように空欄で示す。また、本時の「POINT」として、「自覚症状がない段階での早期発見・早期治療」に着目させる。

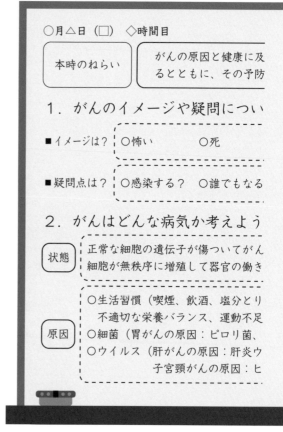

○月△日（□）　◇時間目

本時のねらい ｜ がんの原因と健康に及るとともに、その予防

1．がんのイメージや疑問につい

■イメージは？　○怖い　　○死

■疑問点は？　○感染する？　○誰でもなる

2．がんはどんな病気か考えよう

状態 ｜ 正常な細胞の遺伝子が傷ついてがん細胞が無秩序に増殖して器官の働き

原因 ｜ ○生活習慣（喫煙、飲酒、塩分とり不適切な栄養バランス、運動不足
○細菌（胃がんの原因：ピロリ菌、
○ウイルス（肝がんの原因：肝炎ウ
　　　　　　子宮頸がんの原因：ヒ

本時の展開 ▷▷▷

1 がんのイメージや疑問ついて考える

「がんという病気のイメージは？ また疑問はあるかな？」と発問し、がんに対する考えをグループ内で話し合い、学習カードやノートに整理する。

2 がんはどんな病気か考える

「がんはどんな病気かを考えよう！」と発問し、がんについて、参考資料や教科書等を参考に学習カードやノートに整理させるとともに、「状態」と「原因」について正しく理解させる。

1 運動やスポーツの意義や効果と学び方や安全な行い方

2 体ほぐし運動、体の動きを高める運動

3 陸上競技 走り高跳び

4 生活習慣病などの予防

5 ネット型：バドミントン

6 喫煙、飲酒、薬物乱用と健康

ぼす影響について理解す
方法について考えよう。

て考えよう！

○痛い　等々

の？　○治るの？　等々

！

細胞に変化し、そのがん
を侵してしまう病気

すぎ、野菜、果実不足等
等）
ヘリコバクター）
イルス、
トパピローマウイルス）

| 特徴 | 細胞の変化や生活習慣の積み重ねがん細胞の発生に関係しており、誰でもなりうる病気
日本人のおよそ二人に一人がなると言われている。 |

3．がんの予防と治療について考えよう！

■私たちにできること

生活習慣（喫煙、飲酒、不適切な栄養バランス、運動不足等）
を望ましい習慣に改善する。

↓　日頃の健康チェック

健康診断　⇒　自覚症状がない段階での、がん検診の受診

■私たちがやるべきこと

＜POINT＞　早期発見・早期治療が極めて重要

4．がんについてまとめてみよう！

1　がんはどんな病気か？
2　原因は何か？
3　がんの予防と治療は？

3 がんの予防と治療について考える

　「がんの予防と治療について考えよう！」と
発問し、教科書等を参考に学習カードやノート
に整理させるとともに、グループ内で話し合
い、適切な予防方法を共有し合う。ポイントと
して「早期発見・早期治療が極めて重要」であ
ることに着目させる。

4 がんについて、本時の内容をまとめる

　既習の知識を活用し、これまでの自分の生活
習慣を振り返りながら、がんの予防や治療につ
いて、様々なことがあることを学習カードや
ノートに記入する。

生活習慣病とがんの予防の共通点は何だろう？

本時の目標

　生活習慣病とがんの予防の共通点から、適切な生活習慣について理解するとともに、自他の健康の保持増進や回復についての学習に自主的に取り組もうとする。

評価のポイント

　生活習慣病とがんの予防の共通点を学習カードやノートに書き出していたか。

　予防するための課題解決に向けて主体的に学習に取り組もうとしていたか。

本時の板書のポイント

　点線内は生徒からの意見や考え方、回答などを板書できるように空欄で示す。また、本時の「POINT」として、「個人の意識的な取組が重要」であることに着目させる。

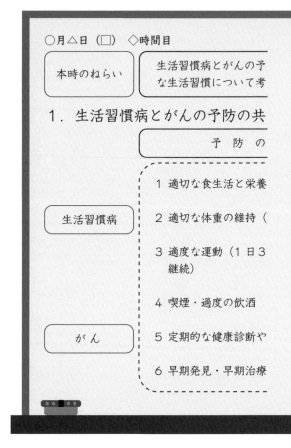

本時の展開 ▷▷▷▷

1 生活習慣病とがんの予防の共通点を考える

　これまでの学習を振り返り「生活習慣病とがんの予防の共通点を考えましょう」と発問し、学習カードやノートに整理する。

2 個人でできる健康の保持増進について考える

　「個人でできる健康の保持増進について考えよう！」と発問し、教科書等を参考に学習カードやノートに記入させるとともに、ポイントとして「個人の意識的な取組が重要」であることを理解させる。

1 運動やスポーツの意義や効果と学び方や安全な行い方

2 体ほぐし運動、体の動きを高める運動

3 陸上競技　走り高跳び

4 生活習慣病などの予防

5 ネット型：バドミントン

6 喫煙、飲酒、薬物乱用と健康

上部の板書例：

防の共通点を考え、適切
えよう！

通点を考えよう！

共　通　点

バランスのとれた食事

肥満ややせの回避）

０分、週３日、３カ月

がん検診

2. 個人でできる健康の保持増進について考えよう！
■個人の意識により主体的にできること

自己管理 ⇒ <POINT>
個人の意識的な取組が重要

○健康３原則（運動・栄養・睡眠のバランス）の確保・維持
○定期的な健康診断（学校・職場の集団検診）の受診
○健康情報の収集（健康増進課等のホームページ検索）

3. 個人の取組を支援する社会的環境について考えよう！
■社会的環境を活用して主体的にできること

○ 運動施設の活用（トレーニング施設、体育館、競技場 等）
○ 健康づくりイベントへの参加（マラソン大会 等）
○ 健康診査、健康指導の活用（各市町村健康増進課 等）

4. 生活習慣病やがんの予防についてまとめよう！

○ 生活習慣病やがんを予防するための適切な生活習慣を身に付けるためにはどうしたらいいのか？

---

3 個人の取組を支援する社会的環境について考える

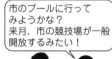

市のプールに行ってみようかな？
来月、市の競技場が一般開放するみたい！

個人の取り組みを支援する社会的環境を考えよう！

健康フェスが来週、町の体育館であるから参加してみようかな

　次に「個人の取組を支援する社会的環境について考えましょう」と発問し、教科書等を参考に学習カードやノートに記入させる。

4 生活習慣病やがんの予防について、本単元の内容をまとめる

生活習慣病やがんの予防についてまとめよう！

適切な生活習慣ってどうやったら身に付くのかな？

規則正しい生活は健康の源だね！

　最後に「生活習慣病やがんの予防についてまとめよう！」と発問し、既習の知識を活用し、予防するための適切な生活習慣について情報を共有するとともに、学習カードやノートに記入する。

5 ネット型：バドミントン

（12時間）

単元の目標

(1)次の運動について、勝敗を競う楽しさや喜びを味わい、球技の特性（や成り立ち）、技術の名称や行い方、（その運動に関連して高まる体力など）を理解し、シャトルやラケットの操作と定位置に戻るなどの動きによって空いた場所をめぐる攻防をすることができるようにする。

単元計画（指導と評価の計画）

1時（オリエンテーション①）	2〜4時（展開①）	5時（オリエンテーション②）
単元の学習内容を知り、学び方や特性を理解する。	基本的な技能の習得と課題発見の活動をする。	自己のねらい（目標）や学習計画の設定をする。
1　バドミントンの特性や学び方を知ろう POINT：学習を進めていく上で、大切なことや約束事を確認し、見通しをもたせる。 **[主な学習活動]** ○集合・あいさつ・健康観察 ○単元目標や単元計画の確認 ○評価規準の説明 ○学習カードの説明 ○準備運動 ○技能ドリルの説明→実施 ○整理運動・健康観察 ○学習の振り返り	**2〜4　基本的な技能を身に付け、課題を発見しよう** POINT：ラケットやシャトルの操作の技能を身に付けるために、学習カードを活用し確認をする。 **[主な学習活動]** ○集合・あいさつ・健康観察 ○本時の目標等の確認 ○準備運動・技能ドリル ○技能の確認・習得への取組・知識の確認 ○整理運動・健康観察 ○学習の振り返り	**5　自己のねらい（目標）を設定しよう** POINT：学習カードに提示された動きのポイントやつまずきの事例等を参考にさせ、これまでの学習を整理させる。 **[主な学習活動]** ○集合・あいさつ・健康観察 ○既習学習の振り返り・まとめ ○自己のねらいの設定 ○単元の学習計画の作成 ○取組の自己評価と相互評価について確認 ○学習カードの説明
[評価計画] 知①② 思①	[評価計画] 技①② 態①	[評価計画] 思②

単元の評価規準

知識・技能	
○知識 ①バドミントンには、2対2、個人対個人で攻防を展開し、勝敗を競う楽しさや喜びを味わえる特性があることについて、言ったり書き出したりしている。 ②バドミントンにおいて用いられる技術には名称があり、それらを身に付けるためのポイントがあることについて、学習した具体例を挙げている。 ③対戦相手との競争において、技能の程度に応じた作戦や戦術を選ぶことが有効であることについて、学習した具体例を挙げている。 ④試合におけるルール、審判や運営の仕方を理解している。	○技能 ①サービスでは、ラケットの中心付近で捉えることができる。 ②シャトルを返す方向にラケット面を向けて打つことができる。 ③相手側のコートの空いた場所にシャトルを返すことができる。 ④相手の打球に備えた準備姿勢をとることができる。 ⑤プレイを開始するときは、ポジションの定位置に戻ることができる。 ⑥シャトルを打った後、相手に正対することができる。

1 運動やスポーツの意義や効果と学び方や安全な行い方

2 体ほぐし運動、体の動きを高める運動

3 陸上競技 走り高跳び

4 生活習慣病などの予防

5 ネット型：バドミントン

6 喫煙、飲酒、薬物乱用と健康

イ　ネット型では、シャトルやラケットの操作と定位置に戻るなどの動きによって空いた場所をめぐる攻防をすることができるようにする。　　　　　　　　　　　　　　　　**知識及び技能**

(2)ねらい実現のために、攻防などの自己の課題を発見し、課題解決に向けて工夫して取り組むことができ、自己の考えを他者に伝えることができるようにする。　　**思考力、判断力、表現力等**

(3)バドミントンの学習に積極的に取り組み、ルールやマナーを守り、仲間やチームとの話合いに参加して、一人一人の違いに応じたプレイなどを認めようとすること、仲間の学習を援助しようとすることなどや、健康・安全に気を配ることができるようにする。　　**学びに向かう力、人間性等**

6〜9時（展開②）	10〜12時（展開③）
ねらい実現（技能を習得する等）のための活動①	ねらい実現（習得した技能をゲームで活用する等）ための活動② まとめの活動
6〜9　設定したねらいを実現するための活動をしよう POINT：単元目標、学習計画を基にして、毎時間のめあてを設定し、自己評価や相互評価等の振り返りを生かして、工夫した取組をさせる。 [主な学習活動] ○集合・あいさつ・健康観察 ○本時の課題等の確認 ○準備運動・技能ドリル ○課題解決のための活動 ○整理運動・健康観察 ○学習の振り返り	**10〜12　習得した技能をゲームで活用してみよう** POINT：試合によって単元のまとめの活動を行い、学習のまとめ、次年度への課題を確認や単元目標を基に自己評価させる。 [主な学習活動] ○集合・あいさつ・健康観察 ○本時の課題等の確認 ○準備運動・技能ドリル ○課題解決のための活動・目標確認のためのゲーム ○整理運動・健康観察 ○学習の振り返り ○単元のまとめ
[評価計画] 技③④　思③　態③④	[評価計画] 知③④　技⑤⑥　思④　態⑤ 総括的な評価

思考・判断・表現	主体的に学習に取り組む態度
①特性を踏まえ、動きなどの改善のポイントを発見したり、自己の取り組み方の課題を発見したりできる。 ②発見した課題を解決するために知識を活用したり、応用したりできる。 ③練習やゲームをする場面で、最善を尽くす、勝敗を受け入れるなどのよい取組を見付け、理由を添えて他者に伝えている。 ④自己の課題について考え判断したことを言葉や文章で表したり、わかりやすく伝えたりしている。	①学習に積極的に取り組むことができる。 ②相手や仲間の健闘を認め、フェアプレイを守ろうとしている。 ③課題解決に向けた練習方法や作戦について話し合う場面に参加しようとしている。 ④仲間の学習を補助したり、学習課題の解決に向けて仲間に助言したりしようとする。 ⑤体調や環境の変化に気を配り安全に留意し練習や競争を行うことができる。

本時案

オリエンテーション①

本時の目標
単元の学習内容を知り、学び方や特性を理解する。

評価のポイント
バドミントンの特性を理解し、用いられる技術を身に付けるためのポイントをおさえていたか。

学習カードを活用し単元目標や単元計画を確認し見通しをもつことができたか。

中心活動における指導のポイント

point　学習を進めていく中で、約束事を確認し、仲間とともに学んでいく大切さを話の中に組み込む。単元目標・単元計画・評価規準を明確にし、子どもたち自身がどのように学んでいくのかを理解させる。そのためには、学習カードの活用の仕方を説明し、それを基に学習の見通しをもたせる。技能ドリルは、基本的な技能を身に付ける上で大切な取組なので、丁寧な説明をして実施させる。

本時の展開

	時	生徒の学習活動と指導上の留意点
はじめ	3分	**集合・あいさつ・健康観察** ○出席番号順に整列し、元気よく挨拶をする。 ○自身の健康、仲間の健康をチェックする。
学習内容の説明・準備	15分	**単元計画・単元目標・評価規準等の説明** ◀1 ○学習カードを用いて、確認をする。 ○バドミントンの特性を知る。 ○用具の確認・準備片付けの仕方を知る。
技能ドリル	25分	**技能ドリルを行う（説明⇒実施）** ◀2 (1)ランニング ○グループごとにコートを2周する。 ○足並み・掛け声をそろえる。 (2)シャトル付き（30秒） ○無理せずに続けられる高さでアンダーハンドストロークをする。 ○周囲との距離の確認、フルスイングはしない。 ○慣れてきたらフォアとバックを交互に行う。 (3)2人組ラリー（90秒） ○ラリーが続けられるように行う。 ○なるべくオーバーヘッドストロークでハイクリアーを打ち合うようにする。
片付け 整理運動 健康観察	2分	安全かつ素早く片付けをする 手、足など運動で使ったところをゆったりとほぐす。 自身や仲間の健康をチェックする。
まとめ	5分	**クラス全体で本時の学習について振り返る** ○本時の学習を振り返る。 ○仲間のよい取組を挙げる。 ○次時の学習予定を知る。 ○学習カードの回収。

1 運動やスポーツの意義や効果と学び方や安全な行い方

2 体ほぐし運動、体の動きを高める運動

3 陸上競技 走り高跳び

4 生活習慣病などの予防

5 ネット型・バドミントン

6 喫煙、飲酒、薬物乱用と健康

1 学習内容の説明

○学習カードを活用して説明をする。学習カードには単元目標をはじめ、単元計画・取組の自己評価（評価規準）・技能確認表等を載せる。生徒が学習カードを活用し、学び方を理解した上で、自己のねらい（目標）の実現のための活動を行わせる。ねらいを実現させるための毎時間のめあてがあり、そのめあてを達成するには課題を見付け解決していくといった道筋があることを説明し、理解させる。

○バドミントンで高まる体力を単元を通して考えさせ、体力向上に取り組ませる。

○準備・片付けの仕方を説明する。用具の場所・ネットの張り方等を安全かつ素早く行えるよう、声かけをする。

○単元を通した安全面に関わる注意事項を説明する（けがをしやすい部位や場面、活動時のラケットの扱い・支柱を運ぶ際の注意点など）。

学習カード ⬇

2 技能ドリルについて

○技能ドリルは基本技能を定着させる上で大事な取組になるので、行い方・約束事などをしっかり教える。

○基本的な技能を習得できるよう、ポイントを意識しながら取り組むよう言葉かけをする。

○初めはラケットの握り方・オーバーヘッド・アンダーハンドのフォアとバックの説明、クリアーの技術を確認する。

○生徒が主体的に安全配慮を行えるよう、ラケットを扱う際の注意点（周囲の確認・場の確保・順番など）を説明する。

○グループは4～6人編成で、生徒数やコートの広さによって編成する。

本時案

基本的な技能を
習得しよう①

本時の目標

　基本的な技能であるストロークを活用しシャトルを打ち返すことができる。

評価のポイント

　学習カードの技能確認表や実技書を活用し、技能の習得のために主体的に活動ができていたか。自己の課題を見付けることができたか。仲間にアドバイスしながら学習をしていたか。

中心活動における指導のポイント

point　教員の技能の説明に加え、学習カードの技能確認表や実技書を活用させ、ポイントを確認させながら練習を行う。

　何ができて、何ができていないか、課題を見付けるためにも仲間のアドバイスやICT機器の活用が必須。

　ポイントをしっかりおさえている生徒には周りにもわかるように声をかけ、価値付けし、見て学ぶ、聞いて学ぶ、教えて学ぶことにつなげる。

本時の展開

	時	生徒の学習活動と指導上の留意点
はじめ	3分	**集合・あいさつ・健康観察** ○出席番号順に整列し、元気よく挨拶をする。 ○自身の健康、仲間の健康をチェックする。 ○学習カードを配付。
学習内容の説明・準備	10分	**本時の学習内容の説明** ○本時で学習する内容の確認をする。 ○用具準備 ○準備運動・技能ドリルの実施
基本的技能の練習・課題発見	30分	**ストロークの練習** ◀**1** 守備の際に使う技術でネット際での返球や体勢が悪い場合に使うことを知る。 ⑴アンダーハンドストローク（フォア・バック） ⑵サイドアームストローク（フォア・バック） ⑶オーバーヘッドストローク ○2人組をつくり行う（余りが出た場合は3人でも可）。 ○技能のポイントを確認しながら行う。 ○周りとの距離やラケットを扱う際に周りとの接触や事故に気を付ける。
片付け 整理運動 健康観察	2分	安全かつ素早く片付けをする。 手、足など運動で使ったところをゆったりとほぐす。 自身や仲間の健康をチェックする。
まとめ	5分	**クラス全体で本時の学習について振り返る** ○本時の学習を振り返る、学習カードの記入・回収 ○仲間のよい取組を挙げる。 ○次時の学習予定を知る。

1
運動やスポーツの意義や効果と学び方や安全な行い方

2
体ほぐし運動、体の動きを高める運動

3
陸上競技　走り高跳び

4
生活習慣病などの予防

5
ネット型：バドミントン

6
喫煙、飲酒、薬物乱用と健康

1 ストロークの練習

　ストロークとは、シャトルの打ち方のことで、大きく3つに分かれている。主に、守備の際に使う技術で、ネット際での返球や体勢が悪い場合に使用する。

⑴アンダーハンドストローク（フォアハンド・バックハンド）
　低い位置に来たシャトルを打ち返す

フォア　　　　　　　　　　　　　　　　　　　　　　バック

⑵サイドアームストローク（フォアハンド・バックハンド）
　肩の高さに来たシャトルを打ち返す

フォア　　　　　　　　　　　　　　　　　　　　　　バック

⑶オーバーヘッドストローク
　高い位置に来たシャトルを打ち返す　　　　　　　　　　　　　　※イースタングリップ

フォア　　　　　　　　　　　　バック

○練習の行い方は様々あるが、生徒の実態に応じて素振りから始め、ネットを挟まず行ったり、シャトルを手で投げてもらい打ち返したりと段階的な練習に取り組ませる。また、実際の攻防では移動してのストローク技術も必要となるので、基礎的なステップ等も指導に加える。

本時案

基本的な技能を習得しよう②

本時の目標

基本的な技能であるサービスを活用し相手コートにシャトルを入れることができる。

評価のポイント

学習カードの技能確認表や実技書を活用し、技能の習得のために主体的に活動ができていたか。自己の課題を見付けることができたか。仲間にアドバイスしながら学習をしていたか。

中心活動における指導のポイント

point 教員の技能の説明に加え、学習カードの技能確認表や実技書を活用させ、ポイントを確認させながら練習を行う。

何ができて、何ができていないか、課題を見付けるためにも仲間のアドバイスやICT機器の活用が必須。

ポイントをしっかりおさえている生徒には周りにもわかるように声をかけ、価値付けし、見て学ぶ、聞いて学ぶ、教えて学ぶことにつなげる。

本時の展開

	時	生徒の学習活動と指導上の留意点
はじめ	3分	**集合・あいさつ・健康観察** ○出席番号順に整列し、元気よく挨拶をする。 ○自身の健康、仲間の健康をチェックする。 ○学習カードの配付
学習内容の説明・準備	10分	**本時の学習内容の説明** ○本時で学習する内容の確認をする。 ○用具準備 ○準備運動・技能ドリルの実施
基本的技能の練習・課題発見	30分	**サービスの練習 ◀1** （最初の一打は）ゲームを開始するために相手コートに入れるための技術ということを知る。 サービス時のフォルトを知る。 (1)**フォアハンドサービス（ショート・ロング）** (2)**バックハンドサービス** ○2人組をつくり行う（余りが出た場合は3人でも可）。 ○技能のポイントを確認しながら行う。 ○周りとの距離やラケットを扱う際に気を付ける。 ○フォルトに気を付ける。
片付け整理運動健康観察	2分	安全かつ素早く片付けをする。 手、足など運動で使ったところをゆったりとほぐす。 自身や仲間の健康をチェックする。
まとめ	5分	**クラス全体で本時の学習について振り返る** ○本時の学習を振り返る、学習カードの記入・回収 ○仲間のよい取組を挙げる。 ○次時の学習予定を知る。

1 サービスの練習

　サービスとはゲームを始める際に行う最初の一打で、相手コートに入れるための技術である。いくつかの反則（フォルト）があるため、そこを説明し、反則のないように打てることも大事。

(1)フォアハンドサービス（ショート・ロング）

ショート　　　　　　　　　　　　　　　　**ロング**

(2)バックハンドサービス

バックハンド

※シャトルの持ち方

羽根の先をつまむようにして
垂直に持つ。

○サービスのフォルトで多いのが、ラインを踏むこと、シャトルの高さ（115cm）、コルクではなく羽根を打った時などで、技能を習得する際にも意識させる。

○練習の行い方は様々あるが、生徒の実態に応じて素振りから始め、ネットを挟まず行ったり、シャトルを手で投げてもらい打ち返したりと段階的な練習に取り組ませる。また、シャトルを落とす場所の区域を設けたり、輪などのターゲットを置いたり、ゲーム感覚で楽しみながら練習するなどの工夫があるとよい。

1 運動やスポーツの意義や効果と学び方や安全な行い方

2 体ほぐし運動、体の動きを高める運動

3 陸上競技　走り高跳び

4 生活習慣病などの予防

5 ネット型：バドミントン

6 喫煙、飲酒、薬物乱用と健康

本時案

基本的な技能を
習得しよう③

本時の目標

基本的な技能であるクリアー・スマッシュを活用し相手コートにシャトルを入れることができる。

評価のポイント

学習カードの技能確認表や実技書を活用し、技能の習得のために主体的に活動ができていたか。自己の課題を見付けることができたか。仲間にアドバイスしながら学習をしていたか。

中心活動における指導のポイント

point 教員の技能の説明に加え、学習カードの技能確認表や実技書を活用させ、ポイントを確認させながら練習を行う。

何ができて、何ができていないか、課題を見付けるためにも仲間のアドバイスやICT機器の活用が必須。

ポイントをしっかりおさえている生徒には周りにもわかるように声をかけ、価値付けし、見て学ぶ、聞いて学ぶ、教えて学ぶことにつなげる。

本時の展開

	時	生徒の学習活動と指導上の留意点
はじめ	3分	**集合・あいさつ・健康観察** ○出席番号順に整列し、元気よく挨拶をする。 ○自身の健康、仲間の健康をチェックする。 ○学習カードの配付
学習内容の説明・準備	10分	**本時の学習内容の説明** ○本時で学習する内容の確認をする ○用具準備 ○準備運動・技能ドリルの実施
基本的技能の練習・課題発見	30分	**クリアーとスマッシュの練習** ◀**1** クリアーは、主に守備のために使用する打ち方で、相手コートの奥に高い打球を返すための技術であることを知る。 スマッシュは、相手コートに得点するための返球をするための技術で、強く速い返球をすることができることを知る。 ○2～3人組をつくり行う。 ○技能のポイントを確認しながら行う。 ○ラケットを扱う際に周りとの接触や事故に気を付ける。
片付け 整理運動 健康観察	2分	安全かつ素早く片付けをする。 手、足など運動で使ったところをゆったりとほぐす。 自身や仲間の健康をチェックする。
まとめ	5分	**クラス全体で本時の学習について振り返る** ○本時の学習を振り返る、学習カードの記入・回収 ○仲間のよい取組を挙げる。 ○次時の学習予定を知る。

1
運動やスポーツの意義や効果と学び方や安全な行い方

2
体ほぐし運動、体の動きを高める運動

3
陸上競技　走り高跳び

4
生活習慣病などの予防

5
ネット型：バドミントン

6
喫煙、飲酒、薬物乱用と健康

1 クリアーとスマッシュの練習

　クリアーは、守備のために使用する打ち方で、相手コートの奥に高い打球を返すための技術である。シザースやサイドオンといった足の入れ替えがある。

　スマッシュは、高い打点から打ち返し、相手コートに強く速い返球をするための技術である。

⑴クリアー（シザース・サイドオン）

⑵スマッシュ

○クリアーの課題で多いのが、シャトルが奥まで飛ばないということである。原因は打点が前すぎたり、パワーの伝え方がうまくいっていなかったりなどがある。また、スマッシュの課題では、強く打てない、打球が高くなりシャトルがライン外に出てしまうということが多い。原因は、半身でテークバックができていない、前腕を内側にひねる回内運動が不十分なことが多い。そのポイントをはじめにおさえさせ練習させる必要がある。

○それぞれの軌道と打ち方の目的を知る必要があり、状況に応じてどの技術を使用すればよいかを考えさせ選択させる。

　　・追い込まれたり、体勢が悪いとき：ハイクリアー
　　・高い位置から威力のあるショットを打つとき：スマッシュ

本時案

オリエンテーション②

中心活動における指導のポイント

point 2〜4時間の授業を振り返り、目標を設定させる際に、単元を通して、自分はどのような学習をしていくかを考えさせることが必要である。そのためには、学習カードに提示してある、単元計画や評価規準、動きのポイントを確認させることと、現時点の自己分析と仲間からアドバイス（相互評価）をもらい、学習の見通しをもたせる。

本時の目標

自己のねらい（目標）を設定し、学習計画を作成する。

評価のポイント

課題発見活動の振り返りを行い、自己評価ができていたか。また、学習カードに提示されている評価規準や動きのポイントを参考にして、学習の整理ができていたか。

本時の展開

	時	生徒の学習活動と指導上の留意点
はじめ	3分	**集合・あいさつ・健康観察** ○出席番号順に整列し、元気よく挨拶をする。 ○自身の健康、仲間の健康をチェックする。 ○学習カードの配付
技能の課題分析目標設定	25分	**自己のねらい（目標）の設定** 課題発見の活動を振り返り、課題を見つけ、単元を通しての目標を設定し、学習カードに記入 ○学習カードの学習への取組の自己評価を行う。 ○学習カードの技能確認表のチェックを行う。 ○ペアやグループで相互評価を行う。 ○単元計画等を確認し、学習計画を立てる。 ○資料を整理し、目標を設定する。
学習内容の説明・準備	15分	**課題解決学習の説明** ○単元後半の学習方法の確認をする。 ○次回以降の学習カードの記入の仕方を知る。
健康観察	2分	自身や仲間の健康をチェックする。
まとめ	5分	**クラス全体で本時の学習について振り返る** ○本時の学習を振り返る。 ○次時の学習予定を知る。 ○学習カードの回収

学習カード ⬇

組　　番　　名前

時間	今日のめあて	努力したこと　工夫したこと	めあての実現状況　発見した新たな課題
	①	②	③

①：自己のねらい（目標）達成のための1時間のめあてを設定し記入する。

②：めあてを実現するために努力したこと、工夫したことを具体的に記入する。

③：活動の中で、今回設定しためあてが実現できたのかどうか、その中で発見した課題を記入させる。そして、次回のめあてを設定し、そのサイクルで生徒自身が状況を把握し、ねらいの達成に向けて課題解決学習ができるように指導する。また、なるべく簡潔に記入するように指導する。

※単元末にできるようにしたいことを自己のねらい（目標）とし、そのねらいの達成のために毎時間のめあてを設定し、その実現を目指す中で課題を見付け解決していくという学び方を生徒に理解させる。

※学習カードを有効活用し、仲間と協働して学習できるように説明する必要がある。自分の姿は自分では見ることが難しく仲間の援助が必要であり、お互いに分析し合うことで、よりよい学習にする。

※口頭での説明だけでなく、カードの書き方・カードの必要性などの説明書を生徒に配付してもよい。

1 運動やスポーツの意義や効果と学び方や安全な行い方

2 体ほぐし運動、体の動きを高める運動

3 陸上競技　走り高跳び

4 生活習慣病などの予防

5 ネット型：バドミントン

6 喫煙、飲酒、薬物乱用と健康

本時案

ねらい実現のための 活動①

本時の目標

自己のねらい（目標）実現のためにめあてを
設定し、課題解決に取り組む。

評価のポイント

本時のめあてを達成するために、課題に向け
た取組の中で、練習を工夫したりしていたか。
自己分析をし、課題の解決や新たな課題を発見
できたか。

中心活動における指導のポイント

point 自己のねらい（目標）を実現する
ために、今の自分が行うべき取組を理解
し、練習方法や場の工夫を行わせる。答え
を教えるのではなく、引き出す声かけが必
要。「こうするべき！」ではなく「どうす
るべきか？」と問いかけ、考えさせ、取り
組ませて、その方法が課題解決に向けて有
効かどうかを自ら思考し判断しながら、工
夫して取り組めるようにし、学習に向かわ
せる。

本時の展開

	時	生徒の学習活動と指導上の留意点
はじめ	3分	**集合・あいさつ・健康観察・本時のめあての確認** ○出席番号順に整列し、元気よく挨拶をする。 ○自身の健康、仲間の健康をチェックする。 ○学習カードを配付し本時のめあてを確認する。
準備・技能ドリル	7分	○安全に素早く準備をする。 ○ポイントをおさえながら技能ドリルを行う。
課題解決のための学習	30分	**ねらい実現のための課題解決学習** ◀**1** ○学習カード・実技書・ICT機器などを使用し、工夫した取組をする。 ○グループやペア同士でアドバイス活動を行い相互評価する。
片付け・学習カード記入・まとめ	10分	○安全に素早く片付けをする。 ○学習カードの記入（自己評価・相互評価・振り返り・次時のめあて設定など）・回収 ○自身の健康、仲間の健康をチェックする。 ○整理運動を行う。 ○出席番号順に整列し、元気よく挨拶をする。

1 運動やスポーツの意義や効果と学び方や安全な行い方

2 体ほぐし運動、体の動きを高める運動

3 陸上競技 走り高跳び

4 生活習慣病などの予防

5 ネット型：バドミントン

6 喫煙、飲酒、薬物乱用と健康

1 ねらい実現のための課題解決学習

○指導の工夫（生徒が主体的に学習を進められるような工夫）
・ICT を活用し、前回の振り返りを行ったり、見本の動画を見たりすることで課題を見付けやすくする。
・動画の使用で、すぐに自分や仲間の動きを確認することができ、失敗の原因や新たな課題を発見することに役立たせる。
・動画を撮る位置により、見え隠れする動きがあることに気付かせる。
・動画を確認しながら、課題について話し合わせる。
・運動時間 > 分析時間が効果的とは限らない。
・ラケットの面の課題・体の使い方の課題が多いことに気付かせる。
・一時的なメモや文字化できるような大きいホワイトボードを用意する。
・メモや文字化したものを ICT 機器に残す。
・話し合っていた内容で良かったものはまとめの時間で共有する。

○練習の工夫
【共通】
・素振りでフォームの確認
・短い距離でのラリー
・シャトルを手で投げてラケットで打ち返す。
・ハーフコート・クロスコートでのゲーム
・フットワークによる足運び・素早く定位置（ホームポジション）に戻る。
・シャトル投げ（フットワーク・オーバーヘッドストロークの動き）
・２対１のゲーム
【サービス】
・ネットの上にゴム紐（ショート）
・マーカーや輪などをコートに置いて狙い所を設置（ショート・ロング）
【クリアー・スマッシュ】
・シャトルキャッチ（フットワークやラケットを持たない手の動きを覚える）
・ネット前スマッシュ（ネットの前でスマッシュの練習）
・前後に動いて打つ。
・左右に動いて打つ。
・ハイクリアーのラリーゲーム
・スマッシュとリターンのラリーゲーム

○場の設定
・コートの数が少ない場合、ネットとネットの間に簡易ネットやテープ等を張る。
・人数が多い場合は練習時間や回数に制限を設け、密による事故やけがを防ぐ。
・シャトルや ICT 機器、実技書等の置き場所を指示する。

本時案

ゲームの行い方・目標達成状況確認

本時の目標

ルールやゲームの行い方を知り、習得した技能をゲームで活用する。

評価のポイント

ルールや試合の進め方を理解していたか。

学習によって習得した技能をゲーム内で活用ができたか。

ゲームの中で新たな課題を発見できたか。

中心活動における指導のポイント

point　バドミントンのルールやゲームの行い方をしっかり説明する。生徒が主体的にゲームを進められるよう、審判法も指導する。これまで行ってきた学習で習得した技能がゲームで生かすことができ、得点につなげられるとバドミントンの楽しさを味わうことができる。また、仲間の挑戦を応援したり、アドバイスしたりとゲームを行う上での雰囲気づくりも大切である。

本時の展開

	時	生徒の学習活動と指導上の留意点
はじめ	3分	**集合・あいさつ・健康観察・本時のめあての確認** ○出席番号順に整列し、元気よく挨拶をする。 ○自身の健康、仲間の健康をチェックする。 ○学習カードを配付し本時のめあてを確認する。
準備・技能ドリル	7分	○安全に素早く準備をする。 ○ポイントをおさえながら技能ドリルを行う。
ルール・試合の進め方	10分	**ルールや試合の進め方を学習する** 1 ○得点とサービス権　　○サービス時のフォルト ○プレイ時のフォルト　　○サーバーの位置やコートのルール ○審判法　　　　　　　○試合の順番等
目標達成確認のためのゲーム	20分	**学習した内容を試すゲーム** ○シングルスで5点マッチのミニゲームを行う。 ○対戦相手はグループ内のメンバーの総当たりで行う。 ○審判は試合をしていないメンバーで行う。 2 ○学習した内容をゲームで活用する。
片付け・学習カード記入・まとめ	10分	○安全に素早く片付けをする。 ○学習カードの記入（自己評価・相互評価・振り返り・次時のめあて設定など）・回収 ○自身の健康、仲間の健康をチェックする。 ○整理運動を行う。 ○出席番号順に整列し、元気よく挨拶をする。

1 運動やスポーツの意義や効果と学び方や安全な行い方

2 体ほぐし運動、体の動きを高める運動

3 陸上競技　走り高跳び

4 生活習慣病などの予防

5 ネット型：バドミントン

6 喫煙、飲酒、薬物乱用と健康

1　ルールや試合の進め方

①シングルスは左下の図の青線内がインのエリア。

②シングルスのサービス時のインのエリアは右下の図の青線のエリア。

③サービスを打つ側の得点が偶数の場合は右側、奇数は左側から打つ

シングルスのコート（イン）

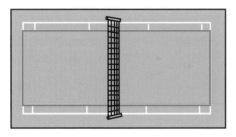

サービスエリア

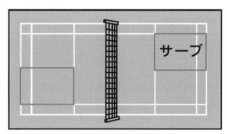

2　ジャッジの仕方

ライン上にシャトルが落ちている

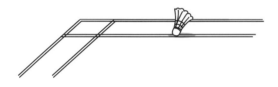

インのときのジャッジのジェスチャー

シャトルコックがラインの上に少しでもかかっていたらインとなる。

インの時のジャッジは腕を前に伸ばすジェスチャーをする。

ラインの外にシャトルが落ちている

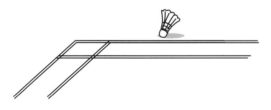

アウトのときのジャッジのジェスチャー

シャトルがラインにかからず、コートの外に落ちた場合はアウトになる。

アウトの時のジャッジは両腕を横に伸ばすジェスチャーをする。

※ルールやゲームの進め方を指導する際、以上のような掲示物やルール説明カードなどの視覚的な準備が必要。また、ゲームを行う中で技能面はもちろんのこと、ルールや審判法の知識についても自主的に確認ができるような資料があるとよい。

本時案

ねらい実現のための
活動②・まとめ

11-12/12

本時の目標

習得した技能をゲームで活用する。

評価のポイント

学習によって習得した技能をゲーム内で活用ができたか。

ゲームの中で新たな課題を発見できたか。
ルールや試合の進め方を理解したか。

中心活動における指導のポイント

point ゲームを通して新たな課題を発見し、さらに学習を深めていけるよう、ゲーム後に勝ち負けの結果だけで終了することのないように指導し、次時や次年度の学習につなげる。

第12時は、ねらいの実現状況の確認や自己評価、相互評価を行い単元の学習を振り返り、単元のまとめをする。

本時の展開

	時	生徒の学習活動と指導上の留意点
はじめ	3分	**集合・あいさつ・健康観察・本時のめあての確認** ○出席番号順に整列し、元気よく挨拶をする。 ○自身の健康、仲間の健康をチェックする。 ○学習カードを配付し、本時のめあてを確認する。
準備・技能ドリル	7分	○安全に素早く準備をする。 ○ポイントをおさえながら技能ドリルを行う。
課題解決のための学習	10分	**ねらい実現のための課題解決学習** ○学習カード・実技書・ICT機器などを使用し、工夫した取組をする。 ○グループやペア同士でアドバイス活動を行い相互評価する。 ○ゲームの中での課題を発見・分析する。
目標達成確認のためのゲーム	20分	**学習した内容を試すゲーム** ○シングルスで5〜10点マッチのミニゲームを行う。 ○対戦相手はグループ内のメンバーの総当たりで行う。 ○審判は試合をしていないメンバーで行う。 ○学習した内容をゲームで活用する。
片付け・学習カード記入・まとめ	10分	○安全に素早く片付けをする。 ○学習カードの記入（自己評価・相互評価・振り返り・次時のめあて設定など）・回収。 ○自身の健康、仲間の健康をチェックする。 ○整理運動を行う。 ○出席番号順に整列し、元気よく挨拶をする。 ○単元のまとめを行う（第12時）。

まとめについて

○1　単元を振り返り、めあての実現状況の確認、学習の自己評価・相互評価を行い、学習カードに記入する。また表紙の部分（第1時に掲載）にある、【授業を通して学習した楽しさや喜び】と【バドミントンで高まる体力】も記入させ、バドミントンの楽しさや喜び、高まる体力を理解させる（記入後、生徒に発表させて共有するとよい）。

○2　指導と評価の一体化を図るために、単元ごとの評価（A〜C）を下の図（単元振り返りカード）を使用し生徒に提示する。次の単元や次年度につながる振り返りを行う。
①下の図の自己評価の部分を記入させ一度回収。
②授業者評価とコメントを教師側が記入し、次の時間に返却。
③評価を確認させ、最後に振り返りを記入し終了。

単元名　【　　　　　　　　　　　】　　　　　　学習カード⬇

	知識・技能	思考・判断・表現	主体的に学習に取り組む態度
自己評価			
授業者評価			
授業者コメント			
振り返り			

保健体育

単元振り返りカード

年　　組　　番　名前

評価について

【知識・技能】
運動の合理的な実践を通して、運動の楽しさや喜びを味わい、運動を豊かに実践することができるようにするため、運動、体力の必要性について理解するとともに、基本的な技能を身に付けるようにする。

【思考・判断・表現】
運動についての自己の課題を発見し、合理的な解決に向けて思考し判断するとともに、自己や仲間の考えたことを他者に伝える力を養う。

【主体的に学習に取り組む態度】
運動における競争や協働の経験を通して、公正に取り組む、互いに協力する、自己の役割を果たす、一人一人の違いを認めようとするなどの意欲を育てるとともに、健康・安全に留意し、自己の最善を尽くして運動をする態度を養う。

★各種目の目標や評価規準は、オリエンテーション資料に掲載してます。
★十分満足できるものはA、おおむね満足できるものはB、努力を要するものをCとし、A〜Cの三段階で評価します。評定の判定は各単元で判定したものをまとめて判定します。

評価から評定

①	②	③	合計	評定
A⁺	A⁺	A⁺	5+5+5	15	5
A	A⁺	A⁺	4+5+5	14	5
A	A	A⁺	4+4+5	13	4
A	A	A	4+4+4	12	4
B	A	A	3+4+4	11	4
B	B	A	3+3+4	10	3
B	B	B	3+3+3	9	3
C⁺	B	B	2+3+3	8	3
C⁺	C⁺	B	2+2+3	7	2
C⁺	C⁺	C⁺	2+2+2	6	2
C	C⁺	C⁺	1+2+2	5	2
C	C	C⁺	1+1+2	4	1
C	C	C	1+1+1	3	1

観点別評価の出し方（偶数の場合）

A	A	A	A	B	B	B	B	C	C
A	A	A	B	B	B	B	C	C	C
A	A	B	B	B	B	C	C	C	C
A	B	B	B	B	C	C	C	C	C
↓	↓	↓	↓	↓	↓	↓	↓	↓	↓
A⁺	A	A	B	B	B	C⁺	C	C	C

観点別評価の出し方（奇数の場合）

A	A	A	A	A	B	B	B	B	B
A	A	A	A	B	B	B	B	C	C
A	A	B	B	B	B	B	C	C	C
A	B	B	B	C	C	C	C	C	C
↓	↓	↓	↓	↓	↓	↓	↓	↓	↓
A⁺	A	B	B	B	B	C⁺	C⁺	C	C

1　運動やスポーツの意義や効果と学び方や安全な行い方

2　体ほぐし運動、体の動きを高める運動

3　陸上競技　走り高跳び

4　生活習慣病などの予防

5　ネット型・バドミントン

6　喫煙、飲酒、薬物乱用と健康

保健

6 喫煙、飲酒、薬物乱用と健康

（ 4 時間 ）

単元の目標

(1)喫煙、飲酒、薬物乱用と健康について、理解することができるようにする。

知識及び技能

単元計画（指導と評価の計画）

1 時	2 時
喫煙による健康への影響を理解する。 喫煙と健康について、疾病等にかかるリスクを軽減し健康の保持増進をする方法を選択する。	飲酒による健康への影響を理解する。 飲酒と健康について、課題の解決方法とそれを選択した理由などを筋道を立てて伝え合う。
1　喫煙は身体へどのような影響があるだろうか [主な学習活動] ○たばこについて知っていることをブレインストーミングする。 ○喫煙による身体への影響について知る。 ○未成年者の喫煙が禁止されている理由を考える。 ○喫煙と健康についてまとめる。	**2　飲酒は身体へどのような影響があるだろうか** [主な学習活動] ○飲酒による自他への影響についてグループで考える。 ○飲酒による身体への影響について知る。 ○未成年者の飲酒が禁止されている理由を考える。 ○飲酒と健康についてまとめる。
[評価計画] 知・技① 思①	[評価計画] 知・技② 思②

単元の評価規準

知識・技能	
①喫煙については、たばこの煙の中には有害物質が含まれていること、それらの作用により、様々な急性影響が現れること、常習的な喫煙により、様々な疾病を起こしやすくなることや、未成年者の喫煙については、身体に大きな影響を及ぼし、依存症になりやすいことについて、理解したことを言ったり書いたりしている。 ②飲酒については、酒の主成分が中枢神経の働きを低下させること、急激に大量の飲酒をすると急性中毒を起こすこともあること、常習的な飲酒により、様々な疾病を起こしやすくなることや、未成年者の飲酒については、身体に大きな影響を及ぼし、依存症になりやすいことについて、理解したことを言ったり書いたりしている。	③薬物乱用は、摂取によって激しい急性の錯乱状態や急死などを引き起こすこと、薬物の連用により依存症状が現れ、中断すると様々な障害が起きること、個人の心身の健全な発育や人格の形成を阻害するだけでなく、暴力、非行、犯罪など家庭・学校・地域社会にも深刻な影響を及ぼすこともあることについて、理解したことを言ったり書いたりしている。 ④喫煙、飲酒、薬物乱用などの行為は、社会環境によって助長されること、それらに適切に対処する必要があることについて、理解したことを言ったり書いたりしている。

(2)喫煙、飲酒、薬物乱用と健康に関わる事象や情報から課題を発見し、疾病等のリスクを軽減したり、生活の質を高めたりすることなどと関連付けて解決方法を考え、適切な方法を選択し、それらを伝え合うことができるようにする。　　**思考力、判断力、表現力等**

(3)喫煙、飲酒、薬物乱用と健康について、自他の健康の保持増進についての学習に自主的に取り組もうとすることができるようにする。　　**学びに向かう力、人間性等**

3時	4時
薬物乱用による心身や社会への悪影響を理解する。 薬物乱用と健康について、自他の課題を発見する。	喫煙、飲酒、薬物乱用に適切に対処する必要があることを理解する。 喫煙、飲酒、薬物乱用と健康について、課題の解決に向けての学習に自主的に取り組む。
3　薬物乱用は心身や社会へどのような悪影響があるだろうか [主な学習活動] ○映像資料を視聴し、薬物乱用防止について考える。 ○薬物乱用は心身にどのような影響を及ぼすか知る。 ○薬物乱用が社会にも深刻な影響を及ぼすこともあることを知る。 ○薬物乱用と健康についてまとめる。	**4　どのような断り方があるだろうか** [主な学習活動] ○喫煙、飲酒、薬物乱用のきっかけについて考え、意見を出し合う。 ○喫煙、飲酒、薬物乱用の誘いに対して適切に対処する方法を考える。 ○喫煙、飲酒、薬物乱用と健康についてまとめる。 ○単元のまとめをする。
[評価計画] 知・技③ 思③	[評価計画] 知・技④ 態①

思考・判断・表現	主体的に学習に取り組む態度
①喫煙と健康について、習得した知識を自他の生活と比較したり、活用したりして、疾病等にかかるリスクを軽減し健康の保持増進をする方法を選択している。 ②飲酒と健康について、課題の解決方法とそれを選択した理由などを、他者と話し合ったり、ノートなどに記述したりして、筋道を立てて伝え合っている。 ③薬物乱用と健康について、保健に関わる原則や概念を基に整理したり、個人生活と関連付けたりして、自他の課題を発見している。	①喫煙、飲酒、薬物乱用と健康について、課題の解決に向けての学習に自主的に取り組もうとしている。

1　運動やスポーツの意義や効果と学び方や安全な行い方

2　体ほぐし運動、体の動きを高める運動

3　陸上競技　走り高跳び

4　生活習慣病などの予防

5　ネット型：バドミントン

6　喫煙、飲酒、薬物乱用と健康

喫煙は身体へどのような影響があるだろうか

本時の目標

たばこの煙の中には有害物質が含まれていることや、急性影響が現れること、また、常習的な喫煙により疾病を起こしやすくなることを理解することができるようにする。

喫煙と健康について、習得した知識を自他の生活と比較したり、活用したりして、疾病等にかかるリスクを軽減し健康の保持増進をする方法を選択できるようにする。

評価のポイント

喫煙による急性影響や常習的な喫煙による疾病について、発言やワークシートに書いている内容から、判断していく。また、未成年者の喫煙がなぜ禁止されているのか、科学的な根拠を示したり、具体例を挙げたりして説明できているか。

本時の板書のポイント

導入のブレインストーミングで出た意見を、「急性影響」と「慢性影響」に分けて板書することにより、「展開」で学習する内容につなげられるようにする。

本時の展開 ▷▷▷

1 「たばこ」について知っていることをブレインストーミングする

ワークシートに2分程度で、できるだけたくさんたばこについて知っていることを書き出して、既習事項も踏まえて全体で共有し、本時の目標「喫煙は身体へどのような影響があるだろうか」を設定する。

2 喫煙による身体への影響について知る

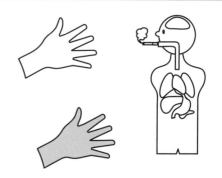

教科書等の資料を参考にして、「急性影響」と「慢性影響」についてワークシートに整理してまとめる。また、その原因となる有害物質についても理解できるようにする。

1 運動やスポーツの意義や効果と学び方や安全な行い方

2 体ほぐし運動、体の動きを高める運動

3 陸上競技 走り高跳び

4 生活習慣病などの予防

5 ネット型∷バドミントン

6 喫煙、飲酒、薬物乱用と健康

| 目標 | 喫煙は身体へどのような影響があるだろうか |

1. たばこについて知っていること
   - せき
   - 心臓への負担 } 急性影響
   - 肺がん
   - 心臓病 } 慢性影響

2. 身体への影響

   【急性影響】
   - 毛細血管の収縮
   - 心臓への負担
   - 運動能力の低下

   【慢性影響】
   - がん
   - 心臓病

   ニコチン
   - 依存性
   - 血管を収縮

   タール
   - がんの原因

   一酸化炭素
   - 酸素の運搬を妨害

3. なぜ20歳未満は喫煙が禁止されているのだろう
   - 肺がんによる死亡率が高くなる
   - 体の発育に悪影響がある

4. 本時の学習を振り返り、「喫煙者に対してのメッセージ」を考える

---

3 未成年者の喫煙が禁止されている理由を考える

◆肺がんによる死亡の割合と喫煙開始年齢の関係
（計画調査 1966〜78年 男）

相対危険度

5.5　4.4　3.6　1.7　1.8　1.0

喫煙開始年齢
15〜19　20〜24　25〜29　30〜34　35〜　非喫煙

［平山雄「予防ガン学」新宿書房　1980］

教科書のグラフ等から、なぜ、20歳未満は喫煙が禁止されているのか、本時に学習した知識を基に、考えたことをワークシートにまとめる。

4 喫煙と健康についてまとめる

喫煙者へのメッセージを考えましょう

本時の学習を振り返り、喫煙による喫煙者本人や周囲の人への影響について考え、「喫煙者に対してのメッセージ」をワークシートにまとめる。

飲酒は身体へどのような影響があるだろうか

本時の目標

　酒の主成分が中枢神経の働きを低下させ、急激に大量の飲酒をすると急性中毒を起こすことがあることや、常習的な飲酒により、疾病を起こしやすくなること、未成年者の飲酒については、身体に大きな影響を及ぼし、依存症になりやすいことを理解することができるようにする。

　飲酒について、アルコールによる身体への影響等の資料から、20歳未満の飲酒が禁止されている理由などを、他者と話し合ったり、ノートなどに記述したりして、筋道を立てて伝え合うことができるようにする。

本時の板書のポイント

- -

導入でグループで意見を出し合い、飲酒の影響について多面的に考えられるようにするとともに、「本人に関すること」と「周囲の人に関すること」に分けて板書することで、「まとめ」の学習活動で社会的な取組についても考えられるようにする。

評価のポイント

　飲酒により、中枢神経の働きが低下することや大量の飲酒による急性中毒、常習的な飲酒による疾病について、発言やワークシートに書いている内容から、判断していく。また、未成年者の飲酒がなぜ禁止されているのか、科学的根拠を示して、筋道を立てて説明できているか。

本時の展開 ▷▷▷

1 飲酒による自他への影響についてグループで考える

　グループで飲酒の影響について意見を出し合い、「本人への影響」だけでなく、「周囲の人への影響」についても確認することで、「アルコールの影響」について多面的に考えられるようにして、本時の目標「飲酒は身体へどのような影響があるだろうか」を設定する。

2 飲酒による身体への影響について知る

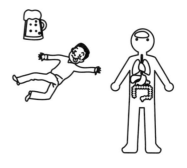

　教科書等の資料を参考にして、「アルコールの影響」と「長期にわたる飲酒の影響」についてワークシートに整理してまとめて、理解できるようにする。

1 運動やスポーツの意義や効果と学び方や安全な行い方

2 体ほぐし運動、体の動きを高める運動

3 陸上競技 走り高跳び

4 生活習慣病などの予防

5 ネット型：バドミントン

6 喫煙、飲酒、薬物乱用と健康

| 目標 | 飲酒は身体へどのような影響があるだろうか |

1. 飲酒の影響について

本人に関すること
・酔う
・歩けなくなる
・身体に悪い

周囲の人に関すること
・交通事故
・声が大きくなりうるさい

2. 身体への影響

アルコールの影響
・脳を麻ひさせる
・ふらふらする
　→思考・運動能力低下
　→転落、交通事故
・急性アルコール中毒

長期にわたる飲酒
・アルコール依存症
・肝臓（肝臓がん）
・脳（脳出血）
・胃（胃炎）
・腸（大腸がん）
・すい臓（すい炎）
　　　　　　など

3. なぜ20歳未満は飲酒が禁止されているのだろう

・飲酒開始年齢が早いほど、アルコール依存症になる割合が高くなる。

4. 本時の学習を振り返り、飲酒による周囲への影響について考えよう

3 未成年者の飲酒が禁止されている理由を考える

　教科書のグラフ等から、なぜ、20歳未満は飲酒が禁止されているのか、本時に学習した知識を基に、考えたことをワークシートにまとめ、グループで考えを交流する。

4 飲酒と健康についてまとめる

転落事故を防ぐために駅のホームではどのような工夫がされているでしょうか？

　本時の学習を振り返り、「わかったこと」と「考えたこと・気付いたこと」について、自分の言葉でワークシートにまとめるとともに、転落事故などの例から、社会的にどのような取組が行われているのかについて考え、ワークシートにまとめる。

薬物乱用は心身や社会へどのような悪影響があるだろうか

本時の板書のポイント

覚醒剤と大麻を取り上げ、心身への影響について理解できるようにする。また、社会への悪影響について、「家庭での問題」「学校での問題」「友人との問題」「犯罪」についてグループごとの意見を整理して板書することで、理解を深められるようにし、単元のまとめとなる次時の学習にもつなげられるようにする。

本時の目標

薬物乱用は、摂取によって幻覚を伴った激しい急性の錯乱状態や急死などを引き起こすこと、薬物の連用により依存症状が現れ、中断すると様々な障害が起きること、個人の心身の健全な発育や人格の形成を阻害するだけでなく、社会への適応能力や責任感の発達を妨げるため、暴力、非行、犯罪など家庭・学校・地域社会にも深刻な影響を及ぼすこともあることを理解することができるようにする。

薬物乱用と健康について、保健に関わる原則や概念を基に整理したり、個人生活と関連付けたりして、自他の課題を発見することができるようにする。

評価のポイント

薬物乱用によって、錯乱状態などを引き起こしたり、連用により依存症状や様々な障害が起きたりすることや、暴力、非行、犯罪など家庭・学校・地域社会にも影響があることについて、発言やワークシートに書いている内容から、判断していく。また、学習した知識を基にして、薬物の誘惑に対して自分の考えに理由を添えてまとめることができているか。

本時の展開 ▷▷▷

1 映像資料を視聴し、薬物乱用防止について考える

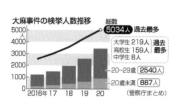

映像を通して、薬物乱用の危険性をイメージできるようにするとともに、薬物乱用に関する検挙者数のグラフ等から大麻による検挙者数が増加していることを確認し、本時の目標「薬物乱用は心身や社会へどのような悪影響があるだろうか」を設定する。

2 薬物乱用は心身にどのような影響を及ぼすか知る

教科書等の資料から、「覚せい剤」と「大麻」についてワークシートにまとめ、理解できるようにする。また、スポーツの競技力を高めるために医薬品等を目的外に使用する「ドーピング」も、健康に悪影響を及ぼすことについて触れる。

1 運動やスポーツの意義や効果と学び方や安全な行い方

2 体ほぐし運動、体の動きを高める運動

3 陸上競技 走り高跳び

4 生活習慣病などの予防

5 ネット型：バドミントン

6 喫煙、飲酒、薬物乱用と健康

目標 薬物乱用は心身や社会へどのような悪影響があるだろうか

1. 薬物乱用とは
・禁止されている薬物の使用→覚せい剤、大麻など
・医薬品を治療目的以外に使用→ドーピングなど
・慢性中毒になり人格に異常をきたす
・大麻の検挙者数が増加している

2. 薬物乱用の身体への影響

覚せい剤
・気分が高まり、疲労がとれたように感じる
・薬が切れると、疲労感、けん怠感がある

大麻
・幻覚や妄想が現れる
・無気力になる
・生殖機能の低下、月経異常を引き起こす

3. 社会への悪影響

家庭での問題
・生活の乱れ、暴力、崩壊

友人との問題
・けんか、孤立、薬物乱用仲間の形成

学校での問題
・欠席、学習不適応、暴力

犯罪
・恐喝、窃盗、凶悪犯罪

4. 本時の学習を振り返り、薬物の誘惑への対処について考えよう

3 薬物乱用が社会にも深刻な影響を及ぼすこともあることを知る

「家庭での問題」「学校での問題」「友人との問題」「犯罪」など、様々な問題を引き起こすことをおさえ、どのような悪影響があるかワークシートにまとめ、その後グループ内で意見を発表する。その際、前時に学習した「飲酒による周囲への影響」と関連付けて考えられるようにする。

4 薬物乱用と健康についてまとめる

転落事故を防ぐために駅のホームではどのような工夫がされているでしょうか？

本時の学習を振り返り、「薬物の誘惑があったときに適切に対処すること」について、自分の言葉でワークシートにまとめ、単元のまとめとなる次時の学習につなげられるようにする。

どのような断り方が あるだろうか

本時の目標

　喫煙、飲酒、薬物乱用などの行為は、社会環境によって助長されること、それらに適切に対処する必要があることを理解することができるようにする。

　喫煙、飲酒、薬物乱用と健康について、課題の解決に向けての学習に自主的に取り組もうとしている。

評価のポイント

　喫煙、飲酒、薬物乱用などの行為は、好奇心、なげやりな気持ち、過度のストレスなどの心理状態、断りにくい人間関係、宣伝・広告や入手しやすさなどによって助長されることや、それらに適切に対処する必要があることについて、発言やワークシートに書いている内容から、判断していく。また、学習活動に自主的に取り組もうとしている状況を観察し、判断していく。

本時の板書のポイント

導入で喫煙、飲酒、薬物乱用のきっかけとなる様々な背景を考え、出た意見を板書することにより、課題を自分事として捉えることができるようにし、グループ活動やまとめの学習活動に自主的に取り組むことができるようにする。

本時の展開 ▷▷▷

1 喫煙、飲酒、薬物乱用のきっかけについて考え、意見を出し合う

　きっかけとなる背景を考えて、意見を出し合うことで、きっかけには様々な場面があることを確認し、本時の目標「どのような断り方があるだろうか」を設定する。

2 喫煙、飲酒、薬物乱用の誘いに対して適切に対処する方法を考える

　シナリオから、その場面をイメージして「断りのセリフ」を考え、ワークシートに記入する。グループ内で発表し合うことで、様々なセリフがあることを確認し、より適切な断り方について、思考を深められるようにする。

1 運動やスポーツの意義や効果と学び方や安全な行い方

2 体ほぐし運動、体の動きを高める運動

3 陸上競技 走り高跳び

4 生活習慣病などの予防

5 ネット型：：バドミントン

6 喫煙、飲酒、薬物乱用と健康

目標 どのような断り方があるだろうか

1. 喫煙、飲酒、薬物乱用のきっかけ

・年上の人から誘われたとき

・ストレスがあるときに勧められたとき

・気持ちが不安定になっているとき

・仲の良い人から誘われて興味をもったとき

3. 本時の学習を振り返り、将来の
　自分へ手紙を書こう

・どんな誘いがあっても、薬物乱用は取り返しがつかないことになってしまうから、勇気をもって断ってください。

・20歳を過ぎたらお酒を飲んでもいいけど、病気の原因になるからほどほどにしてください。

2. 勇気をもって断ろう

> シナリオ（飲酒編）
>
> これお酒だけどおいしいよ。一緒に飲もう！
> 私：＿＿＿＿＿＿＿＿＿＿＿
>
> 一杯ぐらいなら大丈夫だよ！
> 私：＿＿＿＿＿＿＿＿＿＿＿
>
> みんな飲んでいるよ、一人だけ飲まないの？
> 私：＿＿＿＿＿＿＿＿＿＿＿

---

3 喫煙、飲酒、薬物乱用と健康についてまとめる

　本時のまとめとして、学習した知識を活用して、将来の自分に対して、喫煙や飲酒、薬物乱用に適切に対処するように忠告をするための手紙を作成する。その際、導入で確認したきっかけとなる様々な場面を想起しながら考えられるようにする。

4 単元を通して学んだことを振り返る

単元のまとめをしましょう

　単元のまとめとして、4時間の学習を振り返り、喫煙、飲酒、薬物乱用に関する健康課題を解決するためには、どうしたらよいのかワークシートにまとめ、発表する。

7 水泳（平泳ぎ、バタフライ）

（10時間）

単元の目標

(1)水泳について、記録の向上や競争の楽しさや喜びを味わい、水泳の特性や成り立ち、技術の名称や行い方、その運動に関連して高まる体力などを理解するとともに、泳法を身に付けることができるようにする。

知識及び技能

単元計画（指導と評価の計画）

1時（導入）	2〜5時（展開①）
単元の学習の進め方、水泳の成り立ちを知り、既習の泳法（2泳法）を振り返る。	既習の泳法を高め、新たに取り組む泳法を身に付ける。
1　学習の見通しをもち、水泳の成り立ちを知ろう POINT：学習資料（ICT機器）・学習カードを用いて、水泳の成り立ちを知る。 **[主な学習活動]** ○集合・あいさつ等 ○オリエンテーション ・単元の目標や学習の道筋の確認 ・留意点（安全等）、バディチェックの仕方、ICT活用の方法等の確認 ○知識の学習（水泳の成り立ち） ○準備運動〜シャワー ○入水〜水慣れ、感覚づくり（け伸び、浮く・沈む動きなど） ○第1学年で取り組んだ泳法（2泳法）の復習をする。 ○退水からバディチェック ○学習の振り返り・学習カードに記入する。	**2〜5　より長く泳ぐ平泳ぎ・初めて学ぶバタフライの泳ぎ方のポイントを知ろう** POINT：技術や運動局面における動きを高めるためのポイントを、図や動画を用いて理解する。また、ペアを組んで互いの出来映えを確認しながら学習を進める。 **[主な学習活動]** ○集合・あいさつ等 ○本時の目標等の確認 ○役割を果たすことの大切さを知る。（第2時） ○動きのポイントを知る。 ○バディチェック〜準備運動〜シャワー ○入水〜水慣れ感覚づくり（浮く・沈む） ○平泳ぎ・バタフライのキック・プルに取り組む。 ○泳法のポイントを使って短い距離を泳ぐ。 ○退水からバディチェック ○学習の振り返り・学習カードに記入する。
[評価計画]　知①	[評価計画]　知②　技①〜③　思①　態②

単元の評価規準

知識・技能	
○知識 ①水泳は、近代オリンピック・パラリンピック競技大会において主要な競技として発展した成り立ちがあることについて、言ったり、書いたりしている。 ②水泳の各種目において用いられる技術の名称や運動局面の名称があり、それぞれの技術や局面で、動きを高めるための技術的なポイントがあることについて学習した具体例を挙げている。 ③水泳は、それぞれの種目で主として高まる体力要素が異なることについて、言ったり、書いたりしている。	○技能（泳法は平泳ぎの例） ①蹴り終わりで長く伸びるキックをすることができる。 ②肩より前で、両手で逆ハート形を描くように水をかくことができる。 ③プルのかき終わりに合わせて顔を水面上に出して息を吸い、キックの蹴り終わりに合わせて伸び（グライド）をとり進むことができる。 （ターン） ④両手で同時に壁にタッチし、膝を抱えるようにして体を反転し蹴り出すことができる。 ※他泳法の評価基準の内容は、学習指導要領解説の〈例示〉を参照

(2)泳法などの自己の課題を発見し、合理的な解決に向けて運動の取り組み方を工夫するとともに、自己の考えたことを他者に伝えることができるようにする。

思考力、判断力、表現力等

(3)水泳に積極的に取り組むとともに、勝敗などを認め、ルールやマナーを守ろうとすること、分担した役割を果たそうとすること、一人一人の違いに応じた課題や挑戦を認めようとすることなどや、水泳の事故防止に関する心得を遵守するなど健康・安全に気を配ることができるようにする。

学びに向かう力、人間性等

7
水泳
平泳ぎ・バタフライ

8
傷害の防止

9
ベースボール型 :: ソフトボール

10
創作ダンス

11
フォークダンス

12
長距離走

13
ゴール型 :: ハンドボール

6～8時（展開②）	9～10時（まとめ）
お互いの泳法を観察し、自己や仲間の課題を解決する。	自己に適した泳法、行い方で簡易な記録会を行う。

| **6～8　選択した泳法で仲間と自分の課題を解決しよう**
POINT：課題解決に向けて、同じ泳法で同じ課題に取り組む仲間（バディやトリオ）と協力して動きを観察・助言し合う。
[主な学習活動]
○集合・あいさつ等・本時の目標等の確認
○学習カードに記入した課題を基に、練習方法を選び、同じ課題の生徒とバディやトリオを組む。（第6時）
○課題解決方法・進め方を知る。（第6～8時）
○ターンの動きのポイントを知る。（第6時）
○2泳法で高まる体力要素を知る。（第6時）
○バディチェック～準備運動～シャワー
○入水～水慣れ、感覚づくり（浮く・沈む）
○お互いに動きを観察しアドバイスし合う。
○退水からバディチェック
○学習の振り返り・学習カードに記入する。 | **9～10　一人一人の違いに応じた挑戦の仕方で記録会を楽しもう**
POINT：平泳ぎは時間泳（最長3分）、バタフライは距離（最長50m）など、個人の目標に応じて記録に挑戦する。
[主な学習活動]
○集合・あいさつ等・本時の目標等の確認
○記録会の種目を選択する。
○種目別でグループ（トリオ）を編成する。
○ルールを知る。　○ルールやマナーについて考える。
○記録会の役割分担
○バディチェック～準備運動～シャワー
○入水～水慣れ、感覚づくり（浮く・沈む）
○記録会で取り組む泳法の選択・練習
○個人の目標に応じた記録会
○学習の振り返り・学習カードに記入する。
○単元のまとめをする。 |
| [評価計画]　知③　技④　思② | [評価計画]　思③　態①　総括的な評価 |

思考・判断・表現	主体的に学習に取り組む態度
①提示された動きのポイントやつまずきの事例を参考に、仲間の課題や出来映えを伝えている。 ②提供された練習方法から、自己の課題に応じて、泳法の習得に適した練習方法を選んでいる。 ③体力や技能の程度、性別等の違いを踏まえて、仲間とともに楽しむための練習や競争を行う方法を見付け、仲間に伝えている。	①勝敗などを認め、ルールやマナーを守ろうとしている。 ②用具等の準備や後片付け、計測などの分担した役割を果たそうとしている。

本時案

学習の見通しをもち、水泳の成り立ちを知ろう

1/10

本時の目標

単元の学習内容を把握し、既習の学習（安全面・2泳法）を振り返る。

水泳の成り立ちを理解できるようにする。

評価のポイント

水泳の成り立ち（知識）について、学習カードで評価する。技能については、初回授業のため評定につながる記録に残す評価の設定はないが、現在の泳力を把握できるようにする。

中心活動における指導のポイント

point オリエンテーションでは、単元終末の記録会を目指し、「自分の挑戦を楽しもう！」を単元のテーマとして取り組む雰囲気づくりを工夫する。さらに、既習の学習を振り返り、安全面の留意点やICT機器を活用する場合はその使用方法についても確認する。

知識の学習は、学習資料やICT機器を活用して水泳の歴史について調べ学習を設定するなども考えられる。活動が進んでいない生徒には、キーワードを用いて助言を行い支援する。

本時の展開

	時	生徒の学習活動と指導上の留意点
はじめ オリエンテーション	5分	○集合して、あいさつ、点呼、健康観察をする。 ○単元の目標と学習の道筋を確認する。 ○安全面、学習の留意点を確認する。**1**
知識の学習	20分	○学習資料（ICT機器）を活用して、水泳の近代泳法の成り立ちについて知る。**2** ○オリンピック・パラリンピック競技大会において、主要な競技として発展してきたことを知る。 ※Wi-Fiを使用できれば、プールサイドで調べ学習も可能 　体育館やプールから近い教室等を活用するのもよい。
導入活動 水慣れ・感覚づくり	8分	○バディを確認する。 ○準備運動 ○シャワーを浴びて入水する。 ○ボビング、け伸び、いろいろな体勢で潜る、浮いた状態での体勢を変化させるなど（既習の運動） →体の力を抜いて、呼吸で浮く・沈むに取り組むように助言する。
力試し クロール・背泳ぎ	12分	既習の泳法を振り返る **3** ※クロール・背泳ぎを第1学年で選択した場合 ○クロール・スタートを含む ○背泳ぎ・スタートを含む →バディで、お互いの出来映えを確認する。タブレット等を使用してもよい。
まとめ	5分	○退水・バディチェック（人数確認・健康観察） ○よく使った部位をストレッチする。 ○ペア（バディ）で、出来映えを確認して本時を振り返る。

7 水泳 平泳ぎ・バタフライ

8 傷害の防止

9 ベースボール型：ソフトボール

10 創作ダンス

11 フォークダンス

12 長距離走

13 ゴール型：ハンドボール

1 単元を通した学習の留意点

○第1学年で学習した安全面の再確認をする。（バディシステムの確認等）

○ふざけて、人を押したり、用具等を投げたりしないこと。

○入水は、必ず足から入水すること。

○25m以上泳ぐレーンでは、右側通行で泳ぐこと。

○ICT機器を活用する場合には、体を拭いてから使用すること。

○見学者は、運動観察や仲間への助言など、積極的に学習に参加すること。

2 水泳の成り立ちを知ろう！

水泳の成り立ちについて、カードの（　）にキーワードから抜き出し記入する。

〈学習カード記入例〉（知識）　　　　　　　　　　　　　　　　　　　　**学習カード** ⬇

1時間目：水泳の歴史について、調べてみよう！

○**近代泳法（4泳法）が成り立つ以前はどのように泳いでいたのか？**
- （　① 平泳ぎ　）や横泳ぎで（　②顔を水につけない　）泳ぎが一般的だった。
- イギリス産業革命以後、（　③　護身用　）の泳ぎから近代泳法に変化していった。
- （　① 平泳ぎ　）や横泳ぎの（　④　記録　）を競う中で工夫された近代泳法が完成された。
- 4泳法の中では（　⑤バタフライ　）が最後に完成されたなど

○**水泳は、オリンピック・パラリンピックの何回大会から開催されているか？**
　近年の大会との違いはなにか？
- オリンピック・パラリンピック共に第（　①　1　）回から競技が行われていた。
- 最初は、海・川・湖で行われていた。プールでの開催は第（　②4回　）大会ロンドンから、50mプールでの開催は第（　③　8回　）パリ大会からであった。
- 第1回大会は（　④　自由形　）のみで開催された。

3 既習の泳法を振り返ろう！

第1学年で学習した2泳法（スタートを含む）を25m〜50mの距離で挑戦して自己評価や感想をカードに記入する。バディは、泳ぎを観察してよかった点を伝える。

〈学習カード記入例〉　　　　　　　　　　　　　　　　　　　　　　　**学習カード** ⬇

1限目：力試し（1年の振り返り）評価（◎・○・△）

	泳ぎ（　　m）	スタート	（　）さんからのアドバイス
例 クロール	◎　　　　　　（50m） ローリングの動きがうまくできた	○ 流線型の姿勢がとれた	（●●）さんから 横向きでの呼吸が上手だったよ！
クロール	（　　m）		
背泳ぎ	（　　m）		

本時案

泳ぎ方のポイントを 知ろう①

2-3/10

本時の目標

　ペアでお互いの泳ぎを観察・助言し合い、動きのポイントやつまずきを伝えることができる。

　平泳ぎの「長く伸びるキック」「逆ハート形のプル」「呼吸とグライド」の動きのポイントを理解できるようにする。

　準備や後片付け、計測などの役割を果たすことができるようにする。

評価のポイント

　ペアの動きを見て、仲間の課題や出来映えを伝えることができたか（思考・判断・表現）については学習カードで評価する。（第2時）平泳ぎの「長く伸びるキック」「逆ハート型のプル」「呼吸とグライド」の動き（技能）については観察により評価する。（第3時）

　役割を果たすことができたか（態度）については学習カードと観察により評価する。（第4時）

中心活動における指導のポイント

point　平泳ぎのキック・プル・コンビネーションの動きのポイントをペアでお互いの動きを見て、仲間に言葉や動作で伝えるように助言する。タブレット等を使用して動きをフィードバックしてもよい。

　動きの感覚がつかめていない生徒には、見本を繰り返し視聴して、陸上で動きを確認したり、ビート板等の用具を使用したりするように支援する。仲間に助言できでいない生徒には、良い見本と比較して、課題を見付けるように支援する。

本時の展開

	時	生徒の学習活動と指導上の留意点
はじめ	2分	○集合して、あいさつ、点呼、健康観察をする。 ○本時学習の目標と学習内容を確認する。 ○ペアで用具準備・後片付けなどの役割分担を決める。
導入活動 水慣れ・感覚づくり	8分	○バディを確認して、準備運動、シャワーを浴びて入水する。 ○け伸び、ボビング＋平泳ぎのプル、背浮き＋平泳ぎキックなど **1**
平泳ぎ ・キック ・プル ・コンビネーション	32分	○バディでお互いの課題を捉え、助言しながら、平泳ぎに取り組む **2** ○ペアで、キック・プルに取り組み、提示されたポイントと比較ながら、改善点を具体的に伝える。 　→動きを自分の目で確認できるようタブレットを使用してもよい。 ○コンビネーションで短い距離を泳ぐ。 　→泳ぎの映像を蓄積しておくとよい。
まとめ	8分	○退水・バディチェック（人数確認・健康観察） ○よく使った部位をストレッチする。 ○本時の学習を振り返る。 ○バディで、コンビネーションの出来映えを確認して、課題を学習カードへ記入する。 **3** 　→バディで課題を共有させ、次時の学習内容を予告する。

7
水泳
平泳ぎ・バタフライ

8
傷害の防止

9
ベースボール型：ソフトボール

10
創作ダンス

11
フォークダンス

12
長距離走

13
ゴール型：ハンドボール

1 水慣れ・感覚づくり

（第2〜3時　平泳ぎ）

・ボビング（前進）＋平泳ぎのプル　　　・背浮き＋平泳ぎキック

・ボビングで上がるタイミングで脇を
締めて呼吸する。

・背浮きの体勢で平泳ぎのキックを行う。手は蝶々のようにかいてもよい（エレメンタリーバックストローク）。

2 平泳ぎのポイント

○カエル足で蹴り、蹴り終わりで長く伸びたキックをする。
　①両足先をそろえて伸ばした状態から、両膝を引き寄せ、肩の幅に開き、足の
　　裏を上向きにしてかかとを尻の方へ引き寄せる。
　②けり始めは、親指を外向きにし、足の裏で水を後方に押し出し、水を挟むよ
　　うにして最後は両脚をそろえてける。
　③蹴り終わったら、伸びをとる。

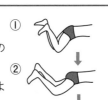
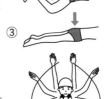

○肩より前で、両手で逆ハート形を描くように水をかく。
　①両手のひらを斜め外向きにして水を押し開きながら腕を曲げ、手のひらと前
　　腕を後方に向ける。
　②両肘が肩の横にきたら、両腕で内側後方に水を押し、胸の前でそろえる。

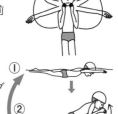

○プルのかき終わりと同時に息を吸い、キックの蹴り終わりに合わせて伸び（グ
　ライド）をとる。
　①かき終わりと同時に顔を前に上げ、呼吸する。
　②両手のひらを下向きにそろえ、腕の前、あごの下から水面と平行に前方へ出す。

3 自己の課題について仲間と振り返ろう！

　学習の最後に、自分の課題を記入し、仲間からアドバイスをもらう。
　タブレット等で泳ぎを記録して振り返りを行うと効果的である。

〈学習カード記入例〉（思考力・判断力・表現力）　　　　　　　　　学習カード⤓

課題について

	改　善　点	（　　　　）さんからのアドバイス
2時間目	例）プルを肩よりも後ろにかきすぎている	（●●）さん かき終わった手が今、胸ぐらいだから、顔ぐらいになるようにしたらいいと思う

泳ぎ方のポイントを知ろう②

4-5/10

本時の目標

　バタフライの「ドルフィンキック」「キーホールの形のプル」「２回キックのタイミング」「呼吸のタイミング」の動きのポイントを理解できるようにする。

　学習した２泳法について「技術のポイント」があることを理解できるようにする。

評価のポイント

　バタフライのストローク（技能）については観察により評価する。（第５時）

　学習した２泳法の「技術のポイント」を学習カードと観察により評価する。

中心活動における指導のポイント

point　バタフライのキック・プル・コンビネーションの動きのポイントを学習資料や掲示を使用して説明する。タブレット等を使用してもよい。

　新たに取り組む泳法のため、途中で立つなどが考えられる。活動には生徒同士の距離を十分とるように留意する。

　また、第４時には、２時間目に準備や後片付け及び計測などの役割分担を行い、役割を果たすことの大切さについて学習したことを果たそうとしているか、様相を観察し支援が必要な生徒には、再度助言する。

本時の展開

	時	生徒の学習活動と指導上の留意点
はじめ	2分	○集合して、あいさつ、点呼、健康観察をする。 ○本時学習の目標と学習内容を確認する。
導入活動 水慣れ・感覚づくり	8分	○バディを確認して、準備運動、シャワーを浴びて、入水する。 ○け伸び、ボビング＋バタフライのプル、イルカとびなど **1**
バタフライ ・キック ・プル ・コンビネーション	32分	○バディでお互いの課題を捉え、助言しながら、バタフライに取り組む。**2** ○ペアで、キック・プルに取り組み、提示されたポイントと比較ながら、改善点を具体的に伝える。**3** 　→ペアに分かりやすく伝えられるように、自分の動きを目で確認できるようタブレット等のICT機器を活用してもよい。 ○コンビネーションで短い距離を泳ぐ。 　→タブレット等を使用する場合は映像を蓄積しておく。
まとめ	8分	○退水・バディチェック（人数確認・健康観察） ○よく使った部位をストレッチする。 ○本時の学習を振り返る。 ○バディで、コンビネーションの出来映えを確認して、課題を学習カードへ記入する。

7
水泳
平泳ぎ・バタフライ

8
傷害の防止

9
ベースボール型…
ソフトボール

10
創作ダンス

11
フォークダンス

12
長距離走

13
ゴール型…ハンド
ボール

1 感覚づくり

・ボビング＋バタフライのプル

・ジャンプのタイミングで、呼吸し、両腕を回す。

・イルカとび

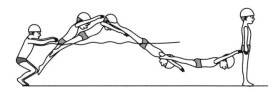

・水底を蹴って手先から入水し、うねりの感覚をつかむ。

2 バタフライの動きのポイント

○ドルフィンキックをする。
　①脚の幅は、親指が触れ合う程度、幅は、20〜40cm程度に動かす。
　②けり下ろし動作は、膝を柔らかく伸ばした脚を、太ももから力強く打ち、その反動で脚を伸ばして戻す。
○水中で手のひらが肩より前で、鍵穴（キーホール）の形を描くように水をかくこと。
　①手のひらを斜め外向き（45°程度）にして頭の前方、肩幅に手先を入水する。
　②入水後、水を押さえながら横に開き出し、腕を曲げ始める。
　③左右の手先は胸の下で接近させ、太ももに触れるまでかく。
　④腕は、肘から水面上に抜き上げ、手先が水面上を一直線に前方へ運ぶように戻す。
○呼吸とプルのかき終わりのタイミングをとる2キック目に口を水面上に出し息を吸うこと。
　①両腕を水面上に抜き上げる動作から、肩の横に戻すまでの間に呼吸する。
　②手先の入水時と腕が肩の下をかき進めるときに、脚のけりの動作を合わせる。

3 観察の工夫

　バディでプールサイドや、プールの中から仲間の泳ぎを観察して、動きを伝える。
　バタフライは、横と前からの観察が有効である。
　タブレット等を活用して、泳ぎを撮影して行うのも効果的である。

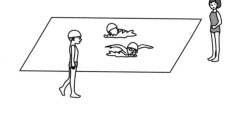

本時案

仲間とともに課題を解決しよう ⑥-⑧/⑩

本時の目標

　ターンの「体を反転し蹴る」動きのポイントを理解できるようにする。

　練習方法から、自己の課題に適した練習方法を選ぶことができるようにする。

　２泳法に関連して高まる体力要素を理解できるようにする。

評価のポイント

　関連して高まる体力（知識）については学習カードにより評価する。（第６時）

　練習方法の選択（思考・判断・表現）については学習カードと観察により評価する。（第７・８時）

　ターンの「体を反転し蹴る」（技能）については観察により評価する。（第８時）

中心活動における指導のポイント

point　本時案では、第１学年にスタートを学んでいるため、第２学年はターンを学ぶ。バタフライは、泳法を身に付けること、平泳ぎは、長く泳ぐことを目標にして、生徒自身に選択させる。

　同じ泳法を選択したトリオでお互いの動きをみて、自己の課題を捉えて、解決に向けた練習方法を選択し、コンビネーションにつなげるようにする。また、活動の中でターンも身に付けるように場の工夫を行う。課題解決に向けて、ICT機器を活用すると効果的である。

本時の展開　※時間配分（　）は第７〜８時

	時	生徒の学習活動と指導上の留意点
はじめ	10分（3分）	○集合して、あいさつ、点呼、健康観察をする。 ○本時学習の目標と学習内容を確認する。 ○選択泳法別にトリオを組む。**1**（第６時） ○課題解決の方法・進め方を知る。**2**（第６〜８時） ○ターンの動きのポイントを知る。**3**（第６時） ○平泳ぎ・バタフライで必要な体力要素を知る。（第６時）
導入活動感覚づくり	8分	○バディを確認し、準備運動、シャワーを浴びて入水する。 ○泳法へのつながりを意識して、運動を自分で選択する。
課題学習 バタフライ 平泳ぎ ターン	25分（32分）	○トリオで、練習方法を選択して平泳ぎ・バタフライのコンビネーション、ターンに取り組む。**4** ○トリオで、提示されたポイントと比較ながら、改善点を具体的に伝える。トリオにわかりやすく伝えられるように、タブレットを用いて動きを見せながらアドバイスを行うとよい。キック・プル・タイミング（息継ぎ）の視点から課題を捉え、改善に適した練習を選び取り組む。 ○コンビネーションで泳ぐ（25m〜50m）。 　→タブレット等を使用する場合は、泳ぎを映像で記録しておく。
まとめ	7分	○退水・バディチェック（人数確認・健康観察） ○よく使った部位をストレッチする。 ○本時の学習を振り返る。 ○トリオで、コンビネーションの出来映えを見て、助言する。 　→練習方法が適切であったかを自己評価と相互評価する。 　　学習カードへの記入内容と次時の学習内容を予告する。

7
水泳 平泳ぎ・バタフライ

8
傷害の防止

9
ベースボール型・ソフトボール

10
創作ダンス

11
フォークダンス

12
長距離走

13
ゴール型・ハンドボール

1 泳法別・課題別のグループ練習

同じ種目に挑戦する生徒同士でトリオまたはバディを組み、課題解決に向けた活動をする。チェックレーンは、短い距離に設定し、見学者がいれば分担して撮影できるようにする。また、時間帯によって、チェックレーンを増やすなど生徒の活動時間が多くなるように工夫する。

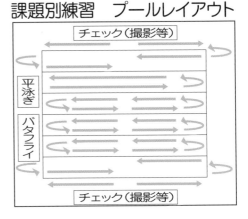

課題別練習　プールレイアウト

チェック（撮影等）

平泳ぎ

バタフライ

チェック（撮影等）

2 課題に応じた練習方法ができたか仲間と振り返ろう！（第6〜8時）

自己の課題に応じた練習方法を選んで、活動できたか自己評価し、仲間からアドバイスを受ける。
〈学習カード記入例〉 **学習カード⤓**
○練習方法について　評価（◎・○・△）

	改善点	練習方法	（　　　）さん からのアドバイス	評価
6時間目	バタフライ 呼吸のタイミング	4キック スイム	○○さん グライドのときにもっと手の力を抜くと4回目のキックのときに体が浮いて呼吸しやすいと思う。	○ タイミングはつかめた。連続してできるようにする。

3 ターンのポイント

○両手で同時に壁タッチし、膝を抱えるようにして体を反転し蹴り出す。
①片手を離して、膝を胸の方向に曲げて抱え込む。
②体を横にし、膝を抱え込むようにし、体の向きを変える。
③両足を壁に付けると同時に手を重ね、力強く壁を蹴り、ストリームライン姿勢をつくり、体をねじっておなかが下を向くようにする。

4 課題解決の練習方法

○まずは、自分の目で確認して、水中で補助者をつけて行うなど段階的に行うようにする。タブレット等を活用して泳ぎを確認すると効果的である。
〈キックに課題がある場合〉
　陸上キック・腰掛けキック・壁キック・板キックなど
〈プルに課題がある場合〉
　陸上プル・片手プル・プルブイを使用したプルなど
〈タイミング・呼吸・ターンに課題がある場合〉
　陸上で動作確認・タブレット等活用して見本と比較など

学習資料⤓

本時案

自分の挑戦の仕方で 記録会を楽しもう

9-10／10

本時の目標

仲間とともに楽しむための競争を行う方法を
見付け仲間に伝えることができるようにする。
ルールやマナーを守ることができるようにする。

評価のポイント

仲間とともに楽しむための記録会を行う方法
を見付け仲間に伝える（態度）については学習
ノートにより評価する。
ルールやマナーを守ることについては、観察
と学習ノートの記述により評価する。
最後の授業なので、総括的な評価を行う。

中心活動における指導のポイント

point 「自分の挑戦を楽しもう！」の単
元テーマのためには、体力や技能の程度、
性別の違いを踏まえて、みんなが楽しむこ
とが大切である。このことについて、話し
合う場を設定し、考えたルールやマナーを
記録会に生かすようにする。

これまでの学習を振り返り、自分の泳力
の伸びが実感できる時間を設定する。

次の学習につながるように、自分の挑戦
を楽しむことはできたか振り返り、「水泳
の特性、楽しさとは何か」と発問し、発表
して単元のまとめとする。

本時の展開　※できれば2時間つづきで活動する。

	時	生徒の学習活動と指導上の留意点
はじめ	15分	○集合して、あいさつ、点呼、健康観察をする。 ○本時学習の目標と学習内容を確認する。 ○記録会は、平泳ぎ2分間泳、3分間泳・バタフライ25m、50mから選択する。 ○同じ種目に挑戦する仲間で、トリオを組む。 ○ルールを知る。**1** ○みんなが楽しめるルールやマナーを考え、大切さを知る。**2** ○記録会の担当係を決める。
導入活動	3分	○準備運動 ○シャワーを浴びて、バディを確認して入水する。
記録会に向けた活動	15分	○トリオでそれぞれのコースで活動に取り組む。 ○撮影コースで泳ぎを確認しながら取り組む。
記録会	45分	○記録会を行う。 ○他グループのトリオと協力して運営を行う。
まとめ	22分	○退水・バディチェック（人数確認・健康観察） ○よく使った部位をストレッチする。 ○記録会の振り返りと単元のまとめを行う。**3**

1 実態に合わせたルールの工夫の例について

○平泳ぎ・バタフライのスタート（記録会での水中スタートの方法）
　笛の合図で水中に入り、「ヨーイ」の合図でスタートの姿勢をとり静止、出発の合図でスタートする（「ヨーイ」を「Take Your Marks」とすると正式な雰囲気がつくれる）。
○平泳ぎ・バタフライのターンやゴールのタッチは、正式ルールでは両手同時だが、片手タッチでも可とする。
○平泳ぎ：正式ルールでは両腕・両脚の動作は左右対称で同時に行わなければならず、あおり足も認められないが、一人一人の違いに応じた挑戦であれば可とする。
○バタフライ：正式ルールでは両腕のストロークやキックは同時に行わなければならず、バタ足や平泳ぎのキックは認められないが、一人一人の違いに応じた挑戦であれば可とする、など。

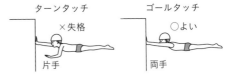

○違反行為
　・自分のレーンからはみ出してしまっても、他の泳者を妨害しなければ可とする。
　・正式ルールでは歩いて進んではいけないが、歩いても途中で棄権せずゴールしたことを認める、など。

2 みんなが楽しめるルールやマナーを考える

○多様な種目を選択できるようにする
　・平泳ぎ　2分間泳、3分間泳　　・バタフライ　25m＋ターン（記録は25m）、50m
○役割を工夫する（記録会の種目が同じ生徒同士でトリオを組む）
　・スターター、計時係、撮影係や実況・応援（盛り上げ）係なども取り入れる。
○楽しめるルールやマナーをトリオで話し合い、学習カードに記入する。支援が必要な生徒には、「する」「みる」「支える」の視点から考えるように助言する。

3 単元のまとめ

○記録会の振り返りを行う。
　・自分の目標を達成できたか学習カードに記入する。
　・映像を確認して感想を学習カードに記入する。
○単元はじめの泳ぎと記録会の泳ぎを比較する。
　・改善されたポイントを挙げてみる。
　・第6時〜8時を行ったバディやペアで改善されたポイントについて確認する。
○一人一人、自分の挑戦は達成できたか、またその活動を通して感じた水泳の楽しさ（特性）は何か考える。
○第3学年の学習では、学習した練習方法や用具を活用して、自分や仲間に適した練習方法を自分で考えたりすることで、さらに水泳が楽しめるようにする。

〈学習カード記入例〉　　　　　　　　　学習カード⤓

10時間目：まとめ
○記録会は目標達成できましたか？
○よくなったポイントは？（映像比較から）

○水泳の楽しさとは？

8
傷害の防止

9
ベースボール型：
ソフトボール

10
創作ダンス

11
フォークダンス

12
長距離走

13
ゴール型：ハンドボール

8 傷害の防止

(8 時間)

単元の目標

(1)交通事故や自然災害などによる傷害の発生要因、交通事故などによる傷害の防止、自然災害による傷害の防止、応急手当の意義と実際について、理解することができるようにするとともに、心肺蘇

単元計画（指導と評価の計画）

1時	2時	3時	4時
交通事故や自然災害などによる傷害について理解する。	交通事故による傷害の防止について理解する。	傷害の防止について、自他の課題を発見する。	自然災害による傷害の防止について、危険を予測し、回避する方法を選択する。自然災害による傷害について理解する。
1　傷害を防ぐためにはどうすればよいだろうか [主な学習活動] ○傷害の防止についての課題に気付く。 ○交通事故や自然災害などによる傷害について、課題の解決に向けてグループで話し合う。 ○グループでの話合いを基に全体で意見交換をする。 ○人的要因、環境要因が関わって発生することをワークシートにまとめ、発表する。	**2　交通事故による傷害を防ぐためにはどうすればよいだろうか** [主な学習活動] ○交通事故の特徴について、資料や自分たちの生活を振り返り、調べる。 ○交通事故事例の共通点から、人的要因と環境要因について話し合う。 ○交通事故による傷害の多くは防止できることについてまとめ、発表する。 ○交通事故による傷害の防止について発表する。	**3　交通事故や犯罪が原因となる傷害にはどのような課題があるだろうか** [主な学習活動] ○事故や犯罪が原因となる傷害の例についてグループで話し合う。 ○それぞれの場面の危険を予測する。 ○傷害を防ぐためには、どのような対策があるのか考え、発表する。	**4　自然災害による傷害を防ぐためにはどうすればよいだろうか** [主な学習活動] ○過去の大地震の資料を見て、どのような傷害が発生したかを調べる。 ○大地震が起こったときの自分たちの行動を予想する。 ○二次災害によって傷害が生じることをワークシートにまとめる。 ○本時をまとめる。
[評価計画] 知・技①	[評価計画] 知・技②	[評価計画] 思①	[評価計画] 知・技③ 思②

単元の評価規準

知識・技能
①交通事故や自然災害などによる傷害は、人的要因、環境要因及びそれらの相互の関わりによって発生することについて、理解したことを言ったり書いたりしている。 ②交通事故などによる傷害を防止するためには、人的要因や環境要因に関わる危険を予測し、それぞれの要因に対して適切な対策を行うことが必要であることについて、理解したことを言ったり書いたりしている。 ③自然災害による傷害は、地震が発生した場合に家屋の倒壊などが原因となって生じることや、津波などの二次災害によっても生じること。また、災 　　害時に備えておくとともに、安全を確保するために、迅速に行動する必要があることについて、理解したことを言ったり書いたりしている。 ④適切な手当は傷害の悪化を防止できることや、応急手当の方法について、理解したことを言ったり書いたりしているとともに、実習を通して包帯法や止血法としての直接圧迫法ができる。 ⑤応急手当には、心肺蘇生法があり、その方法について、理解したことを言ったり書いたりしているとともに、実習を通して胸骨圧迫、AED使用などの心肺蘇生法ができる。

生法などの技能を身に付けることができるようにする。 知識及び技能

(2)傷害の防止に関わる事象や情報から課題を発見し、自他の危険の予測を基に、危険を回避したり、傷害の悪化を防止したりする方法を考え、適切な方法を選択し、それらを伝え合うことができるようにする。 思考力、判断力、表現力等

(3)傷害の防止について、自他の健康の保持増進や回復についての学習に自主的に取り組もうとすることができるようにする。 学びに向かう力、人間性等

5時	6時	7時	8時
自然災害による傷害は、災害に備えておくこと、安全に避難することによって防止できることについて理解する。	応急手当による傷害の悪化防止について理解する。 包帯法や止血法としての直接圧迫法をできるようにする。	心肺蘇生法について理解する。 胸骨圧迫やAED使用などの心肺蘇生法をできるようにする。	傷害の防止について、自主的に取り組もうとする。 危険回避の方法と、選択した理由を、筋道を立てて伝え合う。
5 自然災害による傷害を防ぐためには、どのような備えが必要だろうか [主な学習活動] ○地震などの自然災害に対して、各家庭で備えていることを確認する。 ○傷害を防止するために必要なことをグループで検討し、発表する。 ○本時のまとめをワークシートに記入する。	6 傷害の悪化を防ぐためにはどうすればよいだろうか [主な学習活動] ○応急手当の意義や手順について、課題の解決に向けて話し合う。 ○応急手当の基本を教科書や映像資料で確かめる。 ○包帯法と直接圧迫法の実習を行い、知識や技能についてワークシートにまとめる。 ○日常的な応急手当のまとめをする。	7 心肺停止に陥った人に遭遇したときにはどうすればよいだろうか [主な学習活動] ○倒れている人を発見した場合の手順について、グループで話し合う。 ○応急手当の手順や心肺蘇生法の行い方を確かめる。 ○心肺蘇生法の実習を行い、知識や技能についてワークシートにまとめる。 ○本時のまとめをする。	8 状況に応じた応急手当やそれを回避するための方法にはどのようなものがあるだろうか [主な学習活動] ○前時までの学習内容を確認する。 ○傷害のケースを示した場面カードを引き、グループで話し合う。 ○単元を通して学んだことを振り返る。
[評価計画] 知・技③	[評価計画] 知・技④	[評価計画] 知・技⑤ 思③	[評価計画] 態①

思考・判断・表現	主体的に学習に取り組む態度
①傷害の防止について、それらに関わる事柄や情報などを整理したり、個人生活と関連付けたりして、自他の課題を発見している。 ②自然災害などによる傷害の防止について、習得した知識を自他の生活に適用して、傷害を引き起こす様々な危険を予測し、回避する方法を選択している。 ③傷害の防止について、自他の危険の予測や回避の方法と、それを選択した理由などを、他者と話し合ったり、ノートなどに記述したりして、筋道を立てて伝え合っている。	①傷害の防止について、課題の解決に向けての学習に自主的に取り組もうとしている。

7 水泳ぎ・バタフライ 平泳ぎ

8 傷害の防止

9 ベースボール型…ソフトボール

10 創作ダンス

11 フォークダンス

12 長距離走

13 ゴール型…ハンドボール

傷害を防ぐためにはどうすればよいだろうか

本時の目標

交通事故や自然災害などによる傷害は、人的要因、環境要因及びそれらの相互の関わりによって発生することについて、理解することができるようにする。

評価のポイント

傷害の発生要因についてまとめる場面で、交通事故や自然災害などによる傷害は、人的要因や環境要因などが関わって発生することについて、発言やワークシートに書いている内容から、判断していく。

本時の板書のポイント

導入でグラフを提示し、資料から傷害の発生状況を確認できるようにする。また、「事故の理由」について、グループから出た意見を、「人的要因」と「環境要因」で色を分けたり、アンダーラインの種類を分けたりして板書し、まとめの学習活動につなげられるようにする。

本時の展開 ▷▷▷

1 傷害の防止についての課題に気付く

生徒と同年代の事故死のグラフから、傷害の発生状況を確認し、課題を発見できるようにして、本時の目標「傷害を防ぐためにはどうすればよいだろうか」を設定する。

2 交通事故や自然災害などによる傷害について、課題の解決に向けてグループで話し合う

なぜこのような事故が起こるのでしょうか？

まず、ワークシートに交通事故と水死の原因について自分の考えを記入する。そして、4人程度のグループで話合いを行い、思考を広げられるようにする。

7
水泳 平泳ぎ・バタフライ

8
傷害の防止

9
ベースボール型：ソフトボール

10
創作ダンス

11
フォークダンス

12
長距離走

13
ゴール型：ハンドボール

目標	傷害を防ぐためにはどうすればよいだろうか

1. 傷害の発生状況
10〜14歳の事故死（2018年）

転倒・転落 4%
その他 14%
室息 9%
水死 28%
交通事故 45%

2. なぜ傷害が発生するのだろうか

事故の理由

・交通事故
　→安全不確認、
　　見通しが悪い場所

・水死
　→河川の急な増水

・室息
　→食べ物がのどに詰まる

3. 傷害の発生要因

人的要因
・不安定な心身の状態→急いでいるなど
・危険な行動→交通ルールを守らないなど

環境要因
・危険な場所や状況→見通しが悪いなど
・自然の悪条件→雨や雪など
・危険な物→とがった物など

人的要因と環境要因が相互に関わり合って発生する

---

3 グループでの話合いを基に全体で意見交換をする

　各グループから、全体で共有したい意見を発表する。他のグループの考えを聞くことで、事故を多面的に捉えられるようにする。

4 人的要因、環境要因が関わって発生することをワークシートにまとめ、発表する

事故の原因を人的要因と環境要因に整理しましょう

　本時の学習を振り返り、事故の原因を、人間の心身の状態や行動の仕方については「人的要因」、生活環境における施設・設備の状態や気象条件などについては「環境要因」として整理してワークシートにまとめられるようにする。

交通事故による傷害
を防ぐためにはどう
すればよいだろうか

本時の目標

交通事故などによる傷害を防止するために
は、人的要因や環境要因に関わる危険を予測
し、それぞれの要因に対して適切な対策を行う
ことや、自転車や自動車の特性を知り、交通法
規を守り、周囲の状況に応じ、安全に行動する
ことが必要であることについて、理解すること
ができるようにする。

評価のポイント

交通事故による傷害の防止についてまとめる
場面で、危険を予測し、人的要因や環境要因に
対する対策を行うことについて、発言やワーク
シートに書いている内容から、判断していく。

本時の板書のポイント

導入で自分の生活を振り返り、交通事故に
つながる危険な行動等についてまとめて、
交通事故の特徴を板書して、確認できるよ
うにする。また、グループから出た意見に
対して、まとめの学習活動で「それぞれの
要因に対する適切な対策」をまとめられる
ようにする。

本時の展開 ▷▷▷

1 交通事故の特徴について、資料や自分たちの生活を振り返り、調べる

登下校時に交通事故が起きそうな危険箇所に
ついて想起したり、タブレット端末等で調べた
りして、交通事故の特徴について確認し、本時
の目標「交通事故による傷害を防ぐためにはど
うすればよいだろうか」を設定する。

2 交通事故事例の共通点から、人的要因と環境要因について話し合う

事故の事例から人的要因と環境
要因について話し合いましょう

導入で確認した交通事故の特徴から、4人
程度のグループで「人的要因」と「環境要因」
について話合いを行う。その際、車両の特性に
ついても考えられるようにする。

7
水泳
平泳ぎ・バタフライ

8
傷害の防止

9
ベースボール型・・ソフトボール

10
創作ダンス

11
フォークダンス

12
長距離走

13
ゴール型・・ハンドボール

目標 交通事故による傷害を防ぐためにはどうすればよいだろうか

1. 交通事故の特徴（中学生）

- 自転車事故が多い出合い頭、右左折時など
- 一時不停止
- 安全不確認
- 前方不注意

2. 交通事故の発生要因

人的要因
- スピードの出しすぎ
- 一時不停止 ・前方不注意

環境要因
- 見通しが悪い交差点
- 夕方薄暗い

車両の特性
- 車両には内輪差、死角がある

3. 危険予測と適切な対策

- 時間にゆとりをもつ
- 安全確認を十分に行う

- 一時停止をして安全確認をする
- 自転車のライト点灯や反射材を身につける

- 特に大型車に対しては距離をとる

3 それぞれの要因の対策を考える

グループで話し合った、「人的要因」「環境要因」「車両の特性」のそれぞれについて、危険を予測してより適切な対策を考え、ワークシートにまとめる。

4 交通事故による傷害の防止について発表する

それぞれの要因に対して、周囲の状況に応じて安全に行動することについて考えをまとめ、発表する。

交通事故や犯罪が原因となる傷害にはどのような課題があるだろうか

本時の目標

交通事故や犯罪が原因となる傷害の防止について、それらに関わる事柄や情報などを整理したり、個人生活と関連付けたりして、自他の課題を発見することができる。

評価のポイント

「交通事故が起こる可能性がある場面」と、「犯罪被害が起こりやすい場面」から、傷害の防止について、既習事項を基にして、課題や解決の方法を見付ける場面で、事故や犯罪が原因となる傷害における課題及びそれらを防止するための対策について、発言やワークシートに書いている内容から、判断していく。

本時の板書のポイント

- - - - - - - - - - - - - - - - - - - -

導入で「交通事故が起こる可能性がある場面」と、「犯罪被害が起こりやすい場面」のイラストを提示し、それぞれの要因について考えられるようにする。また、まとめの学習活動で考えた要因を基に、課題や対策についてまとめる。

本時の展開 ▷▷▷

1 それぞれの場面の危険を予測する

自分が場面A・Bのようになったとき、どのような危険があるのかを予測し、本時の目標「交通事故や犯罪が原因となる傷害にはどのような課題があるだろうか」を設定する。

2 事故や犯罪が原因となる傷害の例についてグループで話し合う

前時に学習した事項を基に、交通事故と犯罪が原因となる傷害の「人的要因」と「環境要因」について、ワークシートに自分の考えをまとめる。その後、4人程度のグループで話し合い、思考を広げられるようにする。

7 水泳 平泳ぎ・バタフライ

8 傷害の防止

9 ベースボール型 ‥ ソフトボール

10 創作ダンス

11 フォークダンス

12 長距離走

13 ゴール型‥ハンド ボール

| 目標 | 交通事故や犯罪が原因となる傷害にはどのような課題があるだろうか |

1. 危険を予測しよう

場面A　　　　場面B

 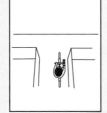

2. 交通事故や犯罪が原因となる傷害の人的要因と環境要因について考えよう

場面A
・人的要因：＿＿＿＿＿＿＿＿＿＿＿
・環境要因：＿＿＿＿＿＿＿＿＿＿＿

場面B
・人的要因：＿＿＿＿＿＿＿＿＿＿＿
・環境要因：＿＿＿＿＿＿＿＿＿＿＿

3. それぞれの傷害の課題への対策

交通事故
・＿＿＿＿＿＿＿＿＿＿＿＿＿＿
・＿＿＿＿＿＿＿＿＿＿＿＿＿＿

犯罪
・＿＿＿＿＿＿＿＿＿＿＿＿＿＿
・＿＿＿＿＿＿＿＿＿＿＿＿＿＿

3 傷害を防ぐためには、どのような対策があるのか考え、発表する

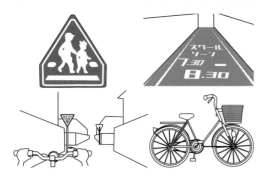

　交通事故を防ぐためには、道路標識の設置や交通規制の実施など、交通環境の整備や車両の点検・整備が必要であることを確認する。その際、自転車事故を起こすことによる加害責任についても触れるようにする。

4 自分の身を守るためにはどんな取組が必要か確認する

犯罪被害を防止するにはどうしたらよいでしょうか

　犯罪被害を防止するためには、自分の身は自分で守る意識や地域住民、自治体、警察などと連携した取組が必要であることを確認する。

自然災害による傷害を防ぐためにはどうすればよいだろうか

本時の目標

自然災害による傷害は、例えば、地震が発生した場合に家屋の倒壊などによる危険が原因となって生じることや、地震に伴って発生する津波などの二次災害によっても生じることについて、理解することができるようにする。

自然災害などによる傷害の防止について、習得した知識を自他の生活に適用して、傷害を引き起こす様々な危険を予測し、回避する方法を選択することができるようにする。

評価のポイント

大地震が起こったときどのように行動すればよいか考える場面で、危険を予測し、回避する方法について、発言やワークシートに書いている内容から、判断していく。

本時の展開 ▷▷▷

本時の板書のポイント

導入で一次災害による傷害について板書して確認することで、展開の学習活動で大地震発生時の行動について様々な危険を予測して考えることができるようにする。

1 過去の大地震の資料を見て、どのような傷害が発生したかを調べる

教科書等の大地震の資料から、どのような被害が起こるのか考え、一次災害について確認し、本時の目標「自然災害による傷害を防ぐためにはどうすればよいだろうか」を設定する。

2 大地震が起こったときの自分たちの行動を予想する

それぞれの傷害の課題について考えましょう

今までに実施した避難訓練や学習した知識を基に、「発生直後」→「情報収集・避難準備」→「避難」について、時系列で考えられるようにする。

7

水泳
平泳ぎ・バタフライ

8

傷害の防止

9

ベースボール型…
ソフトボール

10

創作ダンス

11

フォークダンス

12

長距離走

13

ボール
ゴール型…ハンド

目標 自然災害による傷害を防ぐためにはどうすればよいだろうか

1. 大地震でどのような傷害が発生しただろうか

・家屋の倒壊
・家具の転倒 ┐ 圧死
・器物の落下 ┘ 窒息死 など

→一次災害

2. 大地震発生時の行動
発生直後
・低く・頭を守る・動かない
情報収集・避難準備
・正しい情報の収集→緊急地震速報
・避難経路の確保
・火災発生防止（電気、ガス）
避難
・安全な場所への避難

3. 二次災害による傷害
二次災害
・津波 ┐
・土砂崩れ ┤ 溺死
・地割れ ┤ 焼死 など
・火災 ┘

→二次災害が被害を大きくする

3 二次災害によって傷害が生じることをワークシートにまとめる

防災に関する映像資料を視聴し、津波や土砂崩れ、火災などの二次災害によって傷害が発生することや、自然災害が発生した地域によって二次災害が異なることを確認する。

4 本時をまとめをワークシートに記入する

本時の学習を振り返りましょう

自分が住んでいる地域で大地震が起きた場合、どのように行動すればよいか考え、ワークシートにまとめる。

自然災害による傷害を防ぐためには、どのような備えが必要だろうか

本時の目標

　自然災害による傷害の防止には、災害時の安全に備えておくとともに、自他の安全を確保するために、冷静かつ迅速に行動する必要があることについて、理解することができるようにする。

評価のポイント

　自然災害による傷害を防止するために必要なことを考える場面で、日頃から災害時の安全に備えておくことや、周囲の状況を的確に判断し、冷静かつ迅速に行動することについて、発言やワークシートに書いている内容から、判断していく。

本時の板書のポイント

導入で個人生活と関連付けて、日頃の自然災害に対する備えを板書して確認することで、展開の学習活動で災害から身を守るために必要なことを自分事として考えることができるようにする。また、生徒の発言からポイントをまとめる。

本時の展開 ▷▷▷

1 地震などの自然災害に対して、各家庭で備えていることを確認する

　災害の「備え」チェックリスト等を活用し、避難の際に持ち出すもの（非常用持ち出しバッグ）や備蓄品について、家庭で必要な物を備えることができているか確認し、本時の目標「自然災害による傷害を防ぐためには、どのような備えが必要だろうか」を設定する。

2 傷害を防止するために必要なことをグループで検討し、発表する

災害から身を守るために必要なことはなんでしょうか

　映像資料を参考にしたり、タブレット端末等で調べたりして、防災マップで避難場所を確認することや、ハザードマップを活用して、危険箇所を事前に把握しておくこと、警戒レベルに応じた行動を確認することなどグループで検討し、ワークシートにまとめる。

7 水泳 平泳ぎ・バタフライ

8 傷害の防止

9 ベースボール型・・ソフトボール

10 創作ダンス

11 フォークダンス

12 長距離走

13 ボール ゴール型・・ハンド

目標 自然災害による傷害を防ぐためには、どのような備えが必要だろうか

1. 自然災害に対する備え

・家具転倒、器物落下防止

・水・食料の備蓄

・非常用持ち出しバッグ

・避難訓練→災害発生時の行動確認

2. 災害から身を守るために

避難場所の確認

・防災マップで避難場所を確認

ハザードマップの活用

・洪水ハザードマップ

・津波浸水ハザードマップ　など

警報や注意報などの情報

・警戒レベルに応じた行動の確認

3. 自然災害の状況に応じた避難行動

・地震による津波警報
　→水平避難間に合わない場合は垂直避難

・台風・大雨による警戒レベル4（避難指示）
　→安全な場所に速やかに避難

・火山噴火
　噴火警戒レベル4→高齢者等避難
　噴火警戒レベル5→避難

---

3 周囲の状況に応じた避難行動についてまとめる

レベル5 命の危機
レベル4 全員避難
レベル3 高齢者は避難
レベル2 避難方法の確認
レベル1 気象情報に注意

　「5段階の警戒レベルと防災気象情報（気象庁）」等を提示して、本時のまとめとして、自然災害の状況に応じた避難行動について確認をして、ワークシートにまとめる。

4 本時のまとめをワークシートに記入する

本時を振り返りましょう

　学校周辺のハザードマップ等を確認し、どのような備えが必要か、自分の考えをワークシートにまとめる。

傷害の悪化を防ぐためにはどうすればよいだろうか

本時の目標

　傷害が発生した際に、迅速かつ適切な手当は傷害の悪化を防止できることや、応急手当には止血や患部の保護や固定があり、その方法について、理解することができるようにするとともに、実習を通して包帯法や止血法としての直接圧迫法ができるようにする。

評価のポイント

　傷害の悪化を防ぐために必要なことを考える場面で、傷害を受けた人の状況の把握や周囲の人への連絡、迅速かつ適切に手当を行うことや、包帯法と直接圧迫法について、発言やワークシートに書いている内容と実習の状況から、判断していく。

本時の板書のポイント

応急手当の基本について、一般的な流れを板書する。その際、自分がその場に居合わせたときにできることを考えられるようにし、傷病者に意識があり、けががある場合に「きずの手当」が必要であることを確認し、実習を行う。

本時の展開 ▷▷▷

1 応急手当の意義や手順について、課題の解決に向けて話し合う

> 登校途中に倒れている人を発見したらどうしますか

　傷害が発生した際に、その場に居合わせた人がどのような対応をすべきか考えて、応急手当の意義と手順について確認し、本時の目標「傷害の悪化を防ぐためにはどうすればよいだろうか」を設定する。

2 応急手当の基本を教科書や映像資料で確かめる

包帯法、直接圧迫止血法

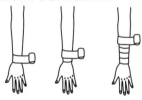

環行帯で　　1／2～2／3重ねて
巻き始める　らせん状に巻いていく

　応急手当の基本として患部の保護や固定の一般的な流れを確認する。また、映像資料を視聴して、傷の手当の仕方を確認し、包帯法と直接圧迫法の行い方についてワークシートにまとめる。

目標　傷害の悪化を防ぐためにはどうすればよいだろうか

1. 応急手当の意義と手順

意義
- 救命　・悪化防止
- 苦痛の軽減

手順
- 傷病者と周囲の状況の観察
- 適切な手当　・通報
  → 応急手当の開始が早いほど
　　救命の可能性が高くなる

2. 応急手当の基本

傷病者を発見
↓
安全の確認
↓
反応の確認 ──あり→ 安静・観察　けががある場合は
　　　　　　　　　　　　　　　応急手当
なし↓
助けを求める、119番通報、AED依頼
↓
心肺蘇生　胸骨圧迫 → AED

3. きずの手当

包帯法（巻き包帯：腕）

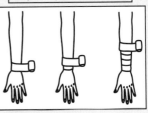

直接圧迫法

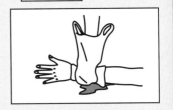

---

3 包帯法と直接圧迫法の実習を行い、知識や技能についてワークシートにまとめる

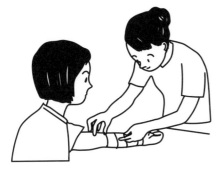

　実際に2人組で包帯法と直接圧迫法の実習を行う。また、実習を通して学んだ技能のポイントをワークシートにまとめる。

4 本時のまとめをワークシートに記入する

本時を振り返りましょう

　自分が登校途中に倒れている人を発見したとき、どのような対応をすべきか、ワークシートにまとめる。

7 水泳 平泳ぎ・バタフライ

8 傷害の防止

9 ベースボール型・ソフトボール

10 創作ダンス

11 フォークダンス

12 長距離走

13 ゴール型：ハンドボール

心肺停止に陥った人に遭遇したときにはどうすればよいだろうか

本時の目標

　心肺停止に陥った人に遭遇したときの応急手当には、心肺蘇生法があり、その方法について、理解できるようにするとともに、実習を通して胸骨圧迫、AED 使用などの心肺蘇生法ができるようにする。

評価のポイント

　心肺蘇生法の実習をグループで行い、話し合ったことをワークシートにまとめる場面で、応急手当の方法について発言やワークシートに書いている内容や実習の状況から、判断していく。

本時の板書のポイント

　心肺蘇生法の流れを確認することで、グループで手順を、教え合いながら実習できるようにする。また、実習をしながらポイントを確認してまとめる。

本時の展開 ▷▷▷

1 倒れている人を発見した場合の手順について、グループで話し合う

> 倒れている人に意識がないとき、どのように応急手当をしますか

　前時に学習した応急手当の基本を基に、応急手当の流れについてグループで話し合い、本時の目標「心肺停止に陥った人に遭遇したときにはどうすればよいだろうか」を設定する。

2 応急手当の手順や心肺蘇生法の行い方を確かめる

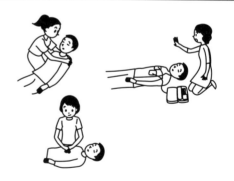

　心肺蘇生法の流れを教科書や映像資料で確認する。それぞれの手当や観察の手順についてワークシートにまとめる。

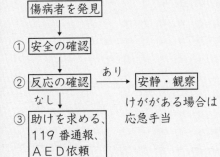

目標 心肺停止に陥った人に遭遇したときにはどうすればよいだろうか

1. 傷病者に意識がない場合の手当

傷病者を発見
↓
① 安全の確認
↓
② 反応の確認 ──あり──→ 安静・観察
↓ なし　　　　　けががある場合は
③ 助けを求める、　　応急手当
119番通報、
AED依頼

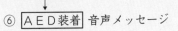
④ 呼吸の観察 ──あり──→ 救急隊を待つ
↓ なし
⑤ 胸骨圧迫 強く、速く、絶え間なく
↓
⑥ AED装着 音声メッセージ
↓
心電図解析
　　電気ショック必要あり
↓
ショックボタンを押す
↓
胸骨圧迫

2. 手当のポイント
・安全確認→肩を数回たたく
・呼吸の確認→胸と腹部の動き
・胸骨圧迫→5cm沈むように1分間に100〜120回
・AED→ショックボタンを押すときは離れる

7 水泳 平泳ぎ・バタフライ

8 傷害の防止

9 ベースボール型：ソフトボール

10 創作ダンス

11 フォークダンス

12 長距離走

13 ゴール型：ハンドボール

3 心肺蘇生法の実習を行い、知識や技能についてワークシートにまとめる

実際に4人程度のグループで心肺蘇生法の実習を行う。また、実習を通して確認した技能のポイントをワークシートにまとめ、発表する。

4 本時のまとめをワークシートに記入する

本時を振り返りましょう

心肺停止に陥った人に遭遇したときに、自分がすべきことをワークシートにまとめる。

状況に応じた応急手当やそれを回避するための方法にはどのようなものがあるだろうか

本時の目標

　傷害の防止について、自他の危険の予測や回避の方法と、それを選択した理由などを、他者と話し合ったり、ノートなどに記述したりして、筋道を立てて伝え合うことができるようにする。

　傷害の防止について、課題の解決に向けての学習に自主的に取り組むことができるようにする。

評価のポイント

　傷害のケースについて考える場面で、本単元で学習した知識を基にして、適切な手当を行うことや、自他の危険を予測し、それを回避する方法について発言やワークシートに書いている内容から、判断していく。

本時の板書のポイント

導入で本単元で学習した内容を振り返り、それぞれの傷害のケースについてグループで話し合う場面で、板書を基にして、既習事項を活用し、適切な手当や危険を予測し回避する方法を考えられるようにする。

本時の展開 ▷▷▷

1 前時までの学習内容を確認する

　第1〜7時までに学習した内容を、前時までのワークシートを使って振り返り、本時の目標「状況に応じた応急手当やそれを回避するための方法にはどのようなものがあるだろうか」を設定する。

2 傷害のケースを示した場面カードを引き、グループで話し合う

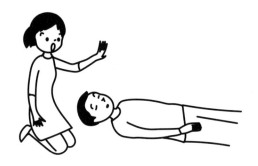

　「交通事故」「学校内でのけが」「犯罪被害」の場面カードを引き、「適切な手当」「危険予測と回避」とについて既習事項を基にワークシートに考えをまとめ、グループで話し合う。

7 水泳・平泳ぎ・バタフライ

8 傷害の防止

9 ベースボール型：ソフトボール

10 創作ダンス

11 フォークダンス

12 長距離走

13 ゴール型：ハンドボール

目標 状況に応じた応急手当やそれを回避するための方法にはどのようなものがあるだろうか

1. 本単元で学習した内容

○交通事故などによる傷害の防止
・人的要因、環境要因
・危険を予測、回避する方法
・それぞれの傷害の課題に対する対策

○自然災害による傷害の防止
・一次災害、二次災害
・備えと身を守るための準備と避難行動

○応急手当の意義と手順、基本
・きずの手当、心肺蘇生法

2. 場面カード
・自転車乗用中に見通しの悪い交差点での交通事故

・昼休み中に友達と遊んでいて窓ガラスが割れてけが

・下校途中に知らない人から車で家に送ってあげると誘われる

3. 手当・危険回避
・意識がないので心肺蘇生法
　→一時停止、左右確認

・前腕部の傷から出血があるので直接圧迫法→広い場所で遊ぶ

・誘拐の危険があるので逃げる
　→2人以上で下校する

3 単元を通して学んだことを振り返る

単元で学習したことを通して、自分の学習を振り返りましょう

　傷害の防止の学習を通して、自分自身の生活を振り返り、交通事故や自然災害から自分を守るために必要なことや、傷害の悪化を防ぐために自分ができることについてワークシートにまとめ、発表する。

9 ベースボール型：ソフトボール

(12時間)

単元の目標

(1)次の運動について、勝敗を競う楽しさや喜びを味わい、球技の特性（や成り立ち）、技術の名称や行い方、（その運動に関連して高まる体力など）を理解するとともに、基本的な技能や仲間と連携した動きでゲームを展開することができるようにする。

単元計画（指導と評価の計画）

1時（導入）	2〜5時（展開①）
単元の目標や学習の進め方等を理解するとともに、試しのゲームに取り組む。	基本的なバット操作と走塁での攻撃や健康・安全に留意すること等に取り組む。
1　単元の目標や学習の進め方を理解しよう POINT：ベースボール型の特性や健康・安全の留意点等を理解できるようにする。 **[主な学習活動]** ○集合・あいさつ ○準備運動 ○オリエンテーション 　単元の目標 　学習の進め方 　特性 　健康・安全等 ○試しのゲーム 　打者一巡の攻撃ゲーム ○整理運動 ○学習の振り返り	**2〜5　攻撃の練習やゲームに取り組もう** POINT：技術の名称や行い方を理解し、構え、スイング、走塁、健康・安全に留意することができるようにする。 **[主な学習活動]** ○集合・あいさつ ○準備運動 ○基本的なバット操作と走塁での攻撃を意識した 　練習やゲーム 　　トスバッティング 　　ベースランニング等 ○メインのゲーム 　走者なしからの攻撃（進塁）ゲーム 　走者2塁からの攻撃（進塁）ゲーム ○整理運動 ○学習の振り返り
[評価計画] 知①	[評価計画] 技①②③　態③

単元の評価規準

知識・技能	
○知識 ①球技には、集団対集団、個人対個人で攻防を展開し、勝敗を競う楽しさや喜びを味わえる特性があることについて、言ったり書き出したりしている。（特性） ②球技の各型の各種目において用いられる技術には名称があり、それらを身に付けるためのポイントがあることについて、学習した具体例を挙げている。（技術の名称や行い方）	○技能 ①投球の方向と平行に立ち、肩越しにバットを構えることができる。（構え） ②地面と平行になるようにバットを振り抜くことができる。（スイング） ③打球の状況によって塁を進んだり戻ったりすることができる。（走塁） ④ボールの正面に回り込んで、緩い打球を捕ることができる。（捕球） ⑤投げる腕を後方に引きながら投げ手と反対側の足を踏み出し、体重を移動させながら、大きな動作でねらった方向にボールを投げることができる。（送球） ⑥各ポジションの役割に応じて、ベースカバーやバックアップの基本的な動きをすることができる。（ポジションに応じた動き）

7 水泳 平泳ぎ・バタフライ

8 傷害の防止

9 ベースボール型：ソフトボール

10 創作ダンス

11 フォークダンス

12 長距離走

13 ゴール型：ハンドボール

ウ　ベースボール型では、基本的なバット操作と走塁での攻撃、ボール操作と定位置での守備などによって攻防をすることができるようにする。　**知識及び技能**

(2)攻防などの自己の課題を発見し、合理的な解決に向けて運動の取り組み方を工夫するとともに、自己や仲間の考えたことを他者に伝えることができるようにする。　**思考力、判断力、表現力等**

(3)球技に積極的に取り組むとともに、フェアなプレイを守ろうとすること、（作戦などについての話合いに参加しようとすること、一人一人の違いに応じたプレイなどを認めようとすること）、仲間の学習を援助しようとすること（などや）、健康・安全に気を配ることができるようにする。

学びに向かう力、人間性等

6～9時（展開②）	10～12時（まとめ）
ボール操作と定位置の守備や課題の発見等に取り組む。	練習方法の選択、よい取組の発見、フェアなプレイ、総当たり戦による大会に取り組む。
6～9　守備の練習やゲームに取り組もう POINT：技術の名称や行い方を理解し、捕球、送球、ポジションに応じた動き、課題の発見、仲間の学習を援助しようとすることができるようにする。 [主な学習活動] ○集合・あいさつ ○準備運動 ○ボール操作と定位置の守備を意識した練習やゲーム 　三役ベースボール等 ○メインのゲーム 　走者1・2塁からの守備（進塁阻止）ゲーム 　走者1名からの守備（進塁阻止）ゲーム ○整理運動 ○学習の振り返り	**10～12　総当たり戦による大会に取り組もう** POINT：練習方法の選択、よい取組の発見、フェアなプレイを守ろうとすることができるようにする。 [主な学習活動] ○集合・あいさつ ○準備運動 ○チームごとの練習 　練習方法の選択 　よい取組の発見 　公正等 ○総当たり戦による大会 　全員攻撃・全員守備ゲーム 　プレイヤーの人数、グラウンドの広さ、用具など、プレイ上の制限を工夫したゲーム ○整理運動 ○学習の振り返り
[評価計画]　知②　技④⑤⑥　思①	[評価計画]　思②③　態①②　総括的な評価

思考・判断・表現	主体的に学習に取り組む態度
①提示された動きのポイントやつまずきの事例を参考に、仲間の課題や出来映えを伝えている。（課題の発見） ②提供された練習方法から、自己やチームの課題に応じた練習方法を選んでいる。（練習方法の選択） ③練習やゲームの場面で、最善を尽くす、フェアなプレイなどのよい取組を見付け、理由を添えて他者に伝えている。（よい取組の発見）	①マナーを守ったり相手の健闘を認めたりして、フェアなプレイを守ろうとしている。（公正） ②練習の補助をしたり仲間に助言したりして、仲間の学習を援助しようとしている。（協力） ③健康・安全に留意している。（健康・安全）

本時案

球技の特性を知り、健康・安全に関する態度を高めよう

本時の目標

　球技には、集団対集団、個人対個人で攻防を展開し、勝敗を競う楽しさや喜びを味わえる特性があることについて、言ったり書き出したりすることができるようにする。

　健康・安全に留意することができるようにする。

評価のポイント

　球技には、集団対集団、個人対個人で攻防を展開し、勝敗を競う楽しさや喜びを味わえる特性があることについて、言ったり書き出したりしていたか。

　※特性は、本時で指導し、本時に評価する。

　※健康・安全は、本時で指導し、第2時に評価する。

中心活動における指導のポイント

point　試しのゲームを通して、球技の特性に触れたり、健康・安全の具体的な場面で声かけしたりしながら、理解を深めたり、態度を高めたりできるようにする。

本時の展開

	時	生徒の学習活動と指導上の留意点
はじめ	3分	**集合・あいさつ** ○チームごとに整列する。 ○本時のねらいと学習内容を確認する。
準備運動	5分	**グラウンドや用具の準備・準備運動を行う** ○ランニング、ストレッチ、補助運動を行う。 ○キャッチボール、トスバッティングを行う。
オリエンテーション 学習内容の理解 試しのゲーム	35分	**(1)オリエンテーション** ○単元の目標、学習の進め方を理解する。 **(2)学習内容を理解する** ○球技の特性を理解する。 **1** ○健康・安全に関する態度の知識を理解する。 **2** **(3)試しのゲームをする 3** ○これまでの既習の技能等を生かしてゲームを行う。
整理運動	2分	**整理運動・用具の片付けを行う** ○ストレッチを行う。 ○ベース、バット、ボールの片付け、個数の確認を行う。
まとめ	5分	**本時のまとめを行う** ○本時の授業記録をまとめる。 ○学習の成果や課題などのまとめを発表する。 ○教師の評価を聞く。

1 球技の特性

球技の特性
○集団対集団、個人対個人で攻防を展開し、勝敗を競う楽しさや喜びを味わえる。

陸上競技や水泳などと違う球技の楽しさは何だと思いますか

ベースボール型の特性
○ベースボール型は、身体や バット の操作と 走塁 での攻撃、ボール操作と定位置での 守備 などによって攻守を規則的に交代し、一定の回数内で相手チームより多くの得点を競い合うことに楽しさや喜びを味わえるゲームである。

ベースボール型の面白さや楽しさは何だと思いますか

2 健康・安全

健康・安全に関する留意点等
○ 体調 の変化などに気を配ること。
○ボール、バットなどの用具の扱い方や、ネットの設置状態、練習場所などの自己や仲間の安全に留意すること。
○技能の 難易度 や自己の 体力 や技能の程度に合った運動をすること。

安全に運動やスポーツを行うために
○特性や目的に適した運動やスポーツを選択し、発達の段階に応じた強度、時間、頻度に配慮した計画を立案すること。
○体調、施設や 用具 の安全を事前に確認すること。
○準備運動や整理運動を適切に実施すること。
○運動やスポーツの実施中や実施後には、適切な休憩や 水分 補給を行うこと。
○共に活動する 仲間 の安全にも配慮すること。

ヒヤリハット事例
ベースボール型では、どのような事故やけがが起きそうですか。

体育理論(2)の(ウ)安全な運動やスポーツの行い方や保健(3)傷害の防止と関連付けて指導しましょう

事故やけがが起こりそうな場面を取り上げましょう

3 試しのゲーム

小学校や単元開始前までの学びの状況を確認しましょう

試しのゲーム
○5名対5名で行う。
○ティーに載せたボールをバットまたはラケットで打つ。
○打者一巡の攻撃とする。
○柔らかいボールを使用する。
○グローブは使用せず素手で行う。

生徒の実態を踏まえて、ならびっこゲームやあつまりっこベースボールなども含めて、試しのゲームを設定しましょう

打つ、投げる、捕るといった生徒の技能の程度に応じてボールやバットなどを選択しましょう

7 水泳 平泳ぎ・バタフライ

8 傷害の防止

9 ベースボール型…ソフトボール

10 創作ダンス

11 フォークダンス

12 長距離走

13 ゴール型…ハンドボール

本時案

技術の名称や行い方 2/12 を知り、構えの技能 を高めよう

本時の目標

　球技の各型の各種目において用いられる技術には名称があり、それらを身に付けるためのポイントがあることについて、言ったり書き出したりすることができるようにする。

　投球の方向と平行に立ち、肩越しにバットを構えることができるようにする。

評価のポイント

　健康・安全に留意していたか。

※技術の名称や行い方は、本時で指導し、本時に評価する。

※構えは、本時で指導し、第3時に評価する。

中心活動における指導のポイント

point　知識と技能を相互に関連させて学習させることにより、知識の重要性を一層実感できるように工夫する。

※第1時に指導していた健康・安全は、本時に評価する。

本時の展開

	時	生徒の学習活動と指導上の留意点
はじめ	3分	**集合・あいさつ** ○チームごとに整列する。 ○本時のねらいと学習内容を確認する。
準備運動	5分	**グラウンドや用具の準備・準備運動を行う** ○ランニング、ストレッチ、補強運動を行う。 ○キャッチボール、トスバッティングを行う。
学習内容の理解 練習とゲーム メインのゲーム	35分	**(1)学習内容を理解する** ○技術の名称や行い方を理解する。 1 **(2)練習やゲームに取り組む** ○構えを意識しながら、ティーバッティングを行う。 2 **(3)メインのゲームをする** 3 ○走者なしからの攻撃（進塁）ゲームを行う。
整理運動	2分	**整理運動・用具の片付けを行う** ○ストレッチを行う。 ○ベース、バット、ボールの片付け、個数の確認を行う。
まとめ	5分	**本時のまとめを行う** ○本時の授業記録をまとめる。 ○学習の成果や課題などのまとめを発表する。 ○教師の評価を聞く。

7 水泳 平泳ぎ・バタフライ

8 傷害の防止

9 ベースボール型… ソフトボール

10 創作ダンス

11 フォークダンス

12 長距離走

13 ゴール型…ハンド ボール

1 技術の名称や行い方

知識及び技能　技術の名称や行い方　知識・技能				
項目	入力1	教師コメント	入力2	評価（非公開）
構　　え				
スイング				
走　　塁				
捕　　球				
送　　球				
ポジションに応じた動き				

> デジタル学習ノート
> デジタル媒体で入力、共有、評価するなど、1人1台端末を活用しましょう。
> 生徒の入力情報は、個別のデータとして保存できるように設定しましょう。
> 「努力を要する」状況と判断するもの（C）の生徒に対して、教師からのコメントを記載し、生徒は教師のコメント等を手掛かりに、入力2の欄に入力するように促すなど、工夫しましょう

2 バッティングの構え

> バッティングをするときどのように構えることが重要ですか。
> 構えたときの左右の足は投球方向に対して平行に構えられていますか。
> 構えたときのグリップ（バットを握った両手）の位置はどこにありますか

○つま先がベース側に向いている。

○グリップの位置が肩の高さに置いてある。

○重心が軸足側に乗せられている。

3 メインのゲーム

> ベースボール型は、攻撃側の残塁状況によるプレイの仕方の変化が著しいので、単元の前半では、攻撃を打者走者のみの走塁に限定したゲームを設定するなど、工夫しましょう

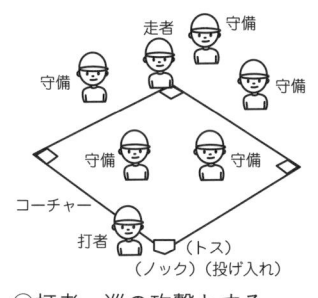

走者／守備／守備／守備／守備／守備／コーチャー／打者／（トス）（ノック）（投げ入れ）

走者なしからの攻撃（進塁）ゲーム

○5名対5名で行う。

○ティーに載せたボールまたは味方がトスしたボールをバットまたはラケットで打つ。

○打撃後、打者は、バットを放らず、所定のサークル（またはフープやコーンの底面）にバットを置いてから走る（ヒット「置いて」ラン）。

○打者一巡の攻撃とする。

○全て走者なしからプレイを始める。

○打者走者が進塁したところまでを得点とする。　○柔らかいボールを使用する。

○グローブは使用せず素手で行う。

○それぞれのベース前にアウトサークルを設け、ボールを持ったプレイヤーがアウトサークル内にいれば、タッチプレイやフォースプレイを問わず、アウトとする。

○塁間の長さやボールの大きさなど、生徒の実態に合わせて調節する。

本時案

スイングの技能を高めよう ③/12

本時の目標

地面と水平になるようにバットを振り抜くことができるようにする。

評価のポイント

投球の方向と平行に立ち、肩越しにバットを構えることができたか。

※スイングは、本時で指導し、第4時に評価する。

※第2時に指導していた構えは、本時に評価する。

中心活動における指導のポイント

point　練習では、ゲームの中で必要になる技能を、楽しく、豊富に学習できるように工夫する。

本時の展開

	時	生徒の学習活動と指導上の留意点
はじめ	3分	**集合・あいさつ** ○チームごとに整列する。 ○本時のねらいと学習内容を確認する。
準備運動	5分	**グラウンドや用具の準備・準備運動を行う** ○ランニング、ストレッチ、補強運動を行う。 ○キャッチボール、トスバッティングを行う。
学習内容の理解 練習とゲーム メインのゲーム	35分	**(1)学習内容を理解する** ○スイングの行い方を理解する。　**1** **(2)練習やゲームを行う** ○前時の構えを復習する。 ○スイングの技能を高めるバッティング練習を行う。　**2** 　テープスイング 　ティーバッティング 　トスバッティング ○構えとスイングの行い方を意識しながら、バッティングゲームを行う。　**3** **(3)メインのゲームをする** ○走者なしからの攻撃（進塁）ゲームを行う。（前時と同じ）
整理運動	2分	**整理運動・用具の片付けを行う** ○ストレッチを行う。 ○ベース、バット、ボールの片付け、個数の確認を行う。
まとめ	5分	**本時のまとめを行う** ○本時の授業記録をまとめる。 ○学習の成果や課題などのまとめを発表する。 ○教師の評価を聞く。

1 スイング

> バットを振るときは地面と平行になるように振り抜きましょう

○軸足から前足にスムーズに体重が移動している。

○スイング時に地面と水平に振られている。

○フォロースルー時におへそがピッチャー方向に向けられている。

> バットを振るときはどのように振るといいですか。
> 地面と水平にバットを振れていますか。
> 上に振り上げたり、下にたたき付けたりしていませんか

2 スイングの技能を高めるバッティング練習

①テープスイング

テープを地面と水平になるように打者のベルトの高さに張り、スイングする。

②ティーバッティング

ティーに載せたボールがベルトの高さになるように調整して、スイングする。

③トスバッティング

仲間にやさしい球を出してもらい、スイングする。

ボール

ひも

> スイングする回数を増やすために、自作の教具を使用するなど工夫しましょう

3 バッティングゲーム

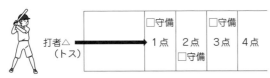

打者△（トス）　→　□守備 1点｜2点｜□守備 3点｜4点

○打者は、構えとスイングの行い方を意識しながら、トスされるボール（またはティー）を打つ。

○１～４点ゾーンにそれぞれ打球が進んだところまで得点となる。

○５球打ち、合計の得点を競うゲームである。

○トスする仲間は、構えやスイングの行い方を基に、仲間に助言する。

> 練習では、ゲームの中で必要になる技能を、楽しく、豊富に学習できるようにしましょう

> 技能について単に繰り返し反復練習するのではなく、練習そのものが楽しいチャレンジになるようにゲーム化し、個々の生徒の練習機会を確保し、効率的に取り組めるような活動にしましょう

7 水泳 平泳ぎ・バタフライ

8 傷害の防止

9 ベースボール型：ソフトボール

10 創作ダンス

11 フォークダンス

12 長距離走

13 ゴール型：ハンドボール

本時案

走塁の技能を
高めよう

本時の目標

打球の状況によって塁を進んだり戻ったりすることができるようにする。

評価のポイント

地面と水平になるようにバットを振り抜くことができたか。

※走塁は、本時で指導し、第5時に評価する。

中心活動における指導のポイント

point メインのゲームでは、攻守の均衡を保つために、塁間の距離等を調整するなど、適切に設定する。

※第3時に指導していたスイングは、本時に評価する。

本時の展開

	時	生徒の学習活動と指導上の留意点
はじめ	3分	**集合・あいさつ** ○チームごとに整列する。 ○本時のねらいと学習内容を確認する。
準備運動	5分	**グラウンドや用具の準備・準備運動を行う** ○ランニング、ストレッチ、補強運動を行う。 ○キャッチボール、トスバッティングを行う。
学習内容の理解 練習とゲーム メインの ゲーム	35分	**⑴学習内容を理解する** ○打球の状況に応じた走塁の行い方を理解する。 **1** **⑵練習やゲームを行う** ○前時までの構えを復習する。 ○前時のスイングを復習する。 ○打球の状況に応じた走塁を意識しながら、ベースランニングゲームを行う。 **2** 複数チームで取り組む。 打球の状況に応じた走塁として、走者2塁の場面を想定して取り組む。 コーチャーを設け、プレイ中の判断や声かけを促すとともに、プレイごとに仲間で助言し合う。 **⑶メインのゲームをする** ○走者2塁からの攻撃（進塁）ゲームを行う。 **3**
整理運動	2分	**整理運動・用具の片付けを行う** ○ストレッチを行う。 ○ベース、バット、ボールの片付け、個数の確認を行う。
まとめ	5分	**本時のまとめを行う** ○本時の授業記録をまとめる。 ○学習の成果や課題などのまとめを発表する。 ○教師の評価を聞く。

7	水泳 平泳ぎ・バタフライ
8	傷害の防止
9	ベースボール型…ソフトボール
10	創作ダンス
11	フォークダンス
12	長距離走
13	ゴール型…ハンドボール

1 打球の状況に応じた走塁

打球の状況に応じた走塁

次のような打球の場合、2塁走者は、どうしたらよいですか。

打球の状況				どうするか
○ゴロ	・内野	・左側	・速い	→ゴー
○ライナー				→ハーフウェイ
○フライ	・外野	・右側	・緩い	→バック
				→タッチアップ
				→ストップ

> どんな打球でも進塁できますか。
> 進塁できる打球にはどんな打球がありますか。
> ゴロだったら、全て進塁できますか

2 打球の状況に応じた走塁の技能を高めるベースランニングゲーム

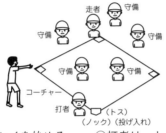

走者　守備
守備
守備　守備
コーチャー
打者
（ノック）（トス）（投げ入れ）

> 攻撃側の走塁（進塁）が速いのか、走塁を防ぐ守備側の協力したフィールディングが速いのかの競い合いが生徒の明確な課題になるようにゲームを工夫しましょう

○走者2塁からプレイを始める。　○打者は、トスされるボール（又はティー）を打つ。
○打球の状況によって塁を進んだり戻ったりする。
○状況に応じて2塁に残れれば2点、3塁に進塁できれば3点、
　ホームインできれば4点、アウトになれば0点とする。
○全員1回ずつ走者を行い、合計の得点を競うゲームである。
○打者が、ノックしたり、投げ入れたりしてもよい。

> 攻守の均衡を保つために、進塁のための塁間の距離を攻撃側のボールの飛距離や守備に費やす時間との関係から適切に設定しましょう。

3 メインのゲーム

走者2塁からの攻撃（進塁）ゲーム

○5名対5名で行う。
○ティーに載せたボールまたは味方がトスしたボールをバットで打つ。
○打者一巡の攻撃とする。
○全て走者2塁からプレイを始める。
○プレイごとに2塁走者と打者走者の進塁・残塁数の合計を得点とする。
　（例）2塁走者がホームイン（4点）＋打者ホームランでホームイン（4点）＝8点
　（例）2塁走者がホームイン（4点）＋打者走者が1塁残塁（1点）＝5点
　（例）2塁走者がそのまま2塁残塁（2点）＋打者フライでアウト（0点）＝2点
　（例）2塁走者がライナーで戻れずアウト（0点）＋打者ライナーでアウト（0点）＝0点
○柔らかいボールを使用する。
○グローブは使用せず素手で行う。

本時案

協力に関する態度を高めよう

⑤/12

本時の目標

練習の補助をしたり仲間に助言したりして、仲間の学習を援助しようとすることができるようにする。

評価のポイント

打球の状況によって塁を進んだり戻ったりすることができたか。

※協力は、本時で指導し、第10時に評価する。

※前時に指導していた走塁は、本時に評価する。

中心活動における指導のポイント

point 「協力」の指導では、その意義と具体的な行動の仕方についての知識を指導し、できるようになるための学習機会を保障する。

本時の展開

	時	生徒の学習活動と指導上の留意点
はじめ	3分	**集合・あいさつ** ○チームごとに整列する。 ○本時のねらいと学習内容を確認する。
準備運動	5分	**グラウンドや用具の準備・準備運動を行う** ○ランニング、ストレッチ、補強運動を行う。 ○キャッチボール、トスバッティングを行う。
学習内容の理解 練習とゲーム メインの ゲーム	35分	**⑴学習内容を理解する** ○協力に関する態度の知識を理解する。 **1** **⑵練習やゲームを行う** ○構えやスイングを意識しながら、バッティング練習を行う。 ○打球の状況に応じた走塁を意識しながら、ベースランニングゲームを行う。 ○バッティング練習やベースランニングゲームにおいて、球出しなどの補助をしたり、構え、スイング、打球に応じた走塁の課題の解決に向けて、仲間に助言したりする。 **2** **⑶メインのゲームをする** ○走者2塁からの攻撃（進塁）ゲームを行う。 （前時と同じ） ○協力のモデルとなる生徒の所作を確認する。
整理運動	2分	**整理運動・用具の片付けを行う** ○ストレッチを行う。 ○ベース、バット、ボールの片付け、個数の確認を行う。
まとめ	5分	**本時のまとめを行う** ○本時の授業記録をまとめる。 **3** ○学習の成果や課題などのまとめを発表する。 ○教師の評価を聞く。

7 水泳・平泳ぎ・バタフライ

8 傷害の防止

9 ベースボール型・ソフトボール

10 創作ダンス

11 フォークダンス

12 長距離走

13 ゴール型・ハンドボール

1 協力の指導

「何のために」「どのように」を理解して、仲間の学習を援助しよう	
何のために？	どのように？
仲間の学習を援助することは、自己の能力を高めたり仲間との 連帯感 を高めて気持ちよく活動したりすることにつながること。	練習の際に、球出しなどの 補助 をしたり、チームの作戦や戦術などの学習課題の解決に向けて仲間に 助言 したりすること。

> 協力の場面や行動の仕方の例などの具体的な知識と、なぜ協力するのかといった協力することの意義などの汎用的な知識を関連させて指導しましょう

2 球出しなどの補助や仲間への助言

仲間の学習を援助しよう

①球出しなどの補助

②構えやスイングの課題の解決に向けた仲間への助言

③打球に応じた走塁の課題の解決に向けた仲間への助言

> 仲間がトスバッティングするときにトスしたり、仲間の出来栄えについて助言したりするなど、仲間と協働する場面を設定しましょう

> 協力することの意義、方法等の理解に基づき、態度の出現が見られるかどうか実現状況を判断しましょう

3 授業記録

> 生徒は練習の補助をしたことや仲間に助言したことをデジタル学習ノートに記述するとともに、教師はその生徒の姿を行動観察の記録として蓄積しましょう

学びに向かう力、人間性等				
項目	入力1	教師コメント	入力2	評価（非公開）
健康・安全				
協　力				
公　正				

> 主体的に学習に取り組む態度については、「～（しようと）する」姿を観察により評価することが一般的であるため、知識としての評価項目ではないことに留意しましょう

本時案

捕球の技能を高めよう

本時の目標

ボールの正面に回り込んで、緩い打球を捕ることができるようにする。

評価のポイント

※捕球は、本時で指導し、次時に評価する。

中心活動における指導のポイント

point　練習やゲームでは、人数を増やしたり、制限時間を設けたりして、楽しく技能が高まるように工夫する。

本時の展開

	時	生徒の学習活動と指導上の留意点
はじめ	3分	**集合・あいさつ** ○チームごとに整列する。 ○本時のねらいと学習内容を確認する。
準備運動	5分	**グラウンドや用具の準備・準備運動を行う** ○ランニング、ストレッチ、補強運動を行う。 ○キャッチボール、トスバッティングを行う。
学習内容の理解 練習とゲーム メインのゲーム	35分	**(1)学習内容を理解する** ○捕球の行い方を理解する。 **1** **(2)練習やゲームを行う** ○捕球の技能を高める練習やゲームを行う。 **2** 　ゴロを投げ合いながら、緩い打球を捕球できるようにする。 　　2人組で　　4人組で　　5人組で 　　1分間に何回捕球できるか挑戦するゲームをする。 　ノックする。 　　各ポジションで捕球できるようにする。 　　1分間に何回捕球できるか挑戦するゲームをする。 　ピッチアンドラン 　　走者が視界に入っても捕球できるようにする。 ○練習を補助したり、仲間に助言したりする。 **(3)メインのゲームをする** ○走者1・2塁からの守備（進塁阻止）ゲームを行う。 **3**
整理運動	2分	**整理運動・用具の片付けを行う** ○ストレッチを行う。 ○ベース、バット、ボールの片付け、個数の確認を行う。
まとめ	5分	**本時のまとめを行う** ○本時の授業記録をまとめる。 ○学習の成果や課題などのまとめを発表する。 ○教師の評価を聞く。

7
水泳　平泳ぎ・バタフライ

8
傷害の防止

9
ベースボール型：ソフトボール

10
創作ダンス

11
フォークダンス

12
長距離走

13
ゴール型：ハンドボール

1 捕球のポイント

捕球

常にボールの正面に回り込んで捕球しましょう。
膝を曲げ、腰を落としながら、正面に回り込んで、ボールを捕球しましょう

ボールを捕るときはどのようなことに気を付ければいいですか。
打球を正面に回り込んで捕球できていますか

○中腰で膝を曲げる。

○ステップは細かくタイミングを合わせる。

○グローブは、基本的に下に向け、打球に合わせて捕る。

2 捕球の技能を高める練習やゲーム

相手の正面にゴロのボールを投げましょう。
正面のゴロに慣れてきたら、左右にずらしたり、バウンドさせたりしましょう

捕球の技能を高めよう

 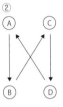   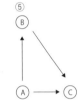

①2人組でお互いにゴロのボールを投げ合い、捕球する。

②4人組でゴロのボールを投げ合い、捕球する。

③5人組で星形になり、ゴロのボールを投げ合い、捕球する。

④ノックする。様々な打球を捕球する。

⑤ピッチアンドランをする。AはBにゴロを投げ、Bは捕球する。AはCに走る。CはBからのボールを捕球する。

3 メインのゲーム

走者1・2塁からの守備（進塁阻止）ゲーム

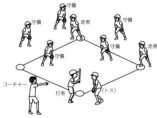

○5名対5名で行う。

○攻撃側の味方がトスしたボールをバットで打つ。

○打者一巡の攻撃とする。

○全て走者1・2塁からプレイを始める。

チームの人数を5名として、守備の場面では一人一人に役割を与えたり、攻撃の場面では打者一巡でイニングを交代するなど、全ての生徒がゲームに十分に参加することができるように工夫しましょう

○守備は捕球したところから近い塁でアウトをねらうなど進塁を阻止する。

○プレイごとに1・2・3塁いずれかでアウトにできれば、守備側に1点、できなければ、攻撃側に1点とする。

○柔らかいボールを使用する。

○グローブを使用する。

本時案

送球の技能を
高めよう

本時の目標

　投げる腕を後方に引きながら投げ手と反対側の足を踏み出し、体重を移動させながら、大きな動作でねらった方向にボールを投げることができるようにする。

評価のポイント

　ボールの正面に回り込んで、緩い打球を捕ることができたか。

　※送球は、本時で指導し、次時に評価する。

　※前時に指導していた捕球は、本時に評価する。

中心活動における指導のポイント

point　練習やゲームに、ボール以外の様々な教具等も使って、送球の技能を高められるように工夫する。

本時の展開

	時	生徒の学習活動と指導上の留意点
はじめ	3分	**集合・あいさつ** ○チームごとに整列する。 ○本時のねらいと学習内容を確認する。
準備運動	5分	**グラウンドや用具の準備・準備運動を行う** ○ランニング、ストレッチ、補強運動を行う。 ○キャッチボール、トスバッティングを行う。
学習内容の理解 練習とゲーム メインの ゲーム	35分	**(1)学習内容を理解する** ○送球の行い方を理解する。　**1** **(2)練習やゲームを行う**　**2** ○前時の捕球を復習する。 ○捕球を意識しながら、送球の練習やゲームを行う。 　ボール回し、三役トスバッティング 　ノック（1塁送球、2塁送球、3塁送球、本塁送球） ○様々な教具を使って、送球の技能を高める練習やゲームを行う。　**3** ○練習の補助を行ったり、仲間に助言したりする。 **(3)メインのゲームをする** ○走者1・2塁からの守備（進塁阻止）ゲームを行う。 　（前時と同じ）
整理運動	2分	**整理運動・用具の片付けを行う** ○ストレッチを行う。 ○ベース、バット、ボールの片付け、個数の確認を行う。
まとめ	5分	**本時のまとめを行う** ○本時の授業記録をまとめる。 ○学習の成果や課題などのまとめを発表する。 ○教師の評価を聞く。

7
水泳
平泳ぎ・バタフライ

8
傷害の防止

9
ベースボール型…
ソフトボール

10
創作ダンス

11
フォークダンス

12
長距離走

13
ゴール型…ハンドボール

1 送球のポイント

送球

○ボールを捕ってから投げたい方向に利き足を出す。

○ステップからの動作は、ボールを肩付近に持ってきて、利き足と反対の足をボールの受け手に向ける。

○スローイングは、利き腕を肩の延長線から前方に振る。

> 投げる側の腕を後方に引き、投げ手と反対側の足を踏み出しながらボールを投げていますか。ボールをねらった方向に投げられていますか

2 送球の技能を高める練習やゲーム

送球の技能を高めよう

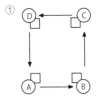

①ベースの間で、右回り、左回り、対角線、ねらった方向に送球する。

②AがトスしてBが打った打球を、Cが捕球し、Aに送球する。

③ノックする。様々な打球を捕球し、ねらった方向に送球する。

> 1塁、2塁、3塁、本塁とねらった方向に送球させましょう

> キャッチボールの練習では、ボール操作に慣れていない生徒でも捕球をスムーズにできるように、ワンバウンドでの送球や捕球もさせましょう

3 様々な教具を使って送球の技能を高める練習やゲーム

様々な教具を使って送球の技能を高めよう

○メンゴバンバン

○バウンドハイボール

○紙鉄砲で振る（フル）アーム

○ブーメランでスナップアップ

○ありのままで雪合戦

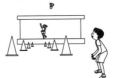
○スペースシャトルどこまでも

○ターゲットスロー

○流れ星スロー

○コーナーコーナー

> メンコ、あまり弾まないボール、紙鉄砲、ブーメラン、使用しなくなったシャトル、新聞紙、流れ星（新聞紙をビニル袋で包みテープを付けた自作のもの）など様々な教具を使って、送球の技能を高めましょう

> 限られた状況でもできる送球の技能を高める練習やゲームとして、生徒の実態や学習環境等を踏まえ、様々な類似の運動を取り入れるなど、工夫しましょう

本時案

ポジションに応じた動きを高めよう

8/12

本時の目標

各ポジションの役割に応じて、ベースカバーやバックアップの基本的な動きをすることができるようにする。

評価のポイント

投げる腕を後方に引きながら投げ手と反対側の足を踏み出し、体重を移動させながら、大きな動作でねらった方向にボールを投げることができたか。

※各ポジションの役割に応じた基本的な動きは、本時で指導し、次時に評価する。

※前時に指導していた送球は本時に評価する。

中心活動における指導のポイント

point 捕球や送球に、ベースカバーやバックアップが加わり、複雑で難しくなるため、進塁とその阻止をめぐる競い合いに焦点化した様相となるようにゲームを工夫する。

本時の展開

	時	生徒の学習活動と指導上の留意点
はじめ	3分	**集合・あいさつ** ○チームごとに整列する。 ○本時のねらいと学習内容を確認する。
準備運動	5分	**グラウンドや用具の準備・準備運動を行う** ○ランニング、ストレッチ、補強運動を行う。 ○キャッチボール、トスバッティングを行う。
学習内容の理解 練習とゲーム メインのゲーム	35分	**(1)学習内容を理解する** ○各ポジションの役割に応じた基本的な動きの行い方を理解する。**1** **(2)練習やゲームを行う** ○前時の送球を復習する。 ○各ポジションの役割に応じた基本的な動きを高める練習やゲームを行う。**2** ○練習の補助を行ったり、仲間に助言したりする。 **(3)メインのゲームをする 3** ○走者1名からの守備（進塁阻止）ゲームを行う。
整理運動	2分	**整理運動・用具の片付けを行う** ○ストレッチを行う。 ○ベース、バット、ボールの片付け、個数の確認を行う。
まとめ	5分	**本時のまとめを行う** ○本時の授業記録をまとめる。 ○学習の成果や課題などのまとめを発表する。 ○教師の評価を聞く。

7 水泳・平泳ぎ・バタフライ

8 傷害の防止

9 ベースボール型：ソフトボール

10 創作ダンス

11 フォークダンス

12 長距離走

13 ゴール型：ハンドボール

1 各ポジションの役割に応じた基本的な動き

各ポジションの役割に応じた基本的な動き

・ ベースカバー は、直接、ベースに入ること。

・ バックアップ は、ベースに対する送球がそれたときのためにベースの後方に入ること。

例えば、走者1塁で、1塁走者（または打者走者）の2塁への進塁を阻止する場合

○内野の右側の場合

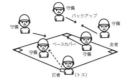

○内野の左側の場合

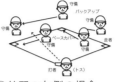

○外野の左側の場合

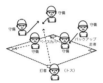

○外野の真ん中左寄りの場合

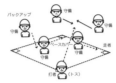

○外野の真ん中右寄りの場合

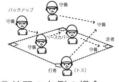

○外野の右側の場合

2 各ポジションの役割に応じた基本的な動きを高める練習やゲーム

各ポジションの役割に応じた基本的な動きを高めよう

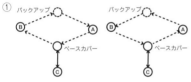 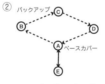 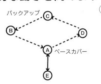 

①3人組で、時計（反時計）回りで、ベースカバーとバックアップの動きを行う。

②5人組で、時計（反時計）回りで、ベースカバーとバックアップの動きを行う。

③ノックで、様々な場面を想定して、ベースカバーとバックアップの動きを行う。

3 メインのゲーム

走者1名からの守備（進塁阻止）ゲーム

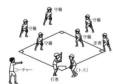

○5名対5名で行う。

○攻撃側の味方がトスしたボールをバットで打つ。

○打者一巡の攻撃とする。

○最初の攻撃は、走者1塁からプレイを始める。

○以降、打者走者が進塁したところからプレイを始める。

○守備は走者1名の進塁を阻止する。

○プレイごとに走者のホームインを阻止できれば、守備側に1点、できなければ、攻撃側に1点とする。

○打者がフライやライナーでアウトになった場合、次のプレイは走者1塁から再開する。

○練習用ソフトボール（または柔らかいボール）を使用する。　○グローブを使用する。

守備側におけるゲームの状況判断を伴った捕球・送球などのボール操作に加え、進塁を阻止するベースカバー、仲間のボール操作をカバーするバックアップといったボールを持たないときの動きなどの技能が複雑で難しくなるため、必要な技能を説明しながら、進塁とその阻止をめぐる競い合いに焦点化した様相となるようにゲームを工夫しましょう

本時案

自己やチームの
課題を伝えよう

本時の目標

提供された動きのポイントやつまずきの事例を参考に、仲間の課題や出来映えを伝えることができるようにする。

評価のポイント

各ポジションの役割に応じて、ベースカバーやバックアップの基本的な動きをすることができたか。

提供された動きのポイントやつまずきの事例を参考に、仲間の課題や出来映えを伝えていたか。

※課題の発見は、本時で指導し、本時に評価する。

中心活動における指導のポイント

- -

point　ICT を活用し、課題の発見に取り組み、仲間との協働的な学習の充実を図る。

※前時に指導していた各ポジションの役割に応じた基本的な動き（知識及び技能）は、本時に評価する。

本時の展開

	時	生徒の学習活動と指導上の留意点
はじめ	3分	**集合・あいさつ** ○チームごとに整列する。 ○本時のねらいと学習内容を確認する。
準備運動	5分	**グラウンドや用具の準備・準備運動を行う** ○ランニング、ストレッチ、補強運動を行う。 ○キャッチボール、トスバッティングを行う。
学習内容の理解 練習とゲーム メインのゲーム	35分	**(1)学習内容を理解する** ○課題の発見を理解する。 **1** **(2)練習やゲームに取り組む** ○各ポジションの役割に応じた基本的な動きについて、課題の発見を行う。 ○ ICT を活用して課題の発見を行う。 **2** ○練習の補助を行ったり、仲間に助言したりする。 **(3)メインのゲームをする** ○走者1名からの守備（進塁阻止）ゲームを行う。 （前時と同じ）
整理運動	2分	**整理運動・用具の片付けを行う** ○ストレッチを行う。 ○ベース、バット、ボールの片付け、個数の確認を行う。
まとめ	5分	**本時のまとめを行う** ○本時の授業記録をまとめる。 **3** ○学習の成果や課題などのまとめを発表する。 ○教師の評価を聞く。

7 水泳 平泳ぎ・バタフライ

8 傷害の防止

9 ベースボール型：ソフトボール

10 創作ダンス

11 フォークダンス

12 長距離走

13 ゴール型：ハンドボール

1 課題の発見

仲間の課題や出来映えを伝えよう

○各ポジションの役割に応じた基本的な動きについて、提供された動きのポイントやつまずきの事例を参考に、仲間の課題や出来映えを伝える。

○ベースカバーやバックアップの基本的な動きの技能を高めるために、走者1名のノックに取り組みながら、仲間の課題や出来映えを伝える。

> 仲間のベースカバーやバックアップの基本的な動きの課題や出来映えを伝えるよう指導しましょう

2 ICTを活用した課題の発見

> 撮影の機会、撮影対象者の人数など適宜設定し、運動学習への従事時間を確保しましょう

ICTの活用

○映像を撮影する際、目的を明確にする。

○確認する動きの焦点化、どの位置から、何を撮影すれば効果的かを確認する。

○映像を視聴して終わりではなく、視聴しながら仲間とともに成果や課題について意見交換する。

> スロー再生、遅延再生等により、効率的・効果的な取組となるようICTを活用しましょう

> ICTの活用により、学習への意欲を喚起したり、仲間との協働的な学習を充実させたりしましょう

3 授業記録

思考力、判断力、表現力等				
項目	入力1	教師コメント	入力2	評価（非公開）
課題の発見	私は、○○さんのベースカバーが遅いときがあったので、速くベースに入るように本人に伝えました。	授業で提供された動きのポイントを参考に、伝えさせたり、記述させたりしましょう		
課題の発見	私は、○○さんが常に素早くベースカバーに動いていたので、続けるように本人に伝えました。	課題の発見、解決の学習過程と技能の向上を一体化させる学習展開となるよう工夫しましょう		
課題の発見	私は、○○チームのバックアップが確実に入っていないときがあったので、打球の方向を意識して動くように仲間に伝えました。	思考力、判断力、表現力等は、デジタル学習ノートの記述内容を中心に評価しましょう		

本時案

練習方法を選び、公正に関する態度を高めよう

10/12

本時の目標

　提供された練習方法から、自己やチームの課題に応じた練習方法を選ぶことができるようにする。

　マナーを守ったり相手の健闘を認めたりして、フェアなプレイを守ろうとすることができるようにする。

評価のポイント

　提供された練習方法から、自己やチームの課題に応じた練習方法を選んでいたか。

　練習の補助をしたり仲間に助言したりして、仲間の学習を援助しようとしていたか。

　※練習方法の選択は、本時で指導し、本時に評価する。

中心活動における指導のポイント

- -

point　課題の発見、練習方法の選択、課題の解決の一連のサイクルを仲間との協働的な学習により進める。

　※公正は、本時で指導し、次時に評価する。

　※第5時に指導していた協力は、本時に評価する。

本時の展開

	時	生徒の学習活動と指導上の留意点
はじめ	3分	**集合・あいさつ** ○チームごとに整列する。 ○本時のねらいと学習内容を確認する。
準備運動	5分	**グラウンドや用具の準備・準備運動を行う** ○ランニング、ストレッチ、補強運動を行う。 ○キャッチボール、トスバッティングを行う。
学習内容の理解 練習とゲーム メインのゲーム	35分	**⑴学習内容を理解する** ○練習方法の選択を理解する。　**1** ○公正に関する態度の知識を理解する。　**2** **⑵練習やゲームを行う** ○課題に応じた練習方法を選び、練習やゲームに取り組む。 **⑶総当たり戦による大会をする** ○全員攻撃・全員守備ゲームを行う。　**3**
整理運動	2分	**整理運動・用具の片付けを行う** ○ストレッチを行う。 ○ベース、バット、ボールの片付け、個数の確認を行う。
まとめ	5分	**本時のまとめを行う** ○本時の授業記録をまとめる。 ○学習の成果や課題などのまとめを発表する。 ○教師の評価を聞く。

7 水泳 平泳ぎ・バタフライ

8 傷害の防止

9 ベースボール型…ソフトボール

10 創作ダンス

11 フォークダンス

12 長距離走

13 ゴール型…ハンドボール

1 練習方法の選択

練習方法を選ぼう

自己やチームの課題をもつ→ 練習方法を選ぶ →課題を解決する

例えば

スイングの技能を高めよう

○テープバッティング

○ティースイング

○トスバッティング

> 課題は何ですか。
> これまでに提供された練習方法にはどんな方法がありましたか。
> 課題の解決に向けて、どんな練習方法に取り組みますか

捕球の技能を高めよう

○2（または4、5）人組でのゴロの投げ合い

○ノック

○ピッチアンドラン

> 課題の発見、練習方法の選択、課題の解決の一連のサイクルを仲間との協働的な学習により進めることができるように工夫しましょう

送球の技能を高めよう

○ボール回し

○三役トスバッティング

○ノック（1塁送球、2塁送球、3塁送球、本塁送球）

2 公正の指導

> なぜルールやマナーを守らないといけませんか

> 総当たり戦による大会に取り組む際、公正に関する知識を理解させた上で、フェアなプレイに取り組ませましょう

「何のために」「どのように」を理解して、フェアなプレイを守ろう	
何のために？	どのように？
ルールやマナーを守ることで球技独自の楽しさや 安全性 、 公平性 が確保されること、また、相手や仲間のすばらしいプレイやフェアなプレイを認めることで、互いを 尊重 する気持ちが強くなること。	球技はチームや個人で勝敗を競う特徴があるため、規定の範囲で勝敗を競うといったルールや相手を尊重するというマナーを守ったり、相手や仲間の健闘を認めたりして、フェアなプレイに取り組もうとすること。

> 「公正」を取り上げる際、「わかって、フェアなプレイに取り組もうとする」ことになるので、その態度が形成される基となる知識について、丁寧に指導しましょう

3 メインのゲーム

全員攻撃・全員守備ゲーム

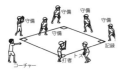

○5名対5名とする。

○投球は攻撃のチームがトスをする。

○1イニングは打者一巡とする。

> 教師は、フェアなプレイのモデルとなる生徒の行動を追認したり、称賛したりしましょう

○最後の打者が進塁できない状況になった時点でイニングの終了とする。

○ホームインした数を得点とする。

○得点の多いチームが勝ちとする。

○勝敗を問わず、お互いの健闘を認め合う場面を設定する。

> 勝敗にかかわらず、健闘を認め合った際の感情を伝え合いましょう

本時案

よい取組を見付け、伝えよう

11/12

本時の目標

　練習やゲームの場面で、最善を尽くす、フェアなプレイなどのよい取組を見付け、理由を添えて他者に伝えることができるようにする。

評価のポイント

　練習やゲームの場面で、最善を尽くす、フェアなプレイなどのよい取組を見付け、理由を添えて他者に伝えていたか。
　マナーを守ったり相手の健闘を認めたりして、フェアなプレイを守ろうとしていたか。
　※よい取組の発見は、本時で指導し、本時に評価する。
　※前時に指導していた公正は、本時に評価する。

中心活動における指導のポイント

point　練習やゲームの際、仲間のよい取組を見付け、よさを伝える場面を適切に設定する。

本時の展開

	時	生徒の学習活動と指導上の留意点
はじめ	3分	**集合・あいさつ** ○チームごとに整列する。 ○本時のねらいと学習内容を確認する。
準備運動	5分	**グラウンドや用具の準備・準備運動を行う** ○ランニング、ストレッチ、補強運動を行う。 ○キャッチボール、トスバッティングを行う。
学習内容の理解 練習とゲーム メインのゲーム	35分	**(1)学習内容を理解する** ○よい取組の発見を理解する。 ○フェアなプレイ宣言を再確認する。　**1** **(2)練習やゲームを行う** ○課題に応じた練習方法を選び、練習やゲームに取り組む。 **(3)総当たり戦による大会をする**　**2** ○全員攻撃・全員守備ゲームを行う。（前時と同じ）
整理運動	2分	**整理運動・用具の片付けを行う** ○ストレッチを行う。 ○ベース、バット、ボールの片付け、個数の確認を行う。
まとめ	5分	**本時のまとめを行う** ○本時の授業記録をまとめる。　**3** ○学習の成果や課題などのまとめを発表する。 ○教師の評価を聞く。

7 水泳 平泳ぎ・バタフライ

8 傷害の防止

9 ソフトボール ベースボール型…

10 創作ダンス

11 フォークダンス

12 長距離走

13 ゴール型…ハンド ボール

1 フェアなプレイ宣言

私たちの「フェアなプレイ宣言」

○ルールやマナーを守り、全力で競い合います。

○勝敗にかかわらず、仲間の頑張りを言葉に表し伝え合います。

○よい取組に拍手をするなど、仲間の健闘を認め合います。

> 「フェアなプレイ宣言」を取り入れたり、「フェアなプレイ賞」を設けたりするなどして、公正に関する態度を高めましょう

2 総当たり戦による大会

全員攻撃・全員守備ゲーム

> 知識を活用する場面を保障し、行動に生かしていこうとする学習活動を適切に設定しましょう。
> 自身のプレイを振り返り、改善点を明確にする場面を取り入れましょう。
> フェアなプレイのモデルとなる生徒の行動に注目させましょう

> 「フェアなプレイ賞」にふさわしい仲間は、誰ですか。
> その理由は何ですか。
> 相手チームとの健闘の認め合いは、どのような気持ちになりますか

3 授業記録

思考力、判断力、表現力等　よい取組の発見　思考・判断・表現				
項目	入力1	教師コメント	入力2	評価（非公開）
よい取組の発見	いつも最善を尽くし、相手チームの健闘をたたえるので、○○さんを見習いたいです。			
よい取組の発見	相手チームに「ナイスプレイ」と声をかけるので、○○さんはすごいと思いました。		仲間のよい取組を見付けている様子、よさを伝えている発言や行動の様子を見取りながら、デジタル学習ノートの記述内容を中心に評価しましょう	
よい取組の発見	仲間を温かく励ましている○○さんは、フェアなプレイ賞にふさわしいです。		「フェアなプレイ宣言」を基に、「フェアなプレイ賞」を理由も添えて選出させるなど、工夫しましょう	

本時案

学習の成果を生か してゲームしよう

本時の目標

基本的なバット操作と走塁での攻撃、ボール操作と定位置での守備などによって攻防することができるようにする。

評価のポイント

観点別学習状況の評価の総括的な評価として位置付け、最終確認する。

中心活動における指導のポイント

point　観点別学習状況の評価の総括的な評価を位置付け、最終確認として、評価の妥当性や信頼性を高める。

本時の展開

	時	生徒の学習活動と指導上の留意点
はじめ	3分	**集合・あいさつ** ○チームごとに整列する。 ○本時のねらいと学習内容を確認する。
準備運動	5分	**グラウンドや用具の準備・準備運動を行う** ○ランニング、ストレッチ、補強運動を行う。 ○キャッチボール、トスバッティングを行う。
学習内容の理解 練習とゲーム メインのゲーム	35分	**(1)学習内容を理解する** ○学習の成果を生かしてゲームを行うことを理解する。 **1** **(2)チームごとの練習やゲームを行う** **2** ○提供された動きのポイントやつまずきの事例を参考に、仲間の課題や出来映えを伝える。 ○提供された練習方法から、自己やチームの課題に応じた練習方法を選び、練習やゲームに取り組む。 ○練習やゲームの場面で、最善を尽くす、フェアなプレイなどのよい取組を見付け、理由を添えて他者に伝える。 ○健康・安全に留意する。 ○練習の補助を行ったり、仲間に助言したりする。 **(3)総当たり戦による大会を行う** ○全員攻撃・全員守備ゲームを行う。（第10・11時と同じ） ○マナーを守ったり相手の健闘を認めたりして、フェアなプレイを守ろうとする。
整理運動	2分	**整理運動・用具の片付けを行う** ○ストレッチを行う。 ○ベース、バット、ボールの片付け、個数の確認を行う。
まとめ	5分	**本時のまとめを行う** **3** ○本時の授業記録をまとめる。 ○学習の成果や課題などのまとめを発表する。 ○教師の評価を聞く。

7	水泳ぎ・バタフライ 平泳
8	傷害の防止
9	ベースボール型…ソフトボール
10	創作ダンス
11	フォークダンス
12	長距離走
13	ボール型…ハンド ゴール

1　学習の成果を生かしたゲーム

学習の成果を生かしてゲームしよう

○知識及び技能
○思考力、判断力、表現力等
○学びに向かう力、人間性等

> 総当たり戦による大会において、動きの獲得を通して一層知識を実感できるようにすることや、知識を活用し課題を発見・解決するなどの「思考力、判断力、表現力等」「学びに向かう力、人間性等」を育む学習につながるようにしましょう

2　チームごとの練習やゲーム

チームごとに練習やゲームを行おう

○課題の発見
○練習方法の選択
○よい取組の発見等

> 知識と技能の関連性や「学びに向かう力、人間性等」で示されている指導事項を捉えた上で、「思考力、判断力、表現力等」の育成を図る深い学びの実現に向けて指導しましょう

3　指導と評価の計画の活用

三つの資質・能力の内容をバランスよく指導し、評価しましょう

> 「技能」と「主体的に学習に取り組む態度」は観察評価が中心であり、同時に評価を行うことが困難であるため、同一時間には設定しないように留意しましょう

> 「知識」と「思考・判断・表現」の2つの観点における評価は、主に学習ノート等に記述された内容から評価を行うことから、指導から期間を置かずにその時間に評価する（評価する材料を収集する）ようにしましょう。また、生徒の発言等の観察評価によって得られた評価情報を加味しましょう

	指　　導				評　　価			
	知識及び技能		思考力、判断力、表現力等	学びに向かう力、人間性等	知識・技能		思考・判断・表現	主体的に学習に取り組む態度
	知識	技能			知識	技能		
1	特　性			健康・安全	特　性			
2	技術の名称や行い方	構　え			技術の名称や行い方			健康・安全
3		スイング				構　え		
4		走　塁				スイング		
5				協　力		走　塁		
6		捕　球						
7		送　球				捕　球		
8		ポジションに応じた動き				送　球		
9			課題の発見			ポジションに応じた動き	課題の発見	
10			練習方法の選択	公　正			練習方法の選択	協　力
11			よい取組の発見				よい取組の発見	公　正
12					総括的な評価			

> 指導事項を精選し、動きのポイントを明確にしたり、ICTを効果的に活用したりするなどして、体を動かす機会を適切に確保しましょう

> 「技能」と「主体的に学習に取り組む態度」の2つの観点における評価は、技能の獲得や態度の育成等に一定の学習機会が必要となることや主に観察評価によって評価を行うことから、指導後に一定の学習期間や評価期間を設けるように工夫しましょう

> 観点別学習状況の評価の総括的な評価を位置付け、最終確認として、評価の妥当性や信頼性を高めましょう

10 創作ダンス

（9 時間）

単元の目標

⑴感じを込めて踊ったりみんなで踊ったりする楽しさや喜びを味わい、ダンスの特性や由来、表現の仕方、その運動に関連して高まる体力などを理解するとともに、イメージを捉えた表現や踊りを通した交流をすることができるようにする。

単元計画（指導と評価の計画）

1 時（導入）	2 〜 7 時（展開①）
ダンスの種類による表現の仕方の違いを理解し、体と心を解放して、即興表現に対応できる体と心の準備をする。	ダンスに関連して高まる体力について理解し、多様なテーマを用いて、テーマから浮かび上がる題材や関連する動きを即興的に表現する。
1　学習の進め方と創作ダンスを学ぶ POINT：ダンスの種類に応じた表現の仕方を理解し、創作ダンスの学習について確認する。 **[主な学習活動]** ○集合・あいさつ ○ダンスの種類と表現の仕方について理解する。 ○単元の目標や学習の道筋の確認 ○円形・ペアウォーミングアップ ○振付のない動きに取り組む。 ・即興表現について知る。 ○整理運動 ○学習の振り返り	**2 〜 7　思いついた動きを即興的に踊り、動きに変化をつけてひと流れの動きで表現する** POINT：多くの仲間と関わり合いながら、様々なテーマを設定し、即興的な表現に取り組めるようにする。 **[主な学習活動]** ○集合・あいさつ ○本時の学習の流れの確認 ○円形・ペアウォーミングアップ / 前時の復習 ○ひと流れの動き（即興的な表現）に取り組む。 ・多様なテーマの例から、動きに変化を付けて素早く即興的に表現する。 ○見せ合いの活動 ○学習の振り返り
[評価計画]　知①	[評価計画]　知②　技①〜⑦　思①③④　態①②

単元の評価規準

知識・技能	
○知識 ①それぞれのダンスには、表現の仕方に違いがあることについて、学習した具体例を挙げている。 ②ダンスはリズミカルな全身の動きに関連した体力が高まることについて、言ったり書き出したりしている。学習した具体例を挙げている。 ○技能 ①一番表したい場面や動きを、スローモーションの動きで誇張したり、何回も繰り返したりして表現することができる。 ②「走る―跳ぶ―転がる」をひと流れでダイナミックに動いてみてイメージを広げ、変化や連続の動きを組み合わせて表現することができる。 ③「走る―止まる」では、走って止まるまでをひと流れで動いたところからイメージを広げて表現することができる。	④「伸びる―縮む」では身体を極限・極小まで動かし、イメージを広げて表現することができる。 ⑤生活や自然現象、人間の感情などの中からイメージを捉え、緩急や強弱、静と動などの動きを組み合わせて変化やメリハリをつけて表現することができる。 ⑥仲間と関わり合いながら密集や分散を繰り返し、ダイナミックに空間が変化する動きを表現することができる。 ⑦ものを何かに見立ててイメージをふくらませ、変化のある簡単なひとまとまりの表現にして踊ったり、場面の転換に変化を付けて表現したりすることができる。 ⑧テーマにふさわしい変化と起伏、構成で「はじめ―なか―おわり」で表現して踊ることができる。

7	水泳 平泳ぎ・バタフライ
8	傷害の防止
9	ソフトボール ベースボール型…
10	創作ダンス
11	フォークダンス
12	長距離走
13	ゴール型::ハンド ボール

ア　創作ダンスでは、多様なテーマから表したいイメージを捉え、動きに変化を付けて即興的に表現したり、変化のあるひとまとまりの表現にしたりして踊ることができるようにする。　知識及び技能

(2)表現などの自己の課題を発見し、合理的な解決に向けて運動の取り組み方を工夫するとともに、自己や仲間の考えたことを他者に伝えることができるようにする。　思考力、判断力、表現力等

(3)ダンスに積極的に取り組むとともに、仲間の学習を援助しようとすること、交流などの話合いに参加しようとすること、一人一人の違いに応じた表現や役割を認めようとすることなどや、健康・安全に気を配ることができるようにする。　学びに向かう力、人間性等

8〜9時（まとめ）

テーマにふさわしい変化と起伏、構成で「はじめ－なか－おわり」で表現して踊る。また動きを見せ合い、互いの違いに応じた表現を認め合う。

8〜9　仲間とともに、「はじめ－なか－おわり」の構成で表現し、発表する

POINT：仲間とともに工夫しながら、表したい感じやイメージを変化と起伏のあるひとまとまりの動きで強調できるよう表現する。グループごとにひとまとまりの動きを発表し、それぞれの仲間の表現を楽しむ。

[主な学習活動]
○集合・あいさつ
○本時の学習の流れの確認
○グループウォーミングアップ
○ひとまとまりの動き（「はじめ－なか－おわり」の構成を工夫した動き）に取り組む。
・変化と起伏（盛り上がり）、場の使い方を工夫する。
○見せ合いの活動
○各グループの発表の感想を共有する。
○学習の振り返り

[評価計画]　技⑧　思②　態③　総括的な評価

思考・判断・表現	主体的に学習に取り組む態度
①提示された事例を参考に、自分の興味や関心に合ったテーマや踊りを設定している。 ②提供されたテーマや表現の仕方から、自己やグループの課題に応じた練習方法を選んでいる。 ③学習した安全上の留意点を、他の学習場面に当てはめ、仲間に伝えている。 ④仲間と話し合う場面で、提示された参加の仕方に当てはめ、グループへの関わり方を見付けている。	①仲間の手助けをしたり助言したりして、仲間の学習を援助しようとしている。 ②簡単な作品創作などについての話合いに参加しようとしている。 ③健康・安全に留意している。

本時案

学習の進め方と
創作ダンスを学ぶ

本時の目標

単元の学習内容を知り、ダンスの種類に応じた表現の仕方を理解することができる。

評価のポイント（知識①）

それぞれのダンスには、表現の仕方に違いがあることについて、学習した具体例を挙げていたか。

中心活動における指導のポイント

point　ダンスには、あらかじめ決まった振付があり、その踊り方の特徴を捉えて、音楽に合わせて踊るフォークダンスのようなダンスの他にも、イメージを基に自由に踊る創作ダンスやリズムの特徴を捉えて自由に踊る現代的なリズムのダンス等の表現の仕方があることを、いろいろなダンスの例を挙げながら、理解できるように指導する。

また、創作ダンスについては、動きに間違いがなく、お互いの動きを認め合うことが大切であることをしっかりと伝え、自由で受容的な雰囲気づくりを心掛ける。

本時の展開

	時	生徒の学習活動と指導上の留意点
はじめ	3分	**集合・あいさつ** ○筆記用具 or 学習用端末を持って整列。 ○本時の学習内容を知る。
ダンスについての知識の学習（表現の仕方）	10分	**知っているダンスの種類を挙げる 1** ○グループ内で協力して、付箋にダンス名をできる限り書く。 **付箋のダンスの種類を「イメージを動きにして表現するダンス」「リズムに乗って表現するダンス」「伝承されてきた踊りの特徴を捉えて踊るダンス」に分類する** ○グループ内で協力して、付箋を3つのまとまりに分類する。 **ダンスには表現の仕方に違いがあることを学習** ※学習用端末の機能を用いてもよい
単元の確認	2分	**9時間の単元の学習内容とねらい、評価について確認する**
円形・ペアウォーミングアップ	15分	**円形になってウォーミングアップに取り組む 2** ○リズミカルな音楽に乗せて、教師の真似をしたり、仲間と協力しながら、柔軟性を高める運動を行う。 **ペアでウォーミングアップを行う** ○ジャンケン股割や、足ジャンケンを行う。 **健康・安全に留意することを学習**
即興表現導入	10分	**とんねるくぐり 3** ○ペアでとんねるをつくる・くぐるを繰り返し、思いつくままに捉えたイメージをすぐに動きに変えて表現する、という即興表現を体験する。 ○動きに間違いがないこと、お互いの動きを認め合うことを学習する。
整理運動		**手、足など運動で使ったところをゆったりとほぐす**
まとめ	10分	**クラス全体で本時の学習について振り返る** ○ダンスの表現の仕方の違いについて学習カード（or 学習用端末）に記入する。 ○創作ダンスの特性を記入し、ペアで共有する。

7	水泳 平泳ぎ・バタフライ
8	傷害の防止
9	ベースボール型…ソフトボール
10	**創作ダンス**
11	フォークダンス
12	長距離走
13	ゴール型…ハンドボール

1 ダンスを学ぶ：ダンスの表現の仕方

〇ダンスが身近に感じられるような工夫をする。

(1) 4〜5名のグループをつくり、付箋を配付して、知っているダンスの名前をできるだけたくさん書かせる。

(2) グループ内で協力して、「イメージを動きにして表現するダンス」「リズムに乗って表現するダンス」「伝承されてきた踊りの特徴を捉えて踊るダンス」に分類する。

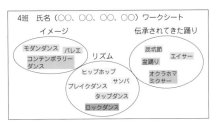

2 円形・ペアウォーミングアップ

〇仲間と関わりながら、遊び感覚で体と心をほぐしていく。

(1) リズミカルな音楽に乗せて、教師の指示で、円のままスキップやギャロップ等をして移動する。腰を下ろしてから、左右に脚を開いて前の人の頭の上を越えて内側の脚を外側の脚にそろえ、長座の姿勢から、次は外側にあった方の脚を隣の人の頭の上を越えて内側に移動させ、再び左右に脚を開脚したりと、遊び感覚で柔軟運動を行う。

(2) ペアで向かい合って、ジャンケンをし、負けた方は脚を横に一歩開く。何度も繰り返し、お尻がついた方が負け。手はついてもOK。

　また、足でグー、チョキ、パーをつくり、全身を使ってジャンケンをする。よりダイナミックな動きになるように、ジャンケンの前に抱え込みジャンプ（膝を胸につけるように行うジャンプ）を行ってから足ジャンケンをする。

3 とんねるくぐりの行い方

〇とんねるをつくる、くぐるという単純な動きをスモールステップで発展させながら、思いつくままに捉えたイメージをすぐに動きに変えて表現する、という即興表現を体験し、いずれのとんねるの形やくぐり方も間違いではないこと、お互いの動きを認め合うことを学習する。

(1) まずはペアのうち一人が足を開いて立ち、とんねるをつくる。ペアのもう一人がとんねるの間をくぐったらすぐに交代して、次はくぐった人がとんねるをつくり、とんねるをつくっていた人がくぐる。これを何度も繰り返す。

(2) 次に同じ方法で、とんねるの形を変化させる。身体のどの部分を使ってとんねるをつくってもよく、思い浮かばなかったら仲間のとんねるの形を真似してもよい。

(3) 続いて、ポーズとして止まっていたとんねるを、動きのあるとんねるに変化させる。身体のどこかが動いていればOK。体育館にいる全員が止まっていることのないように動き続ける。

本時案

思いついた動きを即興的に踊り 動きに変化をつけて ひと流れの動きで表現する①

本時の目標

　紙を落とさないように、ひと流れの動きを体験し、新聞紙の動きをよく見て、質感を体の動きで表現することができる。

評価のポイント（主体的に学習に取り組む態度③）

　紙や新聞紙を使用する際、相手に痛みがないような渡し方を工夫したり、仲間とぶつからないよう空いている場所を見付けて活動したり、仲間が紙に乗って滑らないよう、指定の場所に整頓して置いたり、ゴミを捨てる等、健康・安全に留意していたか。

中心活動における指導のポイント

point　決まった振付やステップではない、「自由」な動きに親しむために、「もの」の力を借りて、即興的にひと流れの動きを体験することを重視する。紙を落とさないように動く、新聞紙をよく見て動く、という体験を通して、夢中で動いているうちにいつの間にか自由に踊っている自分と仲間に気付き、最後の見せ合いの活動で客観的に「自由」な動きを理解させることをねらいとする。また、仲間とものを使うことから、健康や安全へ注意を向けられるように指導する。

本時の展開

	時	生徒の学習活動と指導上の留意点
はじめ	3分	**集合・あいさつ** ○筆記用具 or 学習用端末を持って整列。 ○本時の学習内容を知る。 **復習、健康・安全に留意することを学習**
ウォーミングアップ	5分	**ペアでウォーミングアップを行う** ○ジャンケン股割や、足ジャンケンを行う。 ○ペアでとんねるをつくる・くぐるを繰り返す。
ものを使う (1)紙	15分	**紙を使って止まらず動き、ひと流れを体験する** 1 ○ペアで1枚紙を持ち、体育館の両端に分かれ、紙をパスし合う。 ○紙を落とさないようにするにはどうすればよいかをペアで考え、発表する。 **仲間の学習を援助することを学習** ○ペアで紙を落とさないように自由に動き、ひと流れの動きを体験する。
ものを使う (2)新聞紙	15分	**新聞紙** 2 ○教師が操作する新聞紙をよく見て動く。新聞紙の質感を体で表現する。 ○ペアで新聞紙を操作する役と新聞紙になりきる役を交代して行う。 ○ペアで気に入った動きを3つ以上つなげて「ひと流れ」の動きで踊る。
見せ合いの活動	5分	**クラスの半分ずつ発表** ○誰ひとりとして同じ動きはないことを観察する。
まとめ	7分	**紙・新聞紙の片付け・ゴミ捨てをする** **クラス全体で本時の学習について振り返る** ○健康・安全に留意できたか、ひと流れの動きとは何か、見せ合いの活動での気付きを学習カード（or 学習用端末）に記入。

1 紙を使った動き

○「紙を落とさない」ように動くことの繰り返しにより、動きを連続させ、「ひと流れの動き」を体験する。

(1) A4用紙をペアに1枚配付する。

(2) 体育館の両端に分かれて、1枚の紙を落とさないように、手から手、手からおなか、手から背中（背中で受け取る側は後ろ向きに走る）に渡す。

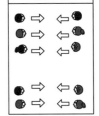

(3) このときに紙が落ちたらすぐに拾う、他のペアにぶつからないように位置やタイミングに注意すること、また、紙をパスする際に、相手が痛がらない、けがをしない力加減を探るなど、健康・安全への注意点を確認し、実行させる。

(4) ペアで、紙を落とさないようにするにはどうすればよいかを考えさせ、パスがよく通っていたペアを選んで、そのポイントを発表させる。2人の動きを止めないこと、力加減を調整すること等の意見を引き出しクラス全員で共有する。

(5) 体育館中にペアでランダムに広がり、共有したポイントを意識させ、紙を落とさないように流れを切らさず自由に動く。教師が、紙を落とさないように、回る、ジャンプ、床を転がる等の動きを入れて示範すると、生徒がイメージをもって動くことができる。

2 新聞紙を使った動き

○新聞紙をよく見て、思いのままに体を自由に動かす。また、新聞紙の様々な状態（ぐしゃぐしゃ、ピンと張る、ふわっと舞う、地面に置く、丸まる等）を体で表現することで、様々な質感の動きを実施できるようにする。

(1) 教師が操作する新聞紙をよく見て動く。新聞紙の質感を体で表現できるよう、次々と新聞紙を様々な形に変化させる。

例えば、新聞紙が宙を舞ってフワフワと落ちる様子と、床に投げつけるような形でビシッと落ちる様子は、同じ「ジャンプから床に寝る動き」でも表現の仕方が異なる。この違いを体で表現することが様々な「動きの質感」を表現することにつながる。

(2) ペアに戻り、体育館中にランダムに広がり、新聞紙を操作する役と新聞紙になりきる役を交代して行う。できる限り、動きを止めないよう、連続して行い、新聞紙の動きをよく見るよう声をかける。

(3) ペアで気に入った動きを3つ以上つなげて繰り返し、「ひと流れ」の動きで踊る。新聞紙は1人のみが操作しても、途中で交代してもよく、自由度を広げ、はじめとおわりのポーズをつけるよう指示する。

(4) 最後は、クラスを半分ずつに分けて、仲間の動きを観察する。発表することが恥ずかしいと感じる生徒も存在することから、まずは大人数での発表とし、かしこまらず自然な流れで実施するのがポイントである。ダンスに間違いはないこと、誰ひとりとして同じ動きはないことを楽しむように声かけを行う。

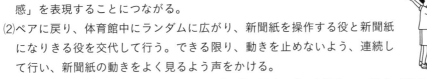

155

本時案

思いついた動きを即興的に踊り 動きに変化をつけて ひと流れの動きで表現する②

③/⑨

中心活動における指導のポイント

point　新聞紙を用いた即興的なひと流れの動きを復習し、自由に動く感覚を思い出させる。その上で、「走る – 止まる」の動きを通して、自由な動きを行う中で、意図的に緩急強弱、つまり動きにメリハリをつけるポイントを指導する。さらに、動きにイメージを関連付けることで、イメージにふさわしい動きを追求するベースをつくる。また、前回の健康や安全への配慮事項を他の活動に当てはめ、どの活動においても健康や安全に留意しながら行うことが重要であることを理解させる。

本時の目標

対極の動きを緩急強弱の変化をつけて、イメージを広げて表現することができる。

評価のポイント

新聞紙をよく見て、変化のあるひと流れの動きで表現することができていたか。

これまでの活動で学習した健康・安全に関する留意点を振り返り、「走る – 止まる」の学習の際には、どのようなことに気を付けるべきかを考え、仲間に伝えていたか。

本時の展開

	時	生徒の学習活動と指導上の留意点
はじめ	3分	**集合・あいさつ** ○筆記用具 or 学習用端末を持って整列。 ○本時の学習内容を知る。
ウォーミングアップ・前時の復習	15分	**ペアでウォーミングアップを行う** ○ジャンケン股割や、足ジャンケンを行う。 **【前時の復習】** ○前時の実施内容を思い出し、ポイントを整理する。 （動きを切らさず連続して行う、新聞紙をよく見て動く：質感を表現、誰もが違った動きを楽しむ、健康・安全上の注意） ○新聞紙を使って、ペアで自由に動く。 ○ペアで気に入った動きを3つ以上つなげて「ひと流れ」の動きで踊る。はじめとおわりのポーズをつける。
対極の動きの連続	20分	**「走る – 止まる」** 1 2 ○「走る – 止まる」のタイミングを拍手、足踏みで体験する。 ○その場で「走る – 止まる」を体験し、止まる際のポーズを発展させていく。 ○ペアで「走る – 止まる – 走る – 止まる – 走る – 止まる・止まる・止まる」を実際に動きながら行う。その際に、健康・安全面での留意事項は何かを考え、仲間に伝える。 ○「走って止まるもの」のイメージを決めて、2人組で実施する。はじめとおわりにポーズをつける。
見せ合いの活動	5分	**クラスの半分ずつ発表** ○きょうだいペアを決め、何をイメージして動いたかを想像しながら観察する 　→　正解を言い合う。

7
水泳
平泳ぎ・バタフライ

8
傷害の防止

9
ベースボール型…
ソフトボール

10
創作ダンス

11
フォークダンス

12
長距離走

13
ゴール型…ハンドボール

| まとめ | 7分 ↓ | クラス全体で本時の学習について振り返る
○メリハリ（緩急強弱）のある動きに見せる際のポイント、見せ合いの活動での気付き、「走る－止まる」活動をする際に仲間に伝えた健康・安全面での留意事項を学習カード（or 学習用端末）に記入。 |

1 「走る－止まる」の動きを通して緩急強弱のある動きを学ぶ

○「走る－止まる」の動きを通して、自由な動きに緩急強弱、つまりメリハリのある動きを意図的につける方法を指導する。

(1)生徒は座らせたままで、教師のリズム太鼓に合わせて、「走る－止まる」のタイミングを、拍手→ピタッと止める、足踏み→ピタッと止めるの動きで体験する。

(2)生徒を立たせて、その場で「走る－止まる」のタイミングで足踏み→ピタッと止める の動きを体験する。次にピタッと止まるときにポーズを入れる。「ポーズ」とは英語の「pause」であるが、「一時停止」という意味がある。周りの空気を止めるくらいに「ピタッ」としっかり止まることを意識させる。そのためには、ポーズをとるまでの動きのスピードを高めることがポイントであることを教師が示範しながら指導する。

　　ポーズは、スモールステップで自由度を高めていく。最初は、「バンザイ」等教師側が指定し、次はバンザイとは違うポーズ、上・下、横等、位置を指定する、ひねる、反対に振って止める等、生徒の状況を見ながら、様々なポーズが引き出せるよう声をかけていく。最後は「走る－止まる－走る－止まる－走る－止まる・止まる・止まる」のタイミングで、3連続ポーズで終了する。

(3)教師のリズム太鼓に合わせて、ペアで「走る－止まる－走る－止まる－走る－止まる・止まる・止まる」を実際に動きながら行う。リーダーが先頭、もう一人はリーダーの真似をする。リーダーを交代しながら何度も行うことで、ポーズのレパートリーを増加させることをねらいとする。

　　全員が動きだす前に、前回の授業と前半の授業で学習した健康や安全への留意事項を復習し、ペアで、健康・安全面での留意事項は何かを考え、仲間に伝え合う活動を行う。

2 「走る－止まる」の動きにイメージを関連付けて動く

○創作ダンスの単元のねらいは「イメージにふさわしい動きで踊る」ことである。その活動を見据え、「走る－止まる」動きにイメージを関連付ける活動を入れる。

(1)まずは教師から、「今の動きにイメージをつけてみよう、例えば……」と例を出して、示範をする。スパイや動物、スポーツ等いくつか動きの質感の伴うものを例に挙げ、同じ「走る－止まる」でもイメージを関連付けることで、走り方や止まり方が異なることを理解させる。

(2)ペアで「走って止まるもの」をイメージさせ、動きのテーマを決めて、ひと流れの動きを完成させる。見せ合いの活動では、きょうだいペアをつくり、お互いに動きのテーマの当てっこクイズをする。

本時案

思いついた動きを即興的に踊り 動きに変化をつけて ひと流れの動きで表現する③

中心活動における指導のポイント

point 「走る‐止まる」で学習した緩急強弱（メリハリ）の動きをさらに発展させ、身体の極限・極小の使い方と、ジャンプと転がる動き等で高さ・空間の変化も意識して、グループでよりダイナミックな動きが生み出せるよう指導する。「走る‐跳ぶ‐転がる」の動きはエネルギーを使うので、前半のウォーミングアップは極限の動きは意識させるが、運動強度は控えめにし、後半も動画撮影等の活動を取り入れながら、少ない実施回数でもよりよい動きを引き出せるよう工夫することが重要である。

本時の目標

全身を極限まで使い、高さに変化のあるダイナミックなひと流れの動きで、イメージを広げて表現することができる。

評価のポイント

緩急強弱（メリハリ）の付け方を意識して、ひと流れの動きをイメージを広げて表現することができていたか。

グループ活動の際に、体の極限・極小までの動かし方、ダイナミックな高さの変化の出し方について仲間に助言し、よりよい動きを引き出すためのアドバイスができていたか。

本時の展開

	時	生徒の学習活動と指導上の留意点
はじめ	3分	**集合・あいさつ** ○筆記用具 or 学習用端末を持って整列。 ○本時の学習内容を知る。
ウォーミングアップ（対極の動きの連続：伸びる‐縮む）	7分	**「伸びる‐縮む」** 1 ○座った状態で手を上に伸ばす、足を縮める。 ○小さく体を縮めたところから、好きな方向へ伸びる。 ○体の部位や、伸びて縮む速さ等、教師の指示をよく聞きながら、体を極限、極小まで動かす。
前時の復習	10分	**【前時の復習】「走る‐止まる」** ○前時の実施内容を思い出し、ポイントを整理する。 （緩急強弱/メリハリのある動きのポイント、イメージによって走り方や止まり方が異なること、健康や安全に留意しながら行うことの重要性） ○ペアで「走る‐止まる」の動きを繰り返しイメージを決めて、2人組で実施する。
対極の動きの連続	20分	**「走る‐跳ぶ‐転がる」** 2 ○その場で「走る‐跳ぶ」をひと流れで動く。 ○空いている場所を見付けながら、「走る‐跳ぶ‐転がる」を体験する。 ○4人程度のグループで、「走る‐跳ぶ‐走る‐跳ぶ‐走る‐跳ぶ・跳ぶ‐転がる」をリーダーを交代しながら実際に動きながら行う。 ○グループでイメージを決めて、テーマを決めて実施する。はじめとおわりにポーズをつける。 ○きょうだいグループ同士で学習用端末を用いて、動きを撮影する。体を極限・極小まで動かせているか、ダイナミックな高さの変化があるかを仲間に助言する。

見せ合いの 活動	5 分	**クラスの半分ずつ発表** ○きょうだいグループで発表し合う→相互評価をする。
まとめ	5 分	**クラス全体で本時の学習について振り返る** ○体の極限・極小までの動かし方のポイント、ダイナミックな高さの変化の 出し方のポイント、よりよい動きを引き出すために助言した内容、見せ合 いの活動での気付きを学習カード（or 学習用端末）に記入。

1 「伸びる – 縮む」：身体を極限まで動かす

○「伸びる – 縮む」の動きを通して、体を極限・極小まで動かす方法を指導する。特に極小は、ダンスの中で意識しにくい項目のため、体を小さくするときも全力で実施することをしっかりと指導する。

⑴生徒は座らせたままで、教師のリズム太鼓に合わせて手を上に伸ばしたり、足を縮めたりして、極限の動きを体験する。その際、教師が「もっともっと伸びるよ」「もっと小さく」「体が痛いっていうくらい」等、極限の動きを引き出せるよう言葉をかける。

⑵仲間とぶつからない場所に広がり、小さく体を縮めたところから、好きな方向へ伸びる。教師は意図的に、足やお尻等の様々な体の部位を指定したり、ゆっくり伸びて速く縮む、速く伸びてゆっくり縮む等、緩急をつけて動けるよう指導する。

2 「走る – 跳ぶ – 転がる」：高さに変化のあるダイナミックなひと流れの動き

○体も心も解放できるような、ジャンプ・転がるという高さに変化をつけた動きを、グループで連続して行うことで、よりダイナミックなひと流れの動きを体験させる。

⑴「走る – 止まる」のときと同様に、スモールステップで、動きを高めていく。動きが単調にならないように、高さや方向、緩急強弱（メリハリ）に変化をつけさせるような指示（激しい、柔らかい、鋭い等）を出すことがポイントである。

⑵前回と同様に、健康・安全面に配慮し、仲間のいないところを探して一連の動作を行うこと、跳んだところから転がる際には、膝や足首をクッションのように柔らかく使い、手を床について勢いを吸収させる等、教師が示範してイメージをもたせる。

⑶４名程度のグループで実施することで、高さの変化のみならず、様々な空間の使い方（列や円、ランダム等）も工夫させる。

⑷ダイナミックなジャンプが入り、体力を使う動作のため、何度も実施するよりも、全力で実施する回数を決め、効率的に実施する。動画撮影等のタイミングもうまく取り入れ、少ない回数でもよりよい動きを引き出せる工夫をする。

7
水泳
平泳ぎ・バタフライ

8
傷害の防止

9
ソフトボール
ベースボール型…

10
創作ダンス

11
フォークダンス

12
長距離走

13
ボール
ゴール型…ハンド

本時案

思いついた動きを即興的に踊り 動きに変化をつけて ひと流れの動きで表現する④

5/9

中心活動における指導のポイント

point これまでは動きからテーマやイメージを捉えて、表現していく活動が中心であったが、本時では、テーマやイメージから動きを引き出していく、逆のアプローチ方法で指導する。生徒のどのような動きでも受容されるようなクラスの雰囲気づくりや、動きに間違いはなく、お互いの動きを認め合うことが重要であることを強調する教師の言葉、声かけがポイントとなる。

本時の目標

テーマからイメージを捉え、そのイメージにふさわしい動きを身体で表現することができる。

評価のポイント

ダンスはリズミカルな全身運動であり、ダンスを継続すると柔軟性や平衡性、全身持久力などが高められることを書き出せていたか。全身を極限まで使い、高さに変化のあるダイナミックなひと流れの動きで、イメージを広げて表現することができていたか。

本時の展開

	時	生徒の学習活動と指導上の留意点
はじめ	3分	**集合・あいさつ** ○筆記用具 or 学習用端末を持って整列。 ○本時の学習内容を知る。
ダンスに関連して高まる体力についての学習	10分	**プロのダンサーが踊る映像を見る** ○グループに分かれ、グループ内で協力して、ダンサーが優れていると考えられる体力を書き出す。 **ダンスを継続すると、柔軟性や平衡性、全身持久力を高められることを学習** **1** ※学習用端末の機能を用いてもよい
前時の復習	10分	**【前時の復習】「伸びる−縮む」「走る−跳ぶ−転がる」** ○前時の実施内容を思い出し、ポイントを整理する。 　（身体の極限・極小の使い方、高さ・空間の変化を伴うダイナミックな動き） ○教師の指示で、様々な「伸びる−縮む」を実施する。 ○前回のグループで、テーマに対応した「走る−跳ぶ−走る−跳ぶ−走る−跳ぶ・跳ぶ−転がる」を行う。
多様な感じ **2**	15分	**「○○に△△で」名前を書く** ○ペアで向かい合って、教師の指示に従って、自分の名前を書く。 **ミラー** ○教師が人間役、生徒がミラー役で示範する。 ○ペアで人間役とミラー役に分かれ、教師の指示で、人間役が動き、ミラー役は真似をする。 **リーダーに続け** ○リーダーが先頭、もう一人はリーダーの真似をしながらペアで動く。
見せ合いの活動	5分	**クラスの半分ずつ発表** ○きょうだいペアを決め、良い動きを3つずつ伝え合う。 　良い動き＝動き続ける、イメージにふさわしい質感、緩急強弱がある、体を極限まで使う、高さ・空間の変化がある等

| まとめ | 7分 | **クラス全体で本時の学習について振り返る**
○ダンスに関連して高まる体力、イメージにふさわしい動きを表現すること・見せ合いの活動での気付きを学習カード（or 学習用端末）に記入。 |

---

1 ダンスに関連して高まる体力を学ぶ

○ダンスの特性を学び、興味・関心を高められるよう工夫する。

⑴ダンサーの柔軟性や平衡性の高さがよくわかるような動画を視聴させる。表現系、リズム系等、異なるジャンルのダンスの映像があるとよい。

⑵グループに分かれ、ダンサーが優れていると考えられる運動能力を書き出させる。また、生徒自身がダンス授業を通して感じた、ダンスを続けることで高まりそうな体力も関連付けて考えさせる。

---

2 テーマからイメージの特徴を素早く捉えて動きで表現する

○激しい、急変する、軽快な、柔らかい、鋭いなど多様な感じを下の例を参考に様々な手法を用いて、生徒がイメージをすぐに動きに変えて表現できるように工夫する。その際は、緩急強弱、静と動等の変化が引き出しやすく、具体的なテーマやイメージを選択する。最初は、動きが思いつかなかったら、仲間の真似をしてもよいとして、即興表現のハードルを下げて実施するとよい。

⑴「〇〇に△△で」名前を書く

　「大きな紙に筆で」名前を書こうとすると、体を極限まで動かし、緩急強弱の変化がある動きが引き出される。紙も床にあるのか、立ててあるのかを指定することで動きを変えることができる。「硬い氷にピックで」名前を書こうとすると、力強く、カクカクとした動きが期待できる。以上のように、教師が意図的に多様な感じの動きが引き出せるようなテーマやイメージを選択することが重要である。

（テーマやイメージの例：大きな紙に筆で、大きな紙に手以外にペンキをつけて、硬い氷にピックで、大きな風船にとがったマジックペンで等）

⑵ミラー

　ミラー役は、人間役の仲間の動きを真似るのみならず、表情まで忠実に再現するよう伝える。その際、人間役には、思いついた動きをどんどんと連続して実施し、緩急強弱をつけたり、高さや奥行きなど空間に変化をつけたり、体を極限まで動かし、ミラー役の仲間が真似をしやすいように大げさに動くように伝える。これまで学んだ動きを生かすとともに、次時の「誇張」の表現につなげる。

（テーマやイメージの例：忙しい朝、スポーツ、スパイ、無重力の世界等）

⑶リーダーに続け

　上記の活動に移動を加える。イメージをすぐに動きに変えること、多様な動きを引き出すことをねらいとしている。ペアでテーマを決め、特に緩急強弱、静と動の変化を重視してひと流れの動きで表現するように指導する。見せ合いの活動では、これまで学んだダンスの動きを思い出しながら、仲間に良い動きを伝える。

（テーマやイメージの例：海、動物、スポーツいろいろ、掃除、働く人々等）

8	傷害の防止
9	ベースボール型…ソフトボール
10	**創作ダンス**
11	フォークダンス
12	長距離走
13	ゴール型…ハンド ボール

本時案

思いついた動きを即興的に踊り
動きに変化をつけて
ひと流れの動きで表現する⑤

6/9

point 前時に学習した「テーマからイメージを捉え、そのイメージにふさわしい動きを表現する」ことをより発展させ、動きの変化や、「誇張」させる手法を指導する。授業の前半は教師が主導となり、全員で「ボクシング」の動きを通して誇張を学ばせ、後半は生徒自身に興味・関心に合ったスポーツを選択させて、その動きを誇張し、ダイナミックに発展させる活動を実施する。前時の復習の際、「リーダーに続け」でスポーツの動きを取り上げ、後半のスポーツの種目選択につなげる。

本時の目標

テーマからイメージを捉え、そのイメージにふさわしい動きを誇張して表現することができる。

評価のポイント

テーマからイメージの特徴を素早く捉えて、緩急強弱、静と動などの動きを組み合わせて、変化やメリハリをつけて表現することができていたか。

一番表したい場面や動きを、スローモーションの動きで誇張したり、何回も繰り返したりして表現していたか。

ボクシングをテーマにした活動を参考に、自分の興味や関心に合ったスポーツの動きを設定していたか。

本時の展開

	時	生徒の学習活動と指導上の留意点
はじめ	3分	**集合・あいさつ** ○筆記用具 or 学習用端末を持って整列。 ○本時の学習内容を知る。
前時の復習	10分	**【前時の復習】多様な感じ** ○前時の実施内容を思い出し、ポイントを整理する。 　（テーマからイメージの特徴を素早く捉えて動きで表現、良い動き：動き続ける、緩急強弱・静と動の変化がある、体を極限まで使う、空間の変化がある等） ○教師の指示で、様々なテーマで「名前を書く」「ミラー」を実施し、スポーツの動きで「リーダーに続け」を実施する。
身近な生活や日常動作（1）	13分	**ボクシングの対決** 1 ○ペアでボクシングの動きにはどのようなものがあるか、動きながら探る。 ○次に本当に殴ってはいないが、そう見えるように工夫し、どんどんと動きをダイナミックにしていく。 ○繰り返しの動きやスローモーションを使って、動きを大げさに誇張する。 ○ペアで簡単なストーリーを考え、はじめとおわりをつけて完成させる。
身近な生活や日常動作（2）	12分	**スポーツいろいろ** 2 ○4人程度のグループで、ボクシング以外のスポーツを1つ選ぶ。 ○選んだスポーツの動きで「リーダーに続け」を実施し、動きを探る。 ○動き続けることを1つの条件に、選んだスポーツの一場面を30秒程度で、誇張の表現を入れてダイナミックに表現し、はじめとおわりをつけてまとめる。 **話合いに参加しようとすることを学習**

7	水泳 平泳ぎ・バタフライ
8	傷害の防止
9	ベースボール型・・ソフトボール
10	創作ダンス
11	フォークダンス
12	長距離走
13	ゴール型・・ハンドボール

見せ合いの活動	5分	**クラスの半分ずつ発表** ○きょうだいペアを決め、誇張されていた動きを伝え合う。
まとめ	7分	**クラス全体で本時の学習について振り返る** ○選択したスポーツの動きをより誇張してダイナミックにするために実施した工夫、見せ合いの活動での気付きを学習カード（or 学習用端末）に記入。

1 ボクシングの対決

○ダンスの学習の中でも重要な「誇張」を学ぶため、「ボクシングの対決」の動きから指導する。ボクシングの動きは、シンプルな動きではあるが、速さの変化や、離れたりくっついたりといった空間の変化、ジャンプをしたり転がったり、体をひねったり、回転したり等の身体の変化等のこれまで学習した動きを生かすことができ、また誇張を表現するための繰り返しの動きやスローモーションの動きの理解につながりやすい。

⑴教師が大げさに、誇張した動きを示すことで、生徒はイメージがつきやすい。

⑵スローモーションを多発しすぎると、ネバネバとした迫力のない動きになってしまうので、速い動きがあるからこそスローモーションが強調され「誇張」表現となりうることを伝える。また殴る方のみならず、殴られる方の表現をどのようにすればよりダイナミックに、誇張された表現が可能になるかを生徒に考えさせながら授業を進める。ボクシングの試合の緊迫感や、緊張感なども意識させるとよりイメージにふさわしい動きを引き出すことができる。

2 スポーツいろいろ

○生徒自身にスポーツ種目を選択させ、一場面を切り取り、その場面を印象的にさせるために、誇張した動きを用い、よりダイナミックな表現を探求させる。

⑴ボクシングの対決の後、いきなりスポーツの種目を選べと言っても、普段、スポーツが身近でない生徒にとっては難しい。前半の「リーダーに続け」の活動でいろいろな種目をあらかじめイメージさせておくとスムーズに進みやすい。

⑵スポーツの場面を順を追ってダラダラと表現するのではなく、最も強調したい、表現したい場面を選び、その動きをより誇張、ダイナミックに表現するよう助言する。ボクシングの対決同様に、選択したスポーツの場面の臨場感や迫力等も表現できるように、生徒の表現したい場面と状況を聞き、誇張や動きをダイナミックに見せる方法を提案する。

本時案

思いついた動きを即興的に踊り
動きに変化をつけて
ひと流れの動きで表現する⑥ 7/9

本時の目標

　仲間と関わり合いながら、ダイナミックに空間が変化するよう、様々な形の密集・分散を繰り返すことができる。

評価のポイント

　グループで、様々な形の密集・分散を繰り返し、ダイナミックに空間を変化させることができていたか。

　「集まる‐とび散る」の動きから、グループでイメージを出し合う際に、出来る限り多様で多くのイメージを出すことができていたか。

　からだつなぎリレーの際に、様々な動きや作戦を提案していたか。

中心活動における指導のポイント

point　本時では「群」を意識させるため、1グループあたりの人数が増える。したがって、生徒たちの意見を交換・共有する時間にゆとりをもたせた授業展開が望まれる。これまでの積み重ねで、自分たちで動きを考えたり、動きを工夫したりすることに慣れてきた頃である。しかし、生徒が主体的に活動させつつも、教師がしっかりと授業のねらいを意識し、おさえるべきポイントから外れないように注意する。また、動きと同様に、生徒個人から出てくるイメージや意見も間違いはないので、どんどんと自由に意見を表出できるような授業の雰囲気づくりが重要である。

本時の展開

	時	生徒の学習活動と指導上の留意点
はじめ	3分	**集合・あいさつ** ○筆記用具 or 学習用端末を持って整列。 ○本時の学習内容を知る。
グループウォーミングアップ	10分	**からだつなぎリレー** 1 ○6人グループで行う。体の違う部位をつなぎ、とんねるをジグザグにくぐってゴールを目指す。 ○速くゴールにたどり着くための作戦をグループで考える。
群（集団）の動き 2	25分	**集まる‐とび散る①** ○6人程度のグループで実施する。 ○教師の指示で集まったところから、走る‐跳ぶ‐転がるを外側に向けて行う。転がった後は一旦ポーズで止まり、その後、また教師の指示で集まる。 ○「集まる‐とび散る‐集まる‐とび散る‐集まる‐とび散る」をひと流れとして、異なる集まり方、とび散り方で行う。 ○教師が提示するイメージを捉えて、「集まる‐とび散る」のひと流れを実施する。 **集まる‐とび散る②** ○個人で学習カード（学習用端末）に「集まる‐とび散る」のイメージを記載し、グループで共有する。できる限りたくさんイメージを出し合い、最も空間の変化が多様でダイナミックに展開できるテーマを選択する。 ○イメージにふさわしい動きになるよう、集まり方、とび散り方を工夫するとともに、これまでの学習を生かした動きへと発展させていく。

見せ合いの活動	7分	**クラスの半分ずつ発表** ○グループごとにタイトルと見どころを発表する。
まとめ	5分	**クラス全体で本時の学習について振り返る** ○からだつなぎリレーの際に提案した動きや作戦、見せ合いの活動での気付きを学習カード（or 学習用端末）に記入。

1 からだつなぎリレー

○相手の体の形を見て瞬時に自分のポーズを考える即興の要素を含みつつ、運動量の確保、グループの連帯感の向上をねらいとする。

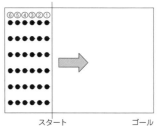

⑴グループで一列に並び、先頭の生徒は片手を前に出す。

⑵スタートの合図で、2番目の生徒が先頭の人の前に走り出て、手以外の体の部位（頭や足等）をつなぐ。つながったら、3番目の生徒が、つながった場所のとんねるをくぐり、先頭に出て、また2番目の生徒の体とつながる。つながったら、4番目の生徒がつながった場所のとんねるをジグザグにくぐり、3番目の生徒の体とつながる。

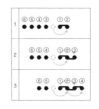

これを繰り返し、ゴール地点を目指す。約束事は、①体の異なる部位をつなぐこと（手と手、足と足などは禁止）、②前の人がつながってから次の人がスタートしてとんねるはすべてくぐる、の2つである。

⑶一度練習した後に、どのようにつないだら、速くゴールにたどり着くか、グループで作戦を立てるよう伝え、体のつなぎ方や動き方に対して、生徒の工夫を促す（体を極限まで伸ばすと良いことに気付くグループが出現する）。

2 群（集団）の動き

○これまではペアや多くても4名での活動であったが、「群」を意識させるため、6名以上のグループで活動できるようにする。「走る – 跳ぶ – 転がる」のダイナミックな動きをベースに、集団で動くとさらに迫力が出て、また動きの表現が広がることに気付かせる。

⑴教師から提示するテーマは、具体的でイメージしやすいもの、また様々な質感をもったものを意図的に選択する（花火、ポップコーン、虫、花びら等）。

⑵グループでアイデアを出す際には、ダンスと同様、間違いはないので、思いつくままにたくさんのアイデアを出すよう声をかける。なかなかアイデアが出ない場合は、教師が提示したものでもOKとし、動きをより工夫するようにして、話合いが長引かないようにする。

⑶次時に向けて、発表する際の正面の向きを決め、集まるときの方向や隊形、とび散る方向や隊形等を工夫させたり、これまでの学習で学んだ動き（動きを止めない、緩急強弱・静と動の変化、体を極限まで使った動き等）を意識させる。

7 水泳 平泳ぎ・バタフライ

8 傷害の防止

9 ベースボール型…ソフトボール

10 創作ダンス

11 フォークダンス

12 長距離走

13 ゴール型…ハンドボール

本時案

仲間とともに「はじめ – なか – おわり」の構成で表現し、発表する

本時の目標

　テーマにふさわしい変化と起伏、構成で「はじめ – なか – おわり」で表現し、動きを見せ合い、互いの違いに応じた表現を認め合う。

評価のポイント

　グループで選択テーマにふさわしい変化と起伏、構成で「はじめ – なか – おわり」で表現して踊ることができていたか。

　グループで練習計画を立て、練習方法を考えて取り組んでいたか。

point　これまでに学習した「思いついた動きを即興的に踊り、動きに変化をつけてひと流れの動きで表現する」内容を、「ひとまとまりの動き」につなげるため、映像や学習カードを用いて活動を振り返り、特に学習した技能を「知識」として生徒自身に理解・定着させることがポイントとなる。また単元最後の見せ合いの活動の際は、踊る側、見る側のポイントをしっかりとおさえて、生徒が充実感や達成感を得られるよう、場の設定を工夫することが大切である。

本時の展開

	時	生徒の学習活動と指導上の留意点
はじめ	3分	**集合・あいさつ** ○筆記用具 or 学習用端末を持って整列。 ○本時の学習内容を知る。
既習の動きの確認 ◆1	10分	**各時間の見せ合いの活動時の映像と学習カード（学習用端末）を見ながら、これまでの活動を振り返る** ○既習の活動の中から自分の好きなテーマを選択する。 ○同じテーマを選んだ仲間でグループをつくる（6名以上が理想）。
グループウォーミングアップ	7分	**からだつなぎリレー** ○前回と同じルールで、本時は座った状態で行う。 ○どのようにつないだら、速くゴールにたどり着くか、グループで作戦を立てる。
グループ練習	20分	**各グループで、選択テーマにふさわしい変化と起伏、構成で「はじめ – なか – おわり」のひとまとまりの動きをつくる** （基本的な創作の手順） 1．ダンスのテーマを決めたら、まずは即興的に動いて、イメージにふさわしい動きを発見していく。 2．その動きに変化や起伏をつけて、動きを発展させ、構成をつくっていく。 3．「はじめ – なか – おわり」のひとまとまりの動きを完成させる。 ○各グループで練習計画・練習方法を考える。 ○ひとまとまりの動きがある程度完成したら、学習用端末を用いて、動画を撮影する。 ○動画を視聴しながら、動きの連続、緩急強弱・静と動の変化、体を極限まで使った動き、空間の変化等についてさらに工夫する。

見せ合いの活動 **2**	7分	**クラスの半分ずつ発表** ○兄弟グループからアドバイスをもらう。
まとめ	5分	**クラス全体で本時の学習について振り返る** ○グループでの練習計画・練習方法、動画視聴及び見せ合いの活動での気付き、次時の目標を学習カード（or 学習用端末）に記入。

1 既習の学習内容をひとまとまりの動きの発表につなげる

○前時までの「思いついた動きを即興的に踊り、動きに変化をつけてひと流れの動きで表現する」で学んだ内容を、「ひとまとまりの動き」につなげるためには、特に学習した技能を「知識」として生徒自身に理解・定着させることがポイントとなる。

(1)単元前半の「即興表現」の活動では、自由かつダイナミックで個性的な良い動きが多く生まれているのに、単元後半の「ひとまとまりの動き」や「作品創作」の段階になると「即興表現」で学んだ動きがまるで生かされない、といった状況がよく見られる。これは、生徒たちの中で、「即興表現」で学んだ技能が、「ひとまとまりの動き」「作品創作」にどのように生かすことができるのかという
「知識」として習得できていない可能性があると考えられる。球技「バレーボール」の単元に置き換えて考えてみると、単元前半に、レシーブやトス等のパス練習や、スパイクやサーブといった基本的な技術練習を行うことが多いが、これは単元後半のゲームで必要な要素であるからだ。創作ダンスも同様に考えると、「即興表現」で学んだ技能の

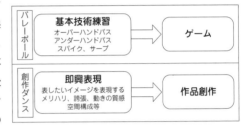

要素は、「作品創作」で活用されるべき技能の要素となるはずである。生徒が「即興表現」で「できる」ようになった技能を知識として「わかって」おくことで、「ひとまとまりの動き」「作品創作」の際に、「即興表現」で学んだ動きを活用できる可能性が高くなるのではないか。

(2)そこで本時のはじめに、教員が各時間の見せ合いの活動時の映像をダイジェストにするなどして、学習カード（学習用端末）と対応させながら、これまでの活動を振り返り、生徒の「できる」と「わかる」をつなげることが重要である。

2 見せ合いの活動（発表）

○ダンスの活動は、「する」と「みる」が極めて近い関係にある。毎時間、最後に見せ合いの時間を設けてきたが、最後の時間は、１グループごとに、じっくりと鑑賞できるよう、発表の時間を十分に確保できるようにする。

(1)ダンスを踊る側は、見ている側に表現したいことがしっかりと伝わるように、動きを止めず、緩急強弱・静と動の変化をつけ、体を極限まで使い、誇張を意識し、空間の変化を明確に見せるなど、これまで学んだことを再度、確認させる。

(2)見る側は、ダンスの動きに間違いはなく、表現の違いを楽しむこと、グループが工夫した動きや表現を発見できるようしっかりと鑑賞することを伝える。踊り終わった後は、大きな拍手をして、頑張りをたたえることも鑑賞のマナーとして指導する。

11 フォークダンス

9 時間

単元の目標

(1)感じを込めて踊ったりみんなで踊ったりする楽しさや喜びを味わい、ダンスの特性や由来、表現の仕方、その運動に関連して高まる体力などを理解するとともに、イメージを捉えた表現や踊りを通した交流をすることができるようにする。

単元計画（指導と評価の計画）

1 時（導入）	2 ～ 4 時（展開①）
オリエンテーション　阿波踊り・エイサー	「日本の民踊」①　花笠音頭・キンニャモニャ
1　ダンスの特性や楽しみ方について知ろう POINT：既習の学習を振り返り、ダンスは、仲間とともに感じを込めて踊ったり、イメージを捉えて自己を表現したりすることに楽しさや喜びを味わうことができることを理解する。 [主な学習活動] ○集合・あいさつ ○準備運動 ○単元全体の見通しおよび 1 時間の学習の進め方の確認 ○グルーピング ○学習の約束事の確認 ○学習カードの使い方 ○資料や映像で日本の民踊「阿波踊り」（徳島）を紹介する。 ○既習の踊り「エイサー」（沖縄）に取り組む。 ・ダンスの特性や楽しみ方を理解する。 ○整理運動 ○学習の振り返り	**2 ～ 4　「花笠音頭」、「キンニャモニャ」の民踊の特徴を捉えて楽しく踊ろう** POINT：風土や風習、歴史などの踊りの由来を理解して踊る。一人でできる日本の民踊を取り上げ取り組みやすい踊りの工夫をするとともに、受容的なクラスの雰囲気をつくり、発達の段階や学習の段階に適した課題を設定したり、練習の進め方や場づくりの方法を選んだりする学習などに積極的に取り組む。 [主な学習活動] ○集合・あいさつ ○本時の目標や学習の流れの確認 ○準備運動 ○「花笠音頭」（山形）、「キンニャモニャ」（島根）を大づかみに踊る。 ○踊りの特徴を捉えグループ練習をしながら交流して楽しむ。 ○整理運動 ○学習の振り返り
[評価計画]　知①	[評価計画]　知②　技①

単元の評価規準

知識・技能	
○知識 ①ダンスは、仲間とともに感じを込めて踊ったり、イメージを捉えて自己を表現したりすることに楽しさや喜びを味わうことができることについて、言ったり書きだしたりしている。 ②ダンスは、様々な文化の影響を受け発展してきたことについて、言ったり書き出したりしている。	○技能 ①花笠音頭、キンニャモニャの小道具を操作する踊りでは、曲調と手足の動きを一致させて、にぎやかな掛け声と歯切れのよい動きで踊ることができる。 ②童歌の踊りでは、軽快で躍動的な動きで踊ることができる。 ③躍動的な動作が多い踊りでは、勢いのあるけり出し足やパッと開く手の動きで踊ることができる。

イ　フォークダンスでは、日本の民踊や外国の踊りから、それらの踊り方の特徴を捉え、音楽に合わせて特徴的なステップや動きで踊ることができるようにする。　　　知識及び技能

(2)表現などの自己の課題を発見し、合理的な解決に向けて運動の取り組み方を工夫するとともに、自己や仲間の考えたことを他者に伝えることができるようにする。　　　思考力、判断力、表現力等

(3)ダンスに積極的に取り組むとともに、仲間の学習を援助しようとすること、交流などの話合いに参加しようとすること、一人一人の違いに応じた表現や役割を認めようとすることなどや、健康・安全に気を配ることができるようにする。　　　学びに向かう力、人間性等

5～7時（展開②）	8・9時（まとめ）
「日本の民踊」②　げんげんばらばら・鹿児島おはら節	グループで選曲・交流会
5～7　「げんげんばらばら」「鹿児島おはら節」の民踊の特徴を捉えて楽しく踊ろう POINT：特徴的なステップや動き方を取り出して踊り、踊りのポイントやつまずきの事例を参考に、仲間やグループの課題や出来映えを伝える。また、体調の変化に気を配ること、用具や練習場所などの自己や仲間の安全に留意する。 [主な学習活動] ○集合・あいさつ ○本時の目標や学習の流れの確認 ○準備運動 ○「げんげんばらばら」（岐阜）、「鹿児島おはら節」（鹿児島）を大づかみに踊る。 ○踊りの特徴を捉えグループ練習をしながら交流して楽しむ。 ○整理運動 ○学習の振り返り	**8・9　互いのよさを発見し、考えたことを伝え合い、一人一人の違いに応じた表現の仕方を認め合おう** POINT：交流会を通して表現や交流などの改善のポイントを発見したり、仲間のよい動きや表現を認めたり、指摘したりする。 [主な学習活動] ○集合・あいさつ ○単元の目標や学習の道筋の確認 ○準備運動 ○グループで取り組む民踊を選択し、練習する。 ○交流会をする。（学校行事等と関連させることもできる。） ○整理運動 ○学習の振り返り
[評価計画]　技②③　思①	[評価計画]　思②　態①②　総括的な評価

思考・判断・表現	主体的に学習に取り組む態度
①提示された踊りのポイントやつまずきの事例を参考に、仲間やグループの課題や出来映えを伝えている。 ②体力の程度や性別等の違いを踏まえて、仲間とともに楽しむための表現や交流を行う方法を見付け、仲間に伝えている。	①ダンスの学習に積極的に取り組もうとしている。 ②一人一人の違いに応じた表現の仕方などを認めようとしている。

7 水泳・平泳ぎ・バタフライ
8 傷害の防止
9 ベースボール型：ソフトボール
10 創作ダンス
11 フォークダンス
12 長距離走
13 ゴール型：ハンドボール

本時案

ダンスの特性や楽しみ方について知ろう ①/⑨

本時の目標

単元全体の見通しおよび1時間の学習の進め方を説明し、約束事を確認するとともに、既習の民踊をみんなで踊ることができる。

評価のポイント

仲間とともに感じを込めて踊ったり、イメージを捉えて自己を表現したりすることに楽しさや喜びを味わうことができることについて、言ったり書き出したりしていたか。

中心活動における指導のポイント

point　中学校で行う初めてのフォークダンスの授業であることから、小学校での既習の踊りに取り組む時間を設定する。

また、9時間の学習を見通すため、ダンスの特性や楽しみ方について理解できるように指導する。

さらに、協力、責任、参画、共生の意義や価値を認識し、取り組もうとする意欲を高めることが求められる。そのため、意義や価値の理解とその具体的な取り組み方を結び付けて繰り返し指導する。

本時の展開

	時	生徒の学習活動と指導上の留意点
はじめ	3分	**集合・あいさつ** ○整列する。 ○本時の学習内容を知る。
準備運動	5分	**本時の学習で使う部位をよくほぐす**
活動1 オリエンテーション	32分	**活動1　オリエンテーション** 1 ○単元全体の見通しをもつ。 ○ダンスの特性や楽しみ方について理解する。 ○グループ編成を行い、きょうだいグループを確認する。 2 ○学習カード、資料、タブレット端末の使い方を理解する。 3 ○音楽機材の扱いや、準備などの役割分担をする。 **活動2** 資料や映像で日本の民踊「阿波踊り」（徳島）を紹介し、既習の踊り「エイサー」（沖縄）に取り組む。 ○「阿波踊り」の踊りの特性について理解する。 ○既習の踊り「エイサー」を踊り、ダンスの特性や楽しみ方について知る。
活動2 「阿波踊り」 「エイサー」		
整理運動	2分	**手、足など運動で使ったところをゆったりとほぐす**
まとめ	8分	**クラス全体で本時の学習について振り返る** ○友達の意見や教師の話を聞きながら学習カード（or 学習用端末）に記入し、振り返る。 4 ○グループごとに自分のグループのよさ、頑張り度合いを発表する。 ○クラス全体で共有する。

7
水泳
平泳ぎ・バタフライ

8
傷害の防止

9
ベースボール型::
ソフトボール

10
創作ダンス

11
フォークダンス

12
長距離走

13
ゴール型::ハンド
ボール

1 オリエンテーションの充実～生徒の主体性を引き出す重要な時間～

(1)単元全体の見通しの確認
　①学習内容（何を学習をするか）
　②学習時間（何時間学習するか）
　③学習活動（どのように学習を進めるか）
(2)1単位時間の学習の進め方の確認
　○整列、あいさつ、学習内容、めあて（目標、課題）の確認、準備運動、主運動、整理運動、振り
　　返り、次時の学習内容の確認など
(3)グループ編成グループ内の役割分担の確認
(4)学習の約束事の確認
(5)学習カードの使い方

2 グループ編成の仕方

(1)均等なグループの編成
　○例：「意欲」「リーダー性」「協調性」「技能」の4観点から、4～6人の編成を教師が行い、あ
　　らかじめグループのメンバーを知らせておく。
(2)きょうだいグループの編成
　○きょうだいグループ同士で、互いに協力し合ったり、教え合ったりする。また相互評価を行う。

3 ICTの効果的な活用場面

(1)表現の仕方や参考となる資料、模範の動きを示す場面
(2)グループ内で撮影し、一つ一つの動きや全体の動きを確認したり、改善したり、振り返ったりをする場面
(3)練習会や、交流会の様子をきょうだいグループで撮影し合い、互いにアドバイスしたり、相互評価をしたりする場面
(4)ふり返りを共有する場面

※なお、運動量を確保する工夫として三脚等の使用も有効である。

4 学習カードの充実

学習カード⤓

【第1時学習カードの項立ての実際の例】

【阿波踊り】の特性、由来、踊り方でわかったことを記入しよう。

【エイサー】を踊ろう。
（1）どのような感じを込めて踊りましたか。

【エイサー】
(2)踊ってみて、どのようなところが楽しかったですか。

本時案

「花笠音頭」「キンニャモニャ」の民踊の特徴を捉えて楽しく踊ろう

2-4／9

本時の目標

　日本の代表的な民踊をクラス全体で大づかみに練習した後、グループ内やきょうだいグループで交流し楽しく踊ることができる。

評価のポイント

　日本の民踊は、地域の生活習慣や心情が反映されていること、様々な文化の影響を受け発展してきたことについて具体的に言ったり、書いたりしていたか。

　花笠音頭、キンニャモニャの小道具を操作する踊りでは、曲調と手足の動きを一致させて、にぎやかな掛け声と歯切れのよい動きで踊ることができたか。

中心活動における指導のポイント

point　本時で使用する学習資料は、特徴的な踊り方の「技」の課題を解決するための合理的な動きのポイントを示している。踊りの由来等については、日本の民踊は様々な文化の影響を受け、発展してきたことについて理解できるようにする。

本時の展開

	時	生徒の学習活動と指導上の留意点
はじめ	3分	**集合・あいさつ** ○グループごとに整列する。 ○本時の学習内容を知る。
準備運動	7分	**本時の学習で使う部位をよくほぐす** **これまで学習した日本の民踊を踊る**
活動1 大づかみに覚えて踊る 活動2 グループで練習する。	30分	**活動1　クラス全体で「花笠音頭」 1 「キンニャモニャ」に取り組む** ○「花笠音頭」（山形）や「キンニャモニャ」（島根）が伝承されてきた由来について理解する。 ○踊りの特徴を挙げる。 ○踊りの特徴を捉え音楽に合わせて大づかみに踊る。 **活動2　グループごとに練習する** ○グループ内で練習したり、きょうだいグループで指摘し合ったり交流して楽しむ。
整理運動	2分	**手、足など運動で使ったところをゆったりとほぐす**
まとめ	8分	**クラス全体で本時の学習について振り返る** ○友達の意見や教師の話を聞きながら学習カードに記入し、振り返る。 ○チームごとに自分のグループのよさ、頑張り度合いを発表する。 ○クラス全体で共有する。

7 水泳　平泳ぎ・バタフライ

8 傷害の防止

9 ベースボール型…ソフトボール

10 創作ダンス

11 フォークダンス

12 長距離走

13 ゴール型…ハンドボール

1 花笠音頭について ICT を活用して教師が説明する

(1)　由来（山形県 HP より）

　　花笠まつりで歌われている「花笠音頭」の起源は尾花沢市にある徳良湖（とくらこ）の築堤工事の土搗き唄（どつきうた）だと伝えられている。

　　工事にあたり、当時は重機などなかったことから、全てが手作業であった。近隣の70余りの集落から、17歳から20代はじめの男女が集まった。全員が日よけや雨よけになるスゲ笠を持参し、男性はモッコを担いで土を運び、女性は土を固める土搗きを行った。

　　徳良湖が完成した大正10年、秋まつり（旧暦7月28日）の行列には、百人余りの男女が笠踊りで参加。諏訪神社の山車を飾っていた紅花の造花（紅染めの紙でつくられた紅花）が付けられたスゲ笠を手に持ち、土搗き唄に合わせて笠踊りが奉納された。これが花笠踊りの誕生とされている。

(2)　特徴（尾花沢市 HP より）

　　当時工夫たちが「日よけ、雨よけ」のためにかぶっていた笠そのままの大きさの笠を勢いよくダイナミックに回す「笠廻し」が特徴で、躍動感あふれる踊りである。また、笠の振り方にも意味があり、当時の手作業で行われた作業の様子が取り入れられている。

(3)　踊り方

引用：日本コロンビア公式 You Tube チャンネル

https://www.youtube.com/watch?v=ZLENzw_-jZ8

花笠

(4)　踊りのポイント（尾花沢市 HP より）

①頭の上で笠を大きく回す

・日差しや雨をよける動作

②笠を両肩に担ぐ

・土を運ぶモッコを担ぐ動作、
　土搗き綱を引く動作

③左右に大きく笠を振る

・相手をいたわりあおいで風を送る動作

④足元で笠を回す

・土を掘り起こして土をはらう動作、
　わらじの土を落とす動作

(5)踊り方の特徴

・隊形…輪踊り

・男踊り・女踊り…花笠の扱いが男女で異なる

・歌・掛け声……「ヤッショー、マカショ！」

本時案

「げんげんばらばら」や「鹿児島おはら節」の躍動的な踊りの特徴を捉えて楽しく踊ろう

中心活動における指導のポイント

point　自分の考えを表現することが苦手な生徒には、よい動きに拍手を送ることや、よかった点を具体的に伝えることをアドバイスし、それぞれのよさや違いを認め合える活動を促す。単元を通した授業の温かい雰囲気づくりが重要である。

本時の目標

躍動的な踊りの民踊をクラス全体で大づかみに練習した後、グループ内やきょうだいグループで交流し楽しく踊ることができる。

評価のポイント

童歌の踊りでは、軽快で躍動的な動きで踊ることができたか。

躍動的な動作が多い踊りでは、勢いのあるけり出し足やパッと開く手の動きで踊ることができたか。

提示された踊りのポイントやつまずきの事例を参考に、仲間やグループの課題や出来映えについて言葉や文章などで表したり、他者にわかりやすく伝えたりしていたか。

本時の展開

	時	生徒の学習活動と指導上の留意点
はじめ	3分	**集合・あいさつ** ○グループごとに整列する。 ○本時の学習内容を知る。
準備運動	7分	**本時の学習で使う部位をよくほぐす** **これまで学習した日本の民踊を踊る**
活動1 大づかみに 覚えて踊る 活動2 グループで 練習する	30分	**活動1　クラス全体で「げんげんばらばら」（岐阜）、「鹿児島おはら節」に取り組む** ○「げんげんばらばら」（岐阜）が伝承されてきた由来について理解する。 ○「鹿児島おはら節」の発祥などについて理解する。 ○踊りの特徴を挙げる。 ○踊りの特徴を捉え音楽に合わせて大づかみに踊る。 **活動2　グループごとに練習する** ○グループ内で練習したり、きょうだいグループで指摘したりして交流して楽しむ。
整理運動	2分	**手、足など運動で使ったところをゆったりとほぐす**
まとめ	8分	**クラス全体で本時の学習について振り返る** 1 ○友達の意見や教師の話を聞きながら学習カードに記入し、振り返る。 ○チームごとに自分のグループのよさ、頑張り度合いを発表する。 ○クラス全体で共有する。

7

水泳

平泳ぎ・バタフライ

8

傷害の防止

9

ベースボール型…

ソフトボール

10

創作ダンス

11

フォークダンス

12

長距離走

13

ゴール型：ハンド

ボール

1 第1学年及び第2学年で学習するフォークダンスの曲目の例

○日本の民謡
・花笠音頭（山形）
・キンニャモニャ（島根）
・げんげんばらばら（岐阜）
・鹿児島おはら節（鹿児島）
・秋田音頭（秋田）

○フォークダンス
・オクラホマ・ミキサー（アメリカ）
・ドードレブスカ・ポルカ（旧チェコスロバキア）
・リトル・マン・イン・ナ・フィックス（デンマーク）
・バージニア・リール（アメリカ）

2 日本の民謡の特徴

動き（例）
○着物の袖口から出ている手の動きと袖さばきなどの足の動き
○低く踏みしめるような足取りと腰の動き
○小道具を操作する動き
○ナンバ（左右同側の手足を同時に前に振り出す動作）の動き

ナンバ

輪踊り

隊形（例）
○輪踊り：踊り手が1つの輪を作り踊る
○正面踊り：正面向きを中心として踊る
○流し踊り：隊列を作り、踊りながら前進する

正面踊り

その他（例）
○男踊り　　○女踊り　　○歌や掛け声を伴った踊り

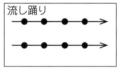
流し踊り

3 「楽しさ」を追求するために……

　本単元では、伝承されてきた日本の民謡の踊り方の特徴を捉え、音楽に合わせてみんなで交流して楽しむことができるようにすることが大切である。今回は「花笠音頭」「キンニャモニャ」「げんげんばらばら」「鹿児島おはら節」を取り上げたが、それぞれの民踊の風土や風習、歴史などの踊りの由来の知識を踏まえて踊るだけでなく、4つの民踊の共通点を見出したり違いを発見したりすることも、ダンスを楽しむことの一つである。

　また、交流会ではこれまでのダンスの授業を振り返り、仲間や他のグループの動きのよさを交流できるよい機会としても楽しみたい。特に温かい雰囲気づくりで、授業の楽しさ倍増の単元としたい。

　そのためには、教師の表情（視線等）や立ち振る舞い、声のトーン、声掛けの内容も重要である。例えば、「楽しいね」「頑張ったね」「○○ができてすごかったね」「○○の動きがよかったよ」「○○の動きに勢いがあって力強かったよ」「気持ちがこもっているね」「小道具の使い方が最高だね」等の言葉かけや、ハイタッチ（エアタッチ）、拍手なども重要なコミュニケーションとして身に付けておきたい資質である。生徒同士、生徒と教師が互いに関わり合い、肯定的な言葉かけをどんどん行い、認め合い、助け合い、励まし合う授業づくりを教師も楽しみたい。

本時案

互いのよさを発見し、考えたことを伝え合い、一人一人の違いに応じた表現の仕方を認め合おう

本時の目標

仲間とともに楽しむための表現や交流を行う方法を見付け、仲間に伝えている。

評価のポイント

互いの違いを踏まえた上で踊りを楽しむための表現や交流のポイントを発見し、考えたことを言葉や文章で表したり、友達にわかりやすく伝えたりしていたか。人には誰でも学習によって体力や技能が向上する可能性があるといった挑戦することの意義を理解し、取り組めたか。

体力や技能の程度、性別や障害の有無等に応じて、自己の状況に合った実現可能な課題の設定や挑戦及び交流の仕方を認めようとしていたか。

中心活動における指導のポイント

point　交流会を通して生徒相互が関わり合い、表現や交流などの改善についてポイントを発見したり、仲間のよい動きや表現を認め、指摘したり、援助しようとしていることについて、巡回指導しながら、個別指導をしたり、ヒントを与えたりするなどして支援する。

この単元で実施した活動は、学校行事等と関連付けることも考えられる。

本時の展開

	時	生徒の学習活動と指導上の留意点
はじめ	3分	**集合・あいさつ** ○グループごとに整列する。 ○本時の学習内容を知る。
準備運動	7分	**本時の学習で使う部位をよくほぐす** **これまで学習した日本の民踊を踊る**
活動1 グループ 練習及び 交流会 活動2 グループで の意見交流 及び練習	30分	**活動1　交流会の実施方法について知る　1** (1)グループで「花笠音頭」か「キンニャモニャ」を選択する (2)(1)で選択した民踊、「げんげんばらばら」「鹿児島おはら節」の3つについてグループごとに練習する (3)きょうだいグループで3つの踊りの中から自分のグループが発表したい踊りで交流する ○本時の目標に迫り、生徒相互の関わりを増やすために効果的にICTを活用する。 ○指定の練習場所で、音量に気を付けて踊る。 **活動2　次時に向け、さらに修正等しながら、練習する** (1)交流会についてグループ内で以下を参考にしながら意見を交流し、自分のグループのよさや課題について伝え合う ○きょうだいグループからのアドバイス。 ○自分たちが撮影した映像やきょうだいグループに撮影してもらった映像。

整理運動	2分	手、足など運動で使ったところをゆったりとほぐす
まとめ	8分	**クラス全体で本時の学習について振り返る** 2 ○友達の意見や教師の話を聞きながら学習カードに記入し、振り返る。 ○チームごとに自分のグループのよさ、頑張り度合いを発表する。 ○クラス全体で共有する。

1 交流会の行い方

○きょうだいグループで、活動1で交流会の際、学習用端末できょうだいグループが
　互いに撮影し合い、そのグループのよさを伝える。
○撮影した映像やきょうだいグループからもらったアドバイスを基に動きを修正する。
○グループのリーダーを中心に、リーダー性を発揮させ練習時間を運用する。
※約束を決めておく。
例：教師が大きな音量で鳴らしたときは全グループが踊るなど。

2 学習カードの工夫

○項立ての工夫をする。例えば、自己やグループの課題の
　発見、他のグループからのアドバイスによって解決した
　こと等の項目ごとに生徒が考えたことを記入できるように
　したり、一人一人の違いを大切にし、課題解決に取り組
　もうとしていることについて記入できるようにしたりして
　個人やグループの意見の深まりを見取ることができるよ
　うにしておく。

学習カード ⬇

【学習カードの項立ての実際の例】

【私のグループのよさ】を記入しよう。

【グループから出された意見・考え】を記入しよう。

【具体的なグループのよさや仲間へのアドバイス】を記入
し、交流しよう。

3 教科横断的な視点について

　本単元では、「花笠音頭」「キンニャモニャ」「げんげんばらばら」「鹿児島おはら節」について紹介した。学校においては、社会に開かれた教育課程を実現するため、総合的な学習の時間、特別活動、道徳科や各教科との教科横断的な視点から年間を見通したカリキュラム・マネジメントを重視するという視点からその地域に伝承されてきた民踊を取り扱うことも考えられる。
　体育・健康に関する指導を踏まえ、学校行事等を含めて3年間を見通した年間指導計画を作成するとともに、主体的・対話的で深い学びの実現に向けた授業改善を推進する観点から(1)知識及び技能、(2)思考力、判断力、表現力等、(3)学びに向かう力、人間性等に示されている内容をバランスよく配置をすることや、指導と評価の時期等の配置について検討することが大切である。
　また、学校行事と関連させるなどして、生徒が学習したことを発揮できる場面を設定し、一人一人が活躍できる場面をつくり、互いに認め合える交流会とすることが重要である。

7 水泳 平泳ぎ・バタフライ

8 傷害の防止

9 ベースボール型…ソフトボール

10 創作ダンス

11 フォークダンス

12 長距離走

13 ゴール型…ボール・ハンド

12 長距離走

（6 時間）

単元の目標

(1)長距離走について、記録の向上や競争の楽しさや喜びを味わい、陸上競技の（特性や）成り立ち、（技術の名称や行い方）、その運動に関連して高まる体力（など）を理解するとともに、基本的な動きや効率のよい動きを身に付けることができるようにする。

知識及び技能

ア　長距離走では、ペースを守って走ることができるようにする。

単元計画（指導と評価の計画）

1時（導入）	2〜3時（展開①）
長距離走の成り立ちと関連して高まる体力について理解するとともに、学習全体の見通しをもつことができる。	トリオでフォームについて教え合い、自己のスピードを維持するフォームで走ることができる。

1　長距離走についての知識を広げ、学習の見通しをもとう	**2〜3　自己のスピードを維持するフォームで走ろう**	
POINT：スモールステップで基本的な動きを理解し、自己の体力や技能の程度に応じて距離を選択して試走する。	POINT：ICTを活用して自己の動きを可視化すること、トリオでお互いのフォームについて教え合うことを通して、自己のスピードを維持するフォームを身に付けて走る。	
[主な学習活動] ○集合・あいさつ ○本時の学習のめあてと内容等の確認 ○単元の目標と学習テーマ、学習の流れの確認 　テーマ「みんなでつなぐ『得・喜・伝』」 ○準備運動 ○長距離走の成り立ちと関連して高まる体力の理解 ○基本的な走り方の理解 ・ウォーキング＆ランニング ・腕振り ・呼吸法 ・リラックスした走り ○試走（600/800/1000mから選択、一斉） ○グルーピング（トリオ） ○整理運動 ○学習の振り返り	[主な学習活動] ○集合・あいさつ ○本時の学習のめあてと内容等の確認 ○準備運動 ○長距離走のポイントの理解 ・ピッチとストライド ・上下動の少ないフォーム ・つまずきの見られるフォーム ○「自己のスピードを維持するフォーム」の共有 ・効率のよい動き ・ピッチ走法とストライド走法 ○ピッチ＆ストライド走（200m×3周、トリオ、ICTの活用） ○教え合い ・自己や仲間の課題 ○整理運動 ○学習の振り返り	[主な学習活動] ○集合・あいさつ ○本時の学習のめあてと内容等の確認 ○準備運動 ○トリオでお互いの課題の確認・共有 ○時間走（3/5分間から選択、トリオ、ICTの活用） ○教え合い ・自己や仲間の課題と出来映え ○フォームチェック走（200m、一斉） ○整理運動 ○学習の振り返り
[評価計画]　知①②	[評価計画]　技①　思①　態①	

単元の評価規準

知識・技能	
○知識 ①陸上競技は、古代ギリシアのオリンピア競技やオリンピック・パラリンピック競技大会において主要な競技として発展した成り立ちがあることについて、言ったり書き出したりしている。 ②陸上競技は、それぞれの種目で主として高まる体力要素が異なることについて、言ったり書き出したりしている。	○技能 ①自己に合ったピッチとストライドで、上下動の少ない動きで走ることができる ②ペースを一定にして走ることができる。

(2)動きなどの自己の課題を発見し、合理的な解決に向けての運動の取り組み方を工夫するとともに、自己の考えたことを他者に伝えることができるようにする。　**思考力、判断力、表現力等**

(3)陸上競技に積極的に取り組むとともに、（勝敗などを認め）、（ルールやマナーを守ろうとすること）、（分担した役割を果たそうとすること）、一人一人の違いに応じた課題や挑戦を認めようとすること（などや）、健康・安全に気を配ることができるようにする。　**学びに向かう力、人間性等**

7 水泳 平泳ぎ・バタフライ

8 傷害の防止

9 ベースボール型：ソフトボール

10 創作ダンス

11 フォークダンス

12 長距離走

13 ゴール型：ハンド

4～5時（展開②）	6時（まとめ）
トリオでペースを確認し合い、自己に合ったペースを守って走るとともに、仲間の課題や挑戦を認めることができる。	駅伝に取り組み、自己と仲間の学習の成果を認め合うとともに、学習したことのまとめをすることができる。

4～5　自己に合ったペースを守って走ろう

POINT：ペースを守って走る練習や競争に取り組むこと、トリオでお互いのペースについて教え合うことを通して、自己に合ったペースを守って走る。

6　トリオのチームで駅伝を楽しみ、学習のまとめをしよう

POINT：トリオで力を合わせながら競争を楽しみ、学習の成果をまとめることができる。

[主な学習活動]	[主な学習活動]	[主な学習活動]
○集合・あいさつ	○集合・あいさつ	○集合・あいさつ
○本時の学習のめあてと内容等の確認	○本時の学習のめあてと内容等の確認	○本時のめあてと内容等の確認
○準備運動	○準備運動	○準備運動
○「自己に合ったペース」の共有	○既習の練習と競争の方法のよさ	○駅伝の準備
○ペース設定	○ペース再設定	・ルールの確認
○ペース走（200m×2周、トリオ）	○トリオでお互いのペースを共有	・各自の距離と走順の確認
○教え合い	○ハンディキャップ走（600m、一斉）	・目標タイムとペース設定
・自己や仲間の課題	○話合い	・役割分担
○ビルドアップ走（200m×3周、一斉）	・仲間とともに楽しむための練習と競争の方法	○駅伝（3000m÷トリオ、1人800～1200m、チーム対抗）
○整理運動	・自己や仲間の課題と挑戦	○整理運動
○学習の振り返り	○整理運動	○単元の学習の振り返り
	○学習の振り返り	・GOOD → BAD → NEXT
		・トリオ学習の成果

[評価計画] 技② 思② 態②	[評価計画] 総括的な評価

思考・判断・表現	主体的に学習に取り組む態度
①提示された動きのポイントやつまずきの事例を参考に、自己や仲間の課題を見付け、課題や出来映えを伝えている。 ②体力や技能の程度、性別等の違いを踏まえて、仲間とともに楽しむための練習や競争を行う方法を見付け、仲間に伝えている。	①陸上競技の学習に積極的に取り組もうとしている。 ②一人一人の違いに応じた課題や挑戦を認めようとしている。

単元計画
179

本時案

長距離走についての知識を広げ、学習の見通しをもとう

1/6

本時の目標

長距離走の成り立ちと関連して高まる体力について理解するとともに、学習全体の見通しをもつことができる。

評価のポイント

長距離走の成り立ちについて、言ったり書き出したりしていたか。

長距離走に関連して高まる体力について、言ったり書き出したりしていたか。

本時の展開

中心活動における指導のポイント

point 陸上競技の中でも、長距離走は好き・嫌い、得意・不得意がはっきりする学習である。どのような生徒も積極的に学習に取り組むようにするためには、「易しい学習」と「優しい学習」が必要になる。「易しさ」は、スモールステップによる学習であり、本時では、歩く運動から少しずつ走る運動につなげていく。「優しさ」とは、自分の体力や技能に応じて運動量を選択できる点である。抵抗感や苦手意識を和らげ、全員が前向きな気持ちで単元をスタートできるようにしたい。

	時	生徒の学習活動と指導上の留意点
はじめ	5分	**集合・あいさつ** →姿勢と整列の仕方、あいさつの声量を確認する。 ○本時の学習のめあてと内容を知る。 ○学習テーマ「みんなでつなぐ『得・喜・伝』」の内容を捉える。**1**
準備運動	5分	**本時の学習で使う部位をよくほぐす** ○主運動につながる準備運動を行う。 →静的ストレッチだけでなく、動的ストレッチ（大股歩行やもも上げ歩行、スキップなど）も取り入れる。
長距離走の学習の見通しをもつ	32分	**長距離走の成り立ちと関連して高まる体力を理解する** ○長距離走は、古代ギリシアのオリンピア競技やオリンピック・パラリンピック競技大会において主要な競技として発展してきたこと。また、駅伝は日本が発祥であること。 ○主として全身持久力が高められること。 →既習の体つくり運動と保健の学習を関連付ける。 **基本的な動きを理解する 2** ○ウォーキング＆ランニング　○腕振り　○呼吸法　○リラックスした走り **試走** ○自分で距離を選択して走る。**3** →体力や技能に応じて、600/800/1000mから選択できるようにする。 ○次時以降の活動で参考にするために、600mまでのタイムを計測しておく。 **グルーピング** ○3人組のトリオを組む。 →試走の順位を基に、全グループの走力がほぼ均等になるように組む。 →本単元では、トリオで教え合ったり、励まし合ったりしながら学習を進めていくことを確認する。
整理運動	3分	**運動で使った部位をゆったりとほぐす**
まとめ	5分	**本時の学習を振り返り、学習カードに記入する**

7
水泳：平泳ぎ・バタフライ

8
傷害の防止

9
ベースボール型：ソフトボール

10
創作ダンス

11
フォークダンス

12
長距離走

13
ゴール型：ハンドボール

1 単元のねらいを集約した「学習テーマ」の設定

○導入部分では、単元のねらいを短く明確なフレーズで表した学習テーマを提示して、生徒に意欲と見通しをもたせるようにする。本単元では、「知識及び技能」「思考力、判断力、表現力等」「学びに向かう力、人間性等」の3観点をバランスよく高めていきたいという思いと、終末に駅伝を活動に取り入れたことから、次の学習テーマを設定した。

みんなでつなぐ「得・喜・伝」
「得」：自分に合ったフォームとペース、長距離走に関する知識を得る。（知・技）
「喜」：一定の距離を走り通すこと、タイムを短縮させること、友達と認め合うことなどに喜びを感じる。（態）
「伝」：自分と仲間について伝え合う活動を通して、お互いの力を高め合ったり、頑張りを認め合ったりする。（思・判・表）

---

2 スモールステップを大切にした「易しい学習」

○長距離走に抵抗感や苦手意識をもつ生徒も意欲をもって学習できるように、「易しい学習」が必要である。本時では、「歩く」ことから始め、徐々に「走る」ための技能に結び付けて指導する。まず「自分にもできそう」という気持ちをもたせてから、「わかるし、できる」を実感する学習へとつなげていくように心掛ける。

【ウォーキング&ランニング】
○歩きとランニングを交互に行う。
○ウォーキングの基本
・肩の力を抜いてリラックスする。
・頭の位置を保つ。
・大きく力強く歩く。
○ランニングの基本
・歩きのリラックスした動きを生かす。
・腕をリズミカルに振る。
・腰を上下に揺らさない。

【呼吸法】
○走りのリズムをつくるためにピッチと合わせて呼吸する。
○2呼2吸（吐く・吐く・吸う・吸う）が基本であるが、2呼1吸（吐く・吐く・長く吸う）や1呼2吸（長く吐く・吸う・吸う）など、楽に多量に酸素を摂取するために自分に合った呼吸法を取り入れてよい。

3 自分の意思を反映させることができる「優しい学習」

○長距離走に抵抗感や苦手意識をもつ生徒が安心して取り組むための支援が必要であるし、長距離を走ることが好きな生徒や得意な生徒も満足できるような学習内容も必要である。生徒の気持ちを尊重し、不安や不満を解消する「優しい学習」として、生徒一人一人が自分の体力と技能に応じて、600/800/1000mから走る距離を選択できるようにしている。

僕は600mにしようかな

私は1000mに挑戦しよう！

本時案

自己のスピードを維持する
フォームで走ろう

2-3／6

本時の目標

　トリオでフォームについて教え合い、自己の
スピードを維持するフォームで走ることができる。

評価のポイント

　自己に合ったピッチとストライドで、上下動
の少ない動きで走ることができたか。

　自己と仲間のフォームについて、課題や出来
映えを伝えていたか。

　長距離走の学習に積極的に取り組もうとして
いたか。

point　この2時間は、自己のスピード
を維持するフォームを身に付ける時間であ
る。そのために、ICTを積極的に活用す
る。まずは動画で理想的なフォームを捉え
る。次に自己のフォームを撮影し、確認す
る。体育では、自己の運動を見ることがで
きないため、運動の「可視化」が重要であ
る。また、視点による「焦点化」も重要で
ある。観察や話合いの際には、「何を」「ど
のように」見たり伝えたりすればよいのか
視点を与えることで思考が焦点化され、よ
り課題の発見と解決につながるのである。

本時の展開

	時	生徒の学習活動と指導上の留意点	
はじめ	5分	**集合・あいさつ・本時の確認（めあて）・（内容）**	
準備運動	5分	**本時の学習で使う部位をよくほぐす**	
長距離走の ポイントを 理解	32分	**【第2時】** **長距離走のポイントを理解する** ○ランナーの動画を観察し、動きのポイントに 　ついて考え、話し合う。（ICT） ＜発問＞どのような動きをすれば、自己のス ピードを維持して走ることができますか？ 　　→「重心」や「腕振り」「歩幅」など視点を与 　　える。 **1** ・ピッチとストライド ・上下動の少ないフォーム ・つまずきの見られるフォーム ○「自己のスピードを維持するフォーム」の共有 　　→自己の体格や走力に合ったピッチとストラ 　　イドで、上下動の少ないフォームであるこ 　　とを確認する。 ・効率のよい動き ・ピッチ走法とストライド走法 **ピッチ＆ストライド走** **2** **3** ○2種類の走法を組み合わせて走る。 ○トリオでお互いの走りを撮影し合う。（ICT） **教え合い（トリオ）** ○動きのポイントを視点として撮影動画を観察し 　ながら、お互いの走りについて課題を教え合う。	**【第3時】** **トリオでお互いの課題を** **確認し、共有する** ○学習カードを見直し、 　仲間に観察してほしい 　課題を伝える。 **時間走** ○走る時間を選択して走る。 　→体力と技能に応じて、 　　3／5分間から選択で 　　きるようにする。 ○トリオでお互いの走り 　を撮影し合う。（ICT） **教え合い（トリオ）** ○動きのポイントを視点 　として撮影動画を観察 　しながら、お互いの走 　りについて課題や出来 　映えを教え合う。 **フォームチェック走** ○2時間のまとめとして、 　動きのポイントを意識し 　ながら走る。（200m）
整理運動	3分	**運動で使った部位をゆったりとほぐす**	
まとめ	5分	**本時の学習を振り返り、学習カードに記入する**	

7 水泳 平泳ぎ・バタフライ

8 傷害の防止

9 ベースボール型…ソフトボール

10 創作ダンス

11 フォークダンス

12 長距離走

13 ゴール型…ハンドボール

1 明確な視点で「焦点化」し、「トリオ」で深め広げる学習活動

○運動を観察する場面や運動について話し合う場面では、必ず「何を、どのように」見ればよいのか、話し合えばよいのか、必ず視点を明確にして「焦点化」する。また、3人組のトリオ学習で進めていくが、この学習形態はペア学習と比較して、1人の運動者に対して観察者が2名いるため、話合いに深まりと広がりが生まれるという利点がある。

2 ICTを活用した運動の「可視化」

○自己に合ったフォームを身に付けるために、この2時間は積極的にICTを活用していきたい。なぜなら、自己の動きを捉えることは難しいからである。自己が運動する様子の動画を撮影し、それを確認することで、運動の「可視化」を行うとよい。

※本時では、全国的に生徒用のタブレットの配備も進んでいることから、トリオでお互いに生徒が撮影する活動を取り入れている。その活動が難しい場合には、教師が1台のタブレットで撮影し、全体で確認するような支援をしたい。

3 ねらいの達成につながる練習方法

○自己に合ったフォームを身に付けるための練習方法としてピッチ＆ストライド走を行う。

トリオ学習のスタートでもあるため、役割分担などについて明確な指示を出すように心掛けたい。

【ピッチとストライド】
○ピッチ：一定時間内の歩数
○ストライド：一定の歩幅　　※走法と混同しない。

【ピッチ走法】
○小さい歩幅で脚の回転を速くする。
○肩の力を抜き、リズミカルに腕を振る。
○上下動を少なくする。
○「タ・タ・タ」と進む。

【ストライド走法】
○一歩の歩幅を大きくする。
○肩の力を抜き、大きく腕を振る。
○上下動を少なくする。
○「グンッ・グンッ」と進む。

【ピッチ＆ストライド走】
○1周ごとに走法を変えて走る。
　・1周目：ピッチ走法
　・2周目：ストライド走法
　・3周目：自己に合ったピッチとストライド
○トリオで役割を交代しながら取り組む。
　・走者
　・撮影係（タブレットでフォームを撮影する）
　・観察係（フォームを確認する）
○1人あたり200m×3周を走る。

本時案

自己に合ったペースを 守って走ろう

4-5/6

本時の目標

　トリオでペースを確認し合い、自己に合った ペースを守って走るとともに、仲間の課題や挑 戦を認めることができる。

評価のポイント

　ペースを一定にして走ることができたか。

　仲間とともに楽しむための練習や競走を行う 方法を見付け、仲間に伝えていたか。

　一人一人の違いに応じた課題や挑戦を認めよ うとしていたか。

point　この2時間は自分に合ったペース で走る時間である。これまでもトリオで活 動してきたが、ここでも大切なのは、トリ オで高め合うことである。1人の走者に 対し、2人がコーチとしてペースを計測 したり、課題を教えたりすることで、自分 に合ったペースを身に付けることができる ようにする。また、これまで取り組んだ練 習と競走の方法について、それらの利点を 整理するとともに、誰もがトップでゴール できる可能性をもつ競走方法を取り入れる ことにより、どのような生徒も競走に挑戦 し、楽しんで長距離走を行うようにしたい。

本時の展開

	時	生徒の学習活動と指導上の留意点	
はじめ	2分	集合・あいさつ・本時の確認（めあて）・（内容）	
準備運動	5分	本時の学習で使う部位をよくほぐす。	
自己の ペースで 走る	35分	**【第4時】** **自己のペースを設定する** ○試走のタイムを基に、200mあたり の基本のペースを計算する。 ＜発問＞1000mを一定のペースで走 るには、200mあたり何秒が適切で すか？ ○「自己に合ったペース」の共有 →自己のスピードを維持するフォー ムで、一定の距離を走り通せる ペースであることを確認する。 ○設定したペースをトリオで比較 し、助言し合う。 **ペース走** **1** ○走者と計時係、観察係に役割を交 代しながらペースを一定にして走 る。（1人200m×2周×、トリオ） **教え合い（トリオ）** ○設定したペースと実際のペースを 比較しながら、お互いの走りにつ いて課題を教え合う。 **ビルドアップ走** ○1周ごとにペースを2秒ずつ速く して走る。（200m×3周、一斉） →教師が計時し、秒数を読み上げる。	**【第5時】** **既習の練習と競走の方法を振り返り、 それぞれのよさを考え、話し合う** ○達成型的学習と競走型的学習を視 点として整理する。 　→2つの学習のよさを取り入れた 競争方法を提案する。 **ハンディキャップ走** **2** ○前時の試走のタイムを基に、ハン ディキャップを確認する。 ○ペース設定しトリオで共有する。 ○時間差でスタートし、ハンディ キャップ走を行う。（600m、一斉） **話合い（トリオ）** ○既習の練習や競走の中で、体力や 技能の程度、性別等の違いを踏ま えて、仲間とともに楽しむことが できる方法を選び、その理由を明 らかにしながら話し合う。 ○これまでのお互いの課題や挑戦の よさについて付箋に書き、相手に 渡す。 　→受け取った付箋は学習カードに 貼るように指示し、その後の指 導と評価に活用する。

整理運動	3分 ↓	運動で使った部位をゆったりとほぐす
まとめ	5分 ↓	本時の学習カードを振り返り、学習カードに記入する

1 ねらいの達成につながる練習方法

○自己に合ったペースを身に付けるために、ペース走とビルドアップ走を取り入れる。ペース走では、トリオでペースを確認し合いながら、自己に合ったペースを把握し、そのペースを身に付けられるように練習する。ビルドアップ走は、1周ごとにペースを少しずつ変化させることで、次時以降の競走型的学習への見通しをもち、戦略的に走れるようにしたい。

【ペース走】
○試走のタイムを基にして、1周200mあたりの基本のペースを設定する。
○トリオで役割を交代しながら取り組む。
　・走者
　・計時係（タイムを計り、知らせる）
　・観察係（フォームを確認する）
○1人につき、200m×2周を2回行う。

【ビルドアップ走】
○1周200mあたりの基本のペースを設定する。
○1周ごとに少しずつスピードアップして走る。
　・1周目：基本のペース＋2秒
　・2周目：基本のペース
　・3周目：基本のペース−2秒
※本時では効率的に行うため、全員一斉に走り、教師が計時を行うこととしている。

2 全員で競走することを楽しめる競走方法

○全員で競走することを楽しめる方法として、ハンディキャップ走を取り入れる。これは、長距離走の能力が高い生徒にハンディキャップを与えることで、誰もがトップでゴールする可能性を生み出す競技方法である。なお、本時では「最大ハンディキャップ」のルールを設け、自分でハンディキャップを短い時間にして挑戦できるようにしている。

【ハンディキャップ走】
○試走のタイムを基にして行う。
○試走のタイムが遅い順にスタートする。
○「最大ハンディキャップ」を超えなければ、ハンディキャップの秒数は自分で設定してよい。

生徒	試走の タイム	スタートの 順番	最大ハンディ キャップ
Aさん	2分00秒	4	48秒
Bさん	2分15秒	3	33秒
Cさん	2分31秒	2	17秒
Dさん	2分48秒	1	なし

1周のペースを44秒で走ろうかな

私にも1位になれるチャンスがあるわ！

本時案

トリオのチームで駅伝を楽しみ、学習のまとめをしよう

中心活動における指導のポイント

point 本時は、学習のまとめとして「駅伝」を行う。これまで一緒に練習をしてきたトリオを1つのチームとすることで、意欲や連帯感をもって競走を楽しむことをねらいたい。その際も、一定の距離をトリオで分担するルールを設けることで、苦手な生徒は短い距離を、得意な生徒は長い距離を選択できるようにする。また、終末には、学習カードに記入してきた知識と技能、思考の記録を基にしながら単元全体を振り返り、これまでの学びを整理しながら学習のまとめを行うようにしたい。

本時の目標

駅伝に取り組み、自己と仲間の学習の成果を認め合うとともに、学習したことのまとめをすることができる。

評価のポイント

自己のスピードを維持するフォームでペースを守りながら走り、駅伝を楽しむことができたか。

本時の展開

	時	生徒の学習活動と指導上の留意点
はじめ	2分	**集合・あいさつ・本時の確認（めあて）・（内容）**
準備運動	5分	**本時の学習で使う部位をよくほぐす**
駅伝	30分	**駅伝の準備をする** 1 ○ルールの確認 ・1チーム3000mをトリオで分担する。 ・1人あたり800〜1200mを走る。 　→体力と技能に応じて、800/1000/1200mから選択できるようにする。 ○各自の距離と走順の確認 ○目標タイムとペース設定の確認 ○役割分担の確認 **駅伝を実施する** ○トリオで順番に走り、襷をつないでいく。 ○計時係は仲間のペースを計測し、大きな声で読み上げる。 　→走順と役割分担、安全面などに気を配る。 **駅伝での走りについて話し合う** ○トリオで学習してきたフォームとペースで走ることができたか話し合う。 　→「自己のスピードを維持するフォームで走る」ことと、「自分に合ったペースを守って走る」ことができたかを問うことで、話合いを焦点化させる。
整理運動	3分	**運動で使った部位をゆったりとほぐす**
まとめ	10分	**単元全体を振り返る** 2 ○単元全体について、「GOOD ⇒ BAD ⇒ NEXT」の順で振り返る。（個） ○トリオ学習の成果について話し合う。（トリオ） ○振り返りを共有する。（全体） 　→3観点について、バランスよく振り返りが共有されるように、生徒の記述を見取り、意図的指名を行う。 　→個、トリオ、全体の頑張りを大いに認め、称賛する。 ○第3学年の選択学習と次単元の概要について知る。

7 水泳 平泳ぎ・バタフライ

8 傷害の防止

9 ベースボール型… ソフトボール

10 創作ダンス

11 フォークダンス

12 長距離走

13 ゴール型…ハンド ボール

1 心と心をつなぎ、学習のまとめとして楽しむ競争方法

○本時では、学習のまとめとして駅伝を取り入れる。今まで一緒に活動してきたトリオをチームとして、意欲と連帯感をもって走り、襷をつなぐようにする。生徒の体力や技能に応じて、担当する距離を増減できるようなルールを設定している。

【駅伝】
○ 1チームあたり3000mを3人で分担して走る。
○ 3人の合計が3000mになるように、800／1000／1200mから割り当て距離を選択する。
　Aパターン：800m＋1000m＋1200m＝3000m
　Bパターン：1000m＋1000m＋1000m＝3000m
○役割分担
　Aさん：①走者　　⇒②応援後に計時係⇒③計時係
　Bさん：①応援　　⇒②走者　　　　⇒③応　援
　Cさん：①計時係⇒②計時係後に応援⇒③走　者

僕は1走。800m走る！

僕は2走。1000mだ！

僕は3走。1200mだよ！

2 知識と技能、思考の足跡を残す学習カード

○学習カードは、毎時間の運動の記録と、学んだこと、考えたことが足跡として蓄積されるような形で作成する。特に、習得・活用した知識についてまとめたり、動きの課題を書き込んだりする形式にすると、「指導と評価の一体化」を図るために有効である。 **学習カード**

習得・活用した知識をまとめる欄を設けて、評価につなげていく

動きのポイントについて、気付きや学びを書き込んでいけるように、運動の分解写真（イラスト）を掲載する。
自分の課題に関することは、朱文字で書いたり囲んだりして、明示するようにする

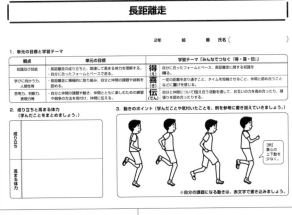

学習カード

1.GOOD（成果）
2.BAD（課題）
3.NEXT（次時や今後に向けて）
の順番で振り返る習慣を付けるようにする。
この順番により、成果と課題を明らかにしながら、次時や今後につながる効果的な振り返りをすることができる

13 ゴール型：ハンドボール

12時間

単元の目標

⑴次の運動について、勝敗を競う楽しさや喜びを味わい、球技の特性や（成り立ち）、技術の名称や行い方、（その運動に関連して高まる体力など）を理解するとともに、基本的な技能や仲間と連携した動きでゲームを展開することができるようにする。

単元計画（指導と評価の計画）

1時（導入）	2～7時（展開①）	
学習の進め方を知る。	技能の学習内容が誇張されたタスクゲームを行う。	
	（展開①－1）	（展開①－2）
1　学習の進め方を知ろう POINT：球技の学習を進めていく上で大切なことや試しのゲームで自分たちの課題を知る。	**2～3　守備者をかわしてパスをもらおう** POINT：パスをもらうために、どこにどのように動けばいいのか考える。	**4～5　パスを受けるためにゴール前の空いている場所に動こう** POINT：ゴール方向に向かって空いている空間を見付け、動けるようにする。
[主な学習活動] ○集合・あいさつ ○単元の目標や学習の道筋の確認 ○準備運動 ○ボール操作の基本のドリル練習 ○試しのメインゲーム（4対4オールコートゲーム） ○整理運動 ○学習の振り返り	[主な学習活動] ○集合・あいさつ ○準備運動・ドリルゲーム（各種パス練習、シュート練習等） ○めあての確認 ○タスクゲーム1 ○3対3ハーフコートゲーム ○整理運動 ○学習の振り返り	[主な学習活動] ○集合・あいさつ ○準備運動・ドリルゲーム ○めあての確認 ○タスクゲーム2 ○3対3ハーフコートゲーム ○整理運動 ○学習の振り返り
[評価計画] 知①	[評価計画] 知② 技② 態③	[評価計画] 技② 思③ 態①

単元の評価規準

知識・技能	
○知識 ①球技には、集団対集団、個人対個人で攻防を展開し、勝敗を競う楽しさや喜びを味わえる特性があることについて、言ったり書き出したりしている。 ②球技の各型の各種目において用いられる技術には名称があり、それらを身に付けるためのポイントがあることについて、学習した具体例を挙げている。	○技能 ①得点しやすい空間にいる味方にパスを出すことができる。 ②パスを受けるために、ゴール前の空いている場所に動くことができる。 ③ボールを持っている相手をマークすることができる。

7 水泳ぎ・バタフライ

8 傷害の防止

9 ソフトボール ベースボール型…

10 創作ダンス

11 フォークダンス

12 長距離走

13 ゴール型…ハンド ボール

ア　ゴール型では、ボール操作と空間に走り込むなどの動きによってゴール前での攻防をすることができるようにする。　知識及び技能

(2)攻防などの自己の課題を発見し、合理的な解決に向けて運動の取り組み方を工夫するとともに、自己や仲間の考えたことを他者に伝えることができるようにする。　思考力、判断力、表現力等

(3)球技に積極的に取り組むとともに、フェアなプレイを守ろうとすること、（作戦などについての話し合いに参加しようとすること）、（一人一人の違いに応じたプレイなどを認めようとすること、仲間の学習を援助しようとすることなどや）、健康・安全に気を配ることができるようにする。　学びに向かう力、人間性等

	8〜11時（展開②）	12時（まとめ）
	チームの課題に応じた練習方法を選ぶ。	学習した内容を生かして、クラス内で大会を行う。
（展開①－3）		
6〜7　得点しやすい空間にいる味方にパスを出そう POINT：攻守同数の状況でも、守備者を振り切りマークを外し、ノーマークの仲間にパスを出すことができるようにする。	8〜11　チームの課題に応じた練習方法を選ぼう POINT：展開①の学習を生かし、チームの課題に応じた練習方法を選んで実施する。また、ハーフコートゲームからオールコートゲームへ発展する。守備に関する課題についても触れる。	12　学習した内容を生かして大会を行おう POINT：勝敗にこだわらず、マナーを守り、互いの健闘を認め合う雰囲気を大切にする。
[主な学習活動] ○集合・あいさつ ○準備運動・ドリルゲーム ○めあての確認 ○タスクゲーム3 ○3対3ハーフコートゲーム ○整理運動 ○学習の振り返り	[主な学習活動] ○集合・あいさつ ○準備運動・ドリルゲーム ○めあての確認 ○タスクゲームを選ぶ ○4対4オールコートゲーム ○整理運動 ○学習の振り返り	[主な学習活動] ○集合・あいさつ ○準備運動・ドリルゲーム ○ゲーム（4対4オールコートゲーム） ○整理運動 ○表彰 ○学習の振り返り
[評価計画] 技① 思③ 態①	[評価計画] 技①③ 思①② 態②③	[評価計画] 総括的な評価

思考・判断・表現	主体的に学習に取り組む態度
①提供された練習方法から、自己やチームの課題に応じた練習方法を選んでいる。 ②練習やゲームの場面で、最善を尽くす、フェアなプレイなどのよい取組を見付け、理由を添えて他者に伝えている。 ③仲間と協力する場面で、分担した役割に応じた活動の仕方を見付けている。	①球技の学習に積極的に取り組もうとしている。 ②マナーを守ったり相手の健闘を認めたりして、フェアなプレイを守ろうとしている。 ③健康・安全に留意している。

本時案

学習の進め方を知ろう ①/12

本時の目標

授業の進め方を理解し、試しのゲームを行うことができる。

評価のポイント

ハンドボールのゲームの特性を理解できたか。

中心活動における指導のポイント

point　授業における毎回の約束事をしっかり確認する。班長やキャプテンを決めておくと、リーダーを中心に準備などをスムーズに行うことができる。また、安全面の指導として、ゴールを置いたら必ずおもりを置く、絶対にゴールにぶら下がって遊ばないなど、この時間に徹底して確認する。

本時の展開

	時	生徒の学習活動と指導上の留意点
はじめ	5分	**集合・あいさつ** ○チームごとに整列する。 **1** ○単元の目標や学習内容を知る。
準備運動	15分	**準備運動をする 2** ○体操をする。 ○ボール操作の基本となるドリルゲームについて知る。
試しのメインゲーム	20分	**試しのメインゲーム（4対4オールコートゲーム）を行う** (1)メインゲームの行い方を知る **3** ○コートや得点の仕方など、ルールを知る。 (2)ゲームの準備をする ○ボール、得点板を準備する。 (3)ゲームをする ○試合に出ていない人は審判をする。 (4)ゲームの勝敗を確認する ○整列、勝敗の確認、あいさつをする。
片付け	3分	**安全に気を付けて片付けをする** ○声をかけ合って片付けをする。
整理運動	2分	**肩、足など使った体の部位をゆったりとほぐす**
まとめ	5分	**チームで本時の学習について振り返る** ○学習の約束事について振り返る。 ○試しのゲームをやってみての感想を共有する。 ○次時の学習予定を知る。

7 水泳 平泳ぎ・バタフライ

8 傷害の防止

9 ベースボール型・ソフトボール

10 創作ダンス

11 フォークダンス

12 長距離走

13 ゴール型・ハンド ボール

1 チーム編成の仕方

○チーム編成の工夫
・クラスの実態に応じた5～6名の班を6班程度編成する。
○チームの意識を高める工夫
・チームの名前を自分たちで決める。
・チームごとにゼッケンを着る（毎回授業開始の時点から着用することで、チームの一体感が生まれるとともに、教師のマネジメントもしやすくなる）。
○きょうだいチーム制の活用
・各時間のドリル練習やタスクゲームは、きょうだいチームと行う。互いのよさや課題の伝え合いの活性化を図る。

2 準備運動の内容

○体操及び、ボール操作の基本となるドリルゲーム
・ボール操作の基本となる各種パス及びシュート練習（以下、ドリルゲーム）は、単元を通して毎時間準備運動として行うことで、基礎技能の向上を図る。
例）・バウンド＆プッシュパス（1分30秒）
・パス＆シュート（3分）

【パス＆シュートのやり方】

走りながらパスをもらい、ステップまたはジャンプシュート！

シュートを打ち終わったら、ボールを拾って逆の列に並ぶ

3 メインゲーム（4対4オールコートゲーム）の行い方

※ゲームのコート図や規則などは、大きめの掲示物を用意する。
　ゲームのルールはあらかじめICT機器を活用して配信し、予習させておく。

・1チーム4人（ゴールキーパー含む）で行う。ゴールキーパーは攻撃には参加できない。
・1ゲーム5分で行う。メンバーは時間の半分で交代など全員が試合に出場できるようにする。
・シュートが入ったら1点。入れられたチームは真ん中のラインにボールを持って並び、審判の笛の合図でパスをして再スタート。
・試合終了時に得点の多いチームが勝ちとする。
【攻撃時のルール】
・ドリブルは自陣コート（守備をするコート）でのみすることができる。真ん中のラインを越えて相手コート（攻撃をするコート）では、パスのみでボールをつなぐこと。
・シュートはシュートラインの内側で打つ。
・その他の反則は、ハンドボールの基本のルールに準ずる。
【守備時のルール】
・ゴールキーパー以外の守備者は、ゴールエリアラインの外で守備を行う。
・相手をつかんだり、わざと転ばせたりするなど、危険なプレイはしない。

コート絵図　── ゴールエリアライン
　　　　　　---- シュートエリアライン

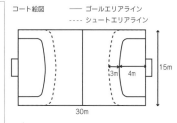

15m　3m　4m　30m

※ボールは、生徒が扱いやすいものを選ぶ。
※コートの大きさは生徒の実態やグラウンドの大きさによって変更する。
※グラウンドにあらかじめポイントを打っておけば、教師だけで準備が可能。可能であれば3コートつくる。

本時案

守備者をかわして パスをもらおう

2-3/12

中心活動における指導のポイント

point　本単元では、「得点しやすい空間にいる」＝「ゴール付近で守備者にマークされていない」ことと捉える。そこで、本時の段階では、ゴール方向にかかわらず攻撃時に「パスをもらうために守備者をかわすこと」を学習の中心とする。教師は、ゲーム中どこへ動けばいいかわからない生徒に対し、具体的な声かけをしていく。

本時の目標

守備者にマークされていない味方を見付けてパスをもらうことができる。

評価のポイント

パスをもらうためにはどこに、どのように動けばいいのか理解し、実践することができたか。

活動中に自分や仲間の健康・安全に気を配ることができたか。

本時の展開

	時	生徒の学習活動と指導上の留意点
はじめ	1分	**集合・あいさつ** ○集合の前に活動場所の準備をし、チームごとに整列する。 ○本時のめあての確認をする。
準備運動	10分	**主運動につながる準備運動を行う** ○体操をする。 ○ドリルゲームをする。
タスクゲーム	15分	**タスクゲーム1「3対2パスゲーム」を行う 1** ○やり方を理解し、素早く準備をする。 ○めあての達成に向けて取り組めるようにする。
ハーフコートゲーム	15分	**タスクゲームの内容を生かして3対3ハーフコートゲームを行う 2** ○やり方を理解し、素早く準備をする。 ○タスクゲームでの学習を生かして行えるようにする。
片付け	2分	**安全に気を付けて片付けをする** ○声をかけ合って片付けをする。
整理運動	2分	**肩、足など使った体の部位をゆったりとほぐす**
まとめ	5分	**個人や班で学習について振り返る** ○学習カードに振り返りを記入する。

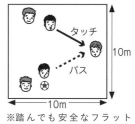

1 3対2パスゲーム

○「守備者をかわしてパスをもらうこと」を誇張したタスクゲームを行う。

【行い方】
・1ゲーム30〜40秒で行う。
・コートの中で攻撃はパスを回す。
・攻撃はボール保持時に歩いたり（ピボットは可）、ドリブルしたりはできない。
・守備はボールを持っている人を両手でタッチする、パスカットをする、攻撃のパスがコート外に出ると1ポイント獲得できる。
・時間内に、できる限り守備にポイントを獲得されずに、パスを多く回すことを競う。

【生徒の実態に応じたルールの工夫】
・パスが回らず、ゲームが停滞する際の工夫
　→人数を2対1にする
　　守備の一人は必ずボール保持者をマークするという条件を加える　　など
・攻撃の動きの高まりに応じた工夫
　→守備の頭上を通すパスやバウンドパスを禁止にする　　など

※踏んでも安全なフラットマーカーなどを四つ角に置き、コートとすれば生徒のみで準備ができる。

○考えられるつまずきと教師の言葉かけの例

ゲーム中、どこへ動けばいいかわからない…

「パスを出したらすぐに広いところへ動いてみよう」
「守備と重なっていないかな？」
「（守備がついてきたら）もう一度動き直してごらん」

2 3対3ハーフコートゲーム

○タスクゲームでの学習を生かして、ハーフコートゲームを行う。

【行い方】
・4対4オールコートゲームのハーフコート版。
・3分間ずつの攻守交代制で行う（チーム全員が参加できるように交代する）。
・シュートが入る、キーパーがシュートをセーブする、守備がパスをカットする、パスがコート外に出るなど、プレイが終了したら攻撃はスタートラインに戻って攻撃をやり直す。
・それぞれ時間内に何点獲得できたかで競う。

※この時点で攻守同数のゲームが難しければ、生徒の実態に応じて3対2のゲームでもよい。

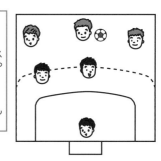

良い動きをしている生徒がいたら、
「広い空間を見付けて動けているね」
「守備と重ならないように動けているね」
など、肯定的で具体的な言葉がけをする

7 水泳　平泳ぎ・バタフライ

8 傷害の防止

9 ベースボール型…ソフトボール

10 創作ダンス

11 フォークダンス

12 長距離走

13 ゴール型…ハンドボール

本時案

パスを受けるために ゴール前の空いている 場所に動こう

本時の目標

ゴール前の広い空間を見付けて動くことができる。

評価のポイント

パスを受けるために、ゴール前の空いている場所に動くことができたか。

役割に応じた活動ができたか。

学習に積極的に参加できたか。

中心活動における指導のポイント

point　第2・3時で学習した「パスをもらうために守備者をかわすこと」を生かし、本時ではゴール方向に攻撃する中で広い空間を見付けて動けるようにする。教師はゲーム中うまく動けているチームの事例を紹介するなどし、クラス全体でよい技能を共有できるようにしていく。

本時の展開

	時	生徒の学習活動と指導上の留意点
はじめ	1分	**集合・あいさつ** ○集合の前に活動場所の準備をし、チームごとに整列する。 ○本時のめあての確認をする。
準備運動	10分	**主運動につながる準備運動を行う** ○体操をする。 ○ドリルゲームをする。
タスクゲーム	15分	**タスクゲーム2「ボールなし突破ゲーム」を行う 1** ○やり方を理解し、素早く準備をする。 ○めあての達成に向けて取り組めるようにする。
ハーフコートゲーム	15分	**タスクゲームの内容を生かして3対3ハーフコートゲームを行う 2** ○やり方を理解し、素早く準備をする。 ○タスクゲームでの学習を生かして行えるようにする。
片付け	2分	**安全に気を付けて片付けをする** ○声をかけ合って片付けをする。
整理運動	2分	**肩、足など使った体の部位をゆったりとほぐす**
まとめ	5分	**個人や班で学習について振り返る** ○学習カードに振り返りを記入する。

7
水泳 平泳ぎ・バタフライ

8
傷害の防止

9
ベースボール型…ソフトボール

10
創作ダンス

11
フォークダンス

12
長距離走

13
ゴール型・ハンド ボール

1 ボールなし突破ゲーム

○「ゴール前の空いている場所（広い空間）に動くこと」を誇張したタスクゲームを行う。

↓スタートライン

【行い方】
・人数は3対2とし、3分間ずつの攻守交代制で行う（チーム全員が参加できるように交代する）。
・攻撃は守備者にタッチされずにゴールエリアライン内に走り込むことができれば一人につき1点が入る（1回の攻撃で最大3点入る）。
・守備者にタッチされた攻撃者はコート外に出る。守備は危険なプレイをしないようにする。
・突破または守備者にタッチをされ、攻撃者が3人ともいなくなったら1回の攻撃終了。攻撃はスタートラインに並び直してプレイを再開する。
・3分間でそれぞれ何点獲得できたかで競う。

※生徒の技能の高まりに応じて人数を3対3にすると、難易度を上げることができる。

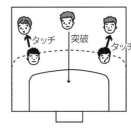

タッチ　突破　タッチ

○考えられるつまずきと教師の言葉かけの例

自分だけコートに取り残されてしまう…

「チームのみんなは、お互いの動きを見ているかな？」
「1回の攻撃で多くの点を取るためには？」

→チームで動き方の作戦を考える時間を取ってもよい。

2 3対3ハーフコートゲーム

○タスクゲームの学習を生かして、ハーフコートゲームを行う。

本時では、第2・3時よりも攻撃の互いの動きを視野に入れ、広い空間を見付けて動くことを目指したい。

せまい

広い

「コートのどこが広いかな？」
「お互いコートのどこにいるかな？」

本時案

得点しやすい空間にいる味方にパスを出そう

6-7/12

本時の目標

ノーマークになっている味方を見付けてパスを出すことができる。

評価のポイント

ノーマークの味方が誰なのか判断し、パスを出すことができたか。

役割に応じた活動ができたか。

学習に積極的に参加できたか。

本時の展開

	時	生徒の学習活動と指導上の留意点
はじめ	1分	**集合・あいさつ** ○集合の前に活動場所の準備をし、チームごとに整列する。 ○本時のめあての確認をする。
準備運動	10分	**主運動につながる準備運動を行う** ○体操をする。 ○ドリルゲームをする。
タスクゲーム	15分	**タスクゲーム3「ボールあり突破ゲーム」を行う** 1 ○やり方を理解し、素早く準備をする。 ○めあての達成に向けて取り組めるようにする。
ハーフコートゲーム	15分	**タスクゲームの内容を生かして3対3ハーフコートゲームを行う** 2 ○やり方を理解し、素早く準備をする。 ○タスクゲームでの学習を生かして行えるようにする。
片付け	2分	**安全に気を付けて片付けをする** ○声をかけ合って片付けをする。
整理運動	2分	**肩、足など使った体の部位をゆったりとほぐす**
まとめ	5分	**個人や班で学習について振り返る** ○学習カードに振り返りを記入する。

7
水泳
平泳ぎ・バタフライ

8
傷害の防止

9
ベースボール型：ソフトボール

10
創作ダンス

11
フォークダンス

12
長距離走

13
ゴール型：ハンドボール

1 ボールあり突破ゲーム

○「ゴール前の空いている場所に動くこと」を誇張したタスクゲームを行う。

【行い方】
・人数は3対2とし、3分間ずつの攻守交代制で行う（チーム全員が参加できるように交代する）。
・攻撃はパスのみでボールを運ぶ。ボールを持った状態で歩いてよいのは3歩まで。
・攻撃はボールを持っている人が守備者にタッチされずにゴールエリアライン内に走り込むことができれば1点が入る（ただし、ゴールエリアライン内にとどまっていることは禁止とする）。
・突破成功、守備がボールを持っている人をタッチする、守備がパスをカットする、パスがコート外に出るなど、プレイが終了したら攻撃はスタートラインに戻って攻撃をやり直す。
・3分間でそれぞれ何点獲得できたかで競う。

※生徒の技能の高まりに応じて人数を3対3にすると、難易度を上げることができる。

○攻撃の成功例（守備にタッチされる前にパスを出せている場合）

守備者の動きを見て、ノーマークの味方にパスを出す
②パス
①タッチ

守備者がタッチしに行くタイミングを見てゴール方向に走る
④
③タッチ

ゴール前でノーマークになった味方にパスを出す
⑤パス
⑥突破

「いいタイミングで広い空間に動けたね」
「ノーマークになった仲間を見逃さずにパスを出せたね」

2 3対3ハーフコートゲーム

第8〜11時に向けてチームの課題を分析できるように、プレイしている様子を動画で撮影しておく。まとめの時間に見たり、次回の授業までに予習として見てきてもよい。

本時案

チームの課題に応じた 練習方法を選ぼう

8-11／12

本時の目標

　チームの課題を確認して、課題解決に向けた練習方法を選ぶことができる。

評価のポイント

　チームの話合いに参加し、課題に合った練習方法を選ぶことができたか。

　守備は、ボールを持っている相手をマークできたか。

　仲間のよい取り組み姿勢を見付けることができたか。

中心活動における指導のポイント

point　これまでの学習を生かし、チームの課題に合った練習方法を選べるようにする。その際、生徒が第2〜7時で行ったタスクゲームの意図を理解していることが重要になる。チームの課題解決につながる練習方法を選ぶことができているか教師が確認し、必要な助言を入れる。

本時の展開

	時	生徒の学習活動と指導上の留意点
はじめ	1分	**集合・あいさつ** ○集合の前に活動場所の準備をし、チームごとに整列する。 ○本時のめあての確認をする。
準備運動	10分	**主運動につながる準備運動を行う** ○体操をする。 ○ドリルゲームをする。
課題の確認とタスクゲーム	15分	**チームの課題を確認する** ◀1 ○チームで課題の確認をし、実施する練習方法を決める。 ○タスクゲームを行う。
オールコートゲーム	15分	**タスクゲームの内容を生かして4対4オールコートゲームを行う** ◀2 ○やり方を理解し、素早く準備をする。 ○タスクゲームでの学習を生かして行えるようにする。
片付け	2分	**安全に気を付けて片付けをする** ○声をかけ合って片付けをする。
整理運動	2分	**肩、足など使った体の部位をゆったりとほぐす**
まとめ	5分	**個人や班で学習について振り返る** ○学習カードに振り返りを記入する。

7
水泳
平泳ぎ・バタフライ

8
傷害の防止

9
ベースボール型…
ソフトボール

10
創作ダンス

11
フォークダンス

12
長距離走

13
ゴール型…ハンド
ボール

1 チームの課題を確認する

　チームの課題に応じて、第2〜7時で行ったタスクゲームの中から必要な練習方法を選ぶ。あらかじめ考えられるつまずき（課題）の事例と、その課題に合ったタスクゲームを生徒が選び取ることができるように、ヒントとなる教材をICT機器を使って配信しておく。また、このような授業を展開する場合、タスクゲームの意図が明確になっている必要があるため、第2〜7時の時点でしっかりと説明しておく。練習はきょうだいチームで互いに協力し合う。

つまずきの例	有効なタスクゲーム
守備をかわしてパスをもらうことができない。	「3対2パスゲーム」→2対1にアレンジ
連続したパスつなぎができない。	「3対2パスゲーム」
コートの中でどこに動けばよいかわからない人が多い。	「3対2パスゲーム」または「ボールあり突破ゲーム」
広い空間を見付けることができていない。	「ボールなし突破ゲーム」または「ボールあり突破ゲーム」

　　　　　　　　　　　　　　　　　　　　※生徒の実態に応じた事例を載せるとよい。

例

A1チーム

> 課題：コートの中でどこに動けばいいかわからず、止まってしまう。また、連続したパスつなぎができない。

> 「3対2パスゲーム」を行う。

A2チーム

> 課題：お互いの動きを視野に入れながら広い空間を見付けられない。

> 「3対3でボールなし突破ゲーム」を行う。

「3対2パスゲーム」をやるから、守備お願い！バウンドパスはなしにアレンジするよ

いいよ。こっちのチームは、「ボールなし突破ゲーム」をやるよ。守備は3人入って！

　各チームの練習時間は3分ずつとする。各チームにストップウォッチを渡しておけば、自分たちで決めた秒数でタスクゲームを行うことができる。また、タスクゲームのねらいとチームの課題が合っていないチームには、教師が助言をする。

2 4対4オールコートゲーム

　導入で試しのゲームとして行った、本単元のメインゲームである4対4のオールコートゲームを本時から取り入れる。まとめの時間では、課題解決ができていたかを振り返る。

○考えられる生徒の変容

点を取るためには、守備も頑張らなきゃ！

> ゴールに背を向け、ゴール方向に走り込まれない守備ができているかが守備における技能のポイントとなる。守備がうまいチームはどのように守っているのか、紹介するのもよい。学習指導要領解説の第3学年で例示されている、「ゴールとボール保持者を結んだ直線上で守ること」の学習にもつながる。

第8-11時
199

本時案

学習した内容を
生かして大会を
行おう

本時の目標

　フェアなプレイと態度で大会を楽しむことができる。

評価のポイント

　これまでの時間で見取り切れなかった観点や生徒に着目するなど、総括的な評価を行う機会とする。

中心活動における指導のポイント

point　勝ち負けにこだわりすぎず、マナーを守ること、互いの健闘を認め合うことに重きを置けるようにする。大会を通してマナーを守ることや、役割を果たすことの大切さについても学べるようにする。大会を盛り上げるための準備や工夫は、他の競技でも生かすことができる。

本時の展開

	時	生徒の学習活動と指導上の留意点
はじめ	1分	**集合・あいさつ** ○チームごとに整列する。
準備運動	10分	**準備運動** ○体操をする。 ○ドリルゲームをする。
ハンドボール大会	30分	**学習のまとめとして、大会を行う** **(1)大会の約束事の確認** 🔳1 ○ルールはこれまで行ったメインゲームと同様。 ○マナー面の確認なども行う。 **(2)各班きょうだいチーム以外の全チームと試合をする** ○対戦相手を確認し、素早く行動する。 ○審判も協力して行う。
整理運動	2分	**肩、足など使った体の部位をゆったりとほぐす**
まとめ	5分	**クラス全体でこれまでの学習について振り返る** 🔳2 ○大会の結果発表。 ○学習カードに振り返りを記入する。

7
水泳
平泳ぎ・バタフライ

8
傷害の防止

9
ベースボール型：ソフトボール

10
創作ダンス

11
フォークダンス

12
長距離走

13
ゴール型：ハンドボール

1 大会運営の工夫

○大会を盛り上げる工夫
- ・拡大コピーした対戦表を用意しておくと、大会を行う雰囲気が高まる。
- ・大会を盛り上げる工夫として、開会式・閉会式を行うのもよい。学級委員や体育係が選手宣誓などを行う。

○お互いが気持ちよく試合を行うための雰囲気づくり
- ・審判を行う際は中立な立場で行うことや、選手は審判の判定に文句を言わないなど、マナーを守って試合を行うことを確認する。

対戦表の例

```
▲年　■組　　●●カップ
　　　　　　　　　ハンドボールの部

　　　　　　Aコート　　　Bコート　　　Cコート
第1試合　　1班 ― 4班　　2班 ― 6班　　3班 ― 5班
第2試合　　1班 ― 6班　　4班 ― 5班　　2班 ― 3班
第3試合　　1班 ― 5班　　6班 ― 3班　　4班 ― 2班
第4試合　　1班 ― 3班　　5班 ― 2班　　6班 ― 4班

　　　　優勝♛　　　　　班！！
```

2 クラス全体でこれまでの学習について振り返る

○大会結果の表彰
- ・大会を盛り上げる工夫の一つとして、表彰を行う。優勝したチームには賞状を用意する。また、技能の評価だけでなく、単元全体や大会を通して取り組み姿勢がよかった生徒に個人賞を贈るなどの工夫があると、勝ち負けだけでなく互いを尊重する雰囲気づくりにつながる。

○学習の振り返り
- ・個人やチームの技能が単元を通してどのように変わったか、振り返りを行う。また、学習カードに右のような項目を入れると、相手チームの健闘を認めることや、仲間のよい取組を認めることにつながる。

```
あの選手のココがすごい！（技能面）
（　　　　　　　　　　）さん
理由
┌─────────────────────┐
│                     │
└─────────────────────┘

あの選手のココがすてき！（取り組み姿勢）
（　　　　　　　　　　）さん
理由
┌─────────────────────┐
│                     │
└─────────────────────┘
```

編著者・執筆者紹介

[編著者]

石川　泰成
埼玉大学教授

埼玉県公立中学校教員、埼玉大学教育学部附属中学校教諭、副校長、埼玉県教育委員会、文部科学省教科調査官、埼玉県公立小学校長、埼玉県教育委員会を経て、2022年4月より現職。専門は体育科教育、日本体育・スポーツ・健康学会、日本体育科教育学会、日本スポーツ教育学会等に所属している。大学では、中等保健体育科指導法、体つくり運動、教科指導の課題探求（大学院）等を担当し保健体育科の教員養成や教師教育に力を入れている。

高橋　修一
日本女子体育大学教授

山形県公立高等学校教員、山形県教育委員会を経て、2014年から文部科学省、スポーツ庁の教科調査官として学習指導要領及び解説作成編集を担当する。2019年から現職。専門は体育科教育で、日本体育・スポーツ・健康学会、日本体育科教育学会、日本スポーツ教育学会等に所属している。大学では、体育科教育法I、教育実習、教職実践演習、女性と仕事等を担当し、保健体育科の教員養成に力を入れている。

森　　良一
東海大学教授

栃木県教員、栃木県教育委員会等を経て、2008年4月より文部科学省、スポーツ庁の教科調査官として学習指導要領及び解説作成編集を担当する。2018年4月より現職。専門は、保健科教育、健康教育で日本保健科教育学会、日本学校保健学会、日本体育・スポーツ・健康学会等に所属している。大学では保健体育科教育法I、保健体育科教材論等を担当し、保健体育の教員養成や研究者育成に力を入れている。

[分野・領域担当編著者]

清田　美紀	広島県東広島市教育委員会指導主事	体つくり運動
三田部　勇	筑波大学准教授	体つくり運動
後藤　晃伸	中京大学准教授	体つくり運動
岩佐　知美	高槻市立阿武野中学校長	器械運動
日野　克博	愛媛大学教授	陸上競技
細越　淳二	国士舘大学教授	陸上競技
大越　正大	東海大学教授	水泳
須甲　理生	日本女子体育大学准教授	球技（ゴール型）
荻原　朋子	順天堂大学准教授	球技（ネット型）
千田　幸喜	二戸市立金田一中学校長	球技（ベースボール型）
與儀　幸朝	鹿児島大学講師	武道（柔道）
柴田　一浩	流通経済大学教授	武道（剣道）
栫　ちか子	鹿屋体育大学講師	ダンス
木原　慎介	東京国際大学准教授	体育理論
森　良一	東海大学教授	保健

[執筆者]　　　　　　　　　　　　　　　　　　　　　　　　　　　　　　[執筆箇所]

露木　明	中野区立中野東中学校主幹教諭	単元 1
三田部　勇	筑波大学准教授	単元 2
日野　克博	愛媛大学教授	単元 3
白井　裕之	平塚市立金目中学校長	単元 4
遠藤　誠	横浜市立丸山台中学校教諭	単元 5
桐原　洋	河口湖南中学校組合立河口湖南中学校教頭	単元 6 ／単元 8
内田　ひろみ	福岡県体育研究所総括指導主事	単元 7
千田　幸喜	二戸市立金田一中学校長	単元 9
栫　ちか子	鹿屋体育大学講師	単元10
中原　いずみ	滋賀県高島市立今津中学校教頭	単元11
福山　健太	秋田市立秋田東中学校教諭	単元12
西嶌　みのり	横須賀市立北下浦中学校教諭	単元13

『イラストで見る全単元・全時間の授業のすべて　保健体育　中学校２年』付録資料について

本書の付録資料は、東洋館出版社ホームページ内にある「マイページ」からダウンロードすることができます。なお、本書のデータを入手する際には、会員登録および下記に記載しているユーザー名とパスワードが必要になります。入手の方法は以下の手順になります。

【東洋館出版社 HP】

URL https://www.toyokan.co.jp 　　[東洋館出版社]　[検索]

❶「東洋館出版社」で検索して、「東洋館出版社オンライン」へアクセス

❷ 会員者はメールアドレスとパスワードを入力後「ログイン」。非会員者は必須項目を入力後「アカウント作成」をクリック

❸ マイアカウントページにある「ダウンロードギャラリー」をクリック

❹ 対象の書籍をクリック。下記記載のユーザー名、パスワードを入力　クリック

ユーザー名：taiiku02
パスワード：zA73HBZd

ログイン　ユーザー名、パスワードを入力

【使用上の注意点および著作権について】

・リンク先にはパソコンからアクセスしてください。スマートフォンではファイルが開けないおそれがあります。
・PDFファイルを開くためには、Adobe AcrobatまたはAdobe Readerがインストールされている必要があります。
・PDFファイルを拡大して使用すると、文字やイラスト等が不鮮明になったり、線にゆがみやギザギザが出たりする場合があります。あらかじめご了承ください。
・収録されているファイルは、著作権法によって守られています。
・著作権法での例外規定を除き、無断で複製することは法律で禁じられています。
・収録されているファイルは、営利目的であるか否かにかかわらず、第三者への譲渡、貸与、販売、頒布、インターネット上での公開等を禁じます。
・ただし、購入者が学校での授業において、必要枚数を生徒に配付する場合は、この限りではありません。ご使用の際、クレジットの表示や個別の使用許諾申請、使用料のお支払い等の必要はありません。

【免責事項・お問い合わせについて】

・ファイル使用で生じた損害、障害、被害、その他いかなる事態についても弊社は一切の責任を負いかねます。
・お問い合わせは、次のメールアドレスでのみ受け付けます。tyk@toyokan.co.jp
・パソコンやアプリケーションソフトの操作方法については、各製造元にお問い合わせください。

イラストで見る　全単元・全時間の授業のすべて

保健体育 中学校 2 年
～令和 3 年度全面実施学習指導要領対応～

2022(令和 4) 年 4 月25日　初版第 1 刷発行
2023(令和 5) 年 6 月20日　初版第 2 刷発行

編 著 者：石川泰成・高橋修一・森良一
発 行 者：錦織　圭之介
発 行 所：株式会社東洋館出版社
　　　　　〒101-0054　東京都千代田区神田錦町 2 丁目 9 番 1 号
　　　　　　　　　　　　　　　コンフォール安田ビル 2 階
　　　　　代　　表　電話 03-6778-4343　FAX 03-5281-8091
　　　　　営 業 部　電話 03-6778-7278　FAX 03-5281-8092
　　　　　振　　替　00180-7-96823
　　　　　Ｕ Ｒ Ｌ　https://www.toyokan.co.jp

印刷・製本：藤原印刷株式会社

装丁デザイン：小口　翔平＋後藤　司（tobufune）
本文デザイン：藤原印刷株式会社
イラスト：株式会社オセロ

ISBN978-4-491-04785-0　　　　　　　　　　Printed in Japan

「指導と評価の一体化」のための学習評価に関する参考資料

「中学校　保健体育」編

国立教育政策研究所教育課程研究センター　編集

A4判・142頁　　本体価格1,000円（税込1,100円）

本資料では、学習評価の基本的な考え方や、各教科等における評価規準の作成及び評価の実施等について解説しているほか、各教科等別に単元や題材に基づく学習評価について事例を紹介しています。本資料を参考とすることで、児童生徒一人一人の学習評価及び、学習評価を含むカリキュラム・マネジメントを円滑に進めるための手がかりとなります。「指導と評価の一体化」を実現し、子供たちに未来の創り手となるために必要な資質・能力を育むためにも全教員必読の資料です。

全教師必読の国立教育政策研究所公式資料！

東洋館出版社

〒101-0054　東京都千代田区神田錦町2丁目9番1号
コンフォール安田ビル2階
TEL: 03-6778-7278　FAX: 03-5281-8092